Cyntaf i Ateb!

Llyfr Cwis Beiblaidd i Blant

gan
Aled Davies

CYHOEDDIADAU'R
GAIR

ⓗ Cyhoeddiadau'r Gair 2009

Testun: Aled Davies

Mae'r cyhoeddwr yn cydnabod cymorth ariannol Cyngor Llyfrau Cymru.

ISBN 978 1 85994 511 2

Argraffwyd yng Nghymru

Cedwir pob hawl. Caniateir ffotocopïo tudalennau yn y llyfr hwn ar gyfer pwrpas dosbarth ysgol neu ysgol Sul, ond ni chaniateir ailgynhyrchu unrhyw ran o'r cyhoeddiad hwn mewn unrhyw gyhoeddiad arall heb ganiatâd ymlaen llaw gan y cyhoeddwyr.

Cyhoeddwyd gan:
Cyhoeddiadau'r Gair, Cyngor Ysgolion Sul Cymru,
Ael y Bryn, Chwilog, Pwllheli, Gwynedd LL53 6SH

www.ysgolsul.com

CYNNWYS

Cyntaf i ateb!	9
Pwy yw'r person?	24
Pa un o'r tri?	32
Pwy yw'r bugail?	58
Pwy yw'r wraig?	59
Pwy sy'n cusanu?	60
Pwy sy'n briod â phwy?	61
Pwy sy'n dweud celwydd?	62
Pwy sy'n garcharor?	63
Enwau gwahanol ar Iesu	64
Pwy sy wedi newid ei enw?	65
Pwy yw disgyblion Iesu?	66
Pwy sy'n perthyn i pwy?	67
Beth yw gwaith ...?	68
Lle mae'r dre?	69
Pwy oedd yn defnyddio ...?	70
Dŵr, dŵr, dŵr ?	71
Pwy 'di pwy?	72
Ble yn y byd?	74
Llanast yn y llyfrgell!	76
Enwi 3	79
Pobl yr Eglwys Fore	83
Y deg pla	84
Lliwiau llachar	85
Gweddi'r Arglwydd	86
Yr Arglwydd yw fy mugail	87
Rheolau pwysig	88
Gwyn eu byd ...	89
Pwy yw'r llofrudd?	90

Pwy mae Duw'n ei alw?	91
Am ddyn arbennig!	92
Pethau diddorol	93
Pwy yw'r proffwyd?	94
Mynyddoedd mawr!	95
Deuddeg disgybl	96
Pwy sy'n gwneud beth?	97
Coed yn y Beibl	98
Afonydd yn y Beibl	99
Mynyddoedd yn y Beibl	100
Dinasoedd yn y Beibl	101
Planhigion yn y Beibl	102
Anifeiliaid yn y Beibl	103
Pwy sy'n canu?	104
Bwyd yn y Beibl	105
Gwaith yn y Beibl	106
Geiriau dieithr	107
Allorau yn y Beibl	108
Duwiau ffug	109
Gwleddoedd y Beibl	110
Pwy fu yma?	111
Ateb 8	112
Rhifau a ffigyrau	115
Cywir neu anghywir?	117
Pwy yw'r fam?	119
Ble yn y Beibl?	120
Pryd ddigwyddodd hyn?	121
Pa anifail?	122
Pa swydd?	124
Fi oedd y cyntaf!	126
Pwy, tybed?	127

Ble yn y byd?	135
Tybed pwy fedr ateb?	137
Pwy yw'r dieithryn?	150
Gwŷr a gwragedd	152
Tadau a meibion	153
Pobl yn y Beibl	154
Brodyr a chwiorydd	156
Meibion a merched	157
Tadau yn y Beibl	159
Gorchymyn yw gorchymyn!	161
Y cwis gwyrdd	162
Ffrindiau Iesu	164
Plant y Beibl	165
Mynyddoedd y Beibl	166
Anifeiliaid	167
Gwyrthiau	168
Creaduriaid y Beibl	169
Breuddwydion a gweledigaethau	171
Brenhinoedd a breninesau	172
Cyfarfod ag angylion	173
Chwaraeon a gêmau	174
Bwyd, hyfryd fwyd!	175
Storïau caru	177
Heb ei debyg	178
Prynu a gwerthu	180
Cychod yn y Beibl	182
Y Cristnogion cyntaf	184
Rhyfeloedd y Beibl	186
Ysbïwyr a chynllwynion!	188
Cerddoriaeth yn y Beibl	190
Adar a bwystfilod	192

Ble mae'r camgymeriad?	194
Pwy di pwy?	196
'Be 'di be?	198
Hud anifeiliaid	204
Arian, arian, arian	206
Gwir neu gau?	208
Beth ydw i?	209
Dewis o 4	210
Cyntaf i ateb! Pa A…?	227
Cyntaf i ateb! Pa B…?	228
Cyntaf i ateb! Pa C…?	229
Cyntaf i ateb! Pa D…?	230
Cyntaf i ateb! Pa E…?	231
Cyntaf i ateb! Pa F/Ff…?	232
Cyntaf i ateb! Pa G…?	233
Cyntaf i ateb! Pa H…?	234
Cyntaf i ateb! Pa I…?	235
Cyntaf i ateb! Pa J…?	236
Cyntaf i ateb! Pa L…?	237
Cyntaf i ateb! Pa Ll…?	238
Cyntaf i ateb! Pa M…?	239
Cyntaf i ateb! Pa N…?	240
Cyntaf i ateb! Pa O…?	241
Cyntaf i ateb! Pa P…?	242
Cyntaf i ateb! Pa R/Rh…?	243
Cyntaf i ateb!… Pa S…?	244
Cyntaf i ateb! Pa T…?	245
Chwilair Cristnogion yr Eglwys Fore	246
Chwilair disgyblion Iesu	247
Chwilair proffwydi yn y Beibl	248
Chwilair brenhinoedd yn y Beibl	249
Chwilair pwy yw Iesu?	250

Chwilair mynyddoedd yn y Beibl	251
Chwilair afonydd yn y Beibl	252
Chwilair mamau yn y Beibl	253
Chwilair ffrwythau'r Ysbryd	254
Chwilair symbolau Beiblaidd	255
Croesair cyflym llyfr o'r Beibl	256
Pwy ydw i?	257
Fedri di enwi …?	258
Cael y stori'n glir	259
Yn y dechreuad – hanes y creu	260
Adda ac Efa	262
Noa a'r Dilyw Mawr	264
Abraham, ffrind Duw	266
Dewis gwraig i Isaac	268
Jacob ac Esau	270
Joseff y breuddwydiwr	272
Joseff a brenin yr Aifft	274
Moses – y dywysoges a'r baban	276
Moses yn yr Aifft	278
Y daith i Wlad yr Addewid	280
Brwydr Jericho	282
Gideon yn ymladd dros Dduw	284
Samson, y dyn cryf	286
Teulu newydd Ruth	288
Duw yn siarad â Samuel	290
Saul – brenin i Israel	292
Dafydd a Goliath	294
Y brenin Dafydd	296
Teml aur Solomon	298
Elias yn gofyn am fara	300
Elias a phroffwydi Baal	302

Hanes Naaman	304
Hanes Eseia a'r brenin	306
Jeremeia a'r trychineb mawr	308
Delw aur y brenin	310
Daniel yn ffau'r llewod	312
Esther yn achub ei phobl	314
Hanes Nehemeia	316
Hanes Jona	318
Geni Ioan Fedyddiwr	320
Y Nadolig cyntaf	322
Pan oedd Iesu'n ifanc	324
Ffrindiau arbennig Iesu	326
Y Bregeth ar y Mynydd	328
Porthi'r pum mil	330
Cyfrinachau'r Deyrnas	332
Y Samariad Trugarog	334
Dameg yr Heuwr	336
Y Mab Colledig	338
Dameg y Wledd Fawr	340
Y Ddafad Golledig	342
Hanes Sacheus	344
Mair, Martha a Lasarus	346
Y Pasg – Iesu'r Brenin	348
Y Pasg – Iesu ar brawf	350
Y Pasg – atgyfodiad	352
Newyddion da i bawb	354
Paul yn Namascus	356
Paul a'i ffrindiau	358
Paul y carcharor	360
ATEBION	362

Cyntaf i ateb! (1)

1. I bwy yr ymddangosodd Iesu gyntaf ar ôl atgyfodi?

2. Yn nameg y Samariad Trugarog roedd y teithiwr yn mynd o Jerwsalem i _____ .

3. Ar ba ffurf yr ymddangosodd yr Ysbryd Glân adeg bedydd Iesu?

4. Yn hanes brwydr Jericho, beth oedd enw'r wraig a guddiodd ddau ysbïwr a anfonwyd i'r ddinas gan Josua?

5. Pwy fu'n gyfrifol am greu llo aur, a chaniatáu i bobl Israel ei addoli?

6. Beth oedd enwau'r tri gŵr a daflwyd i'r ffwrn dân?

7. Beth oedd enw'r proffwyd a anfonodd Duw at Dafydd i ddweud wrtho am ei bechodau?

8. Gorffennwch yr adnod:
   'Myfi yw'r bugail da; y mae'r bugail da yn rhoi ei einioes dros y _____ .'

9. Pwy yn yr Hen Destament oedd yn enwog am ei ddoethineb?

10. Sawl person a achubwyd yn yr arch adeg y dilyw?

Cyntaf i ateb! (2)

1. Pwy roddodd ei enw i Moses?

2. Beth oedd y bobl yn eu chwifio wrth i Iesu farchogaeth ar gefn ebol asyn?

3. Beth fu hanes y mab cyntaf a anwyd i Dafydd a Bathseba?

4. Pwy oedd brawd Simon Pedr?

5. Yn ôl Efengyl Ioan, pa wyrth a wnaeth Iesu gyntaf?

6. Cwblhewch y frawddeg hon o eiddo Iesu: 'Os bydd rhywun yn dy daro ar dy foch dde _____.'

7. Pwy drefnodd fod holl boblogaeth yr Ymerodraeth Rufeinig yn cael ei chyfrif adeg geni Iesu?

8. Beth wnaeth Pedr pan glywodd y ceiliog yn canu?

9. Beth wnaeth Mathew yn union ar ôl gadael ei waith a phenderfynu dilyn Iesu?

10. Beth welodd dilynwyr Iesu pan ddaeth yr Ysbryd Glân arnynt ar Ddydd y Pentecost?

Cyntaf i ateb! (3)

1. Pa dduw oedd Ahab a'i deulu yn ei addoli?

2. Yn hanes y Frenhines Esther, pwy oedd am grogi Mordecai?

3. Cwblhewch yr adnod: 'Car dy gymydog fel_____.'

4. Sut bu'r milwyr Rhufeinig yn gwatwar Iesu, h.y. gwneud hwyl am ei ben, gan ei alw'n frenin?

5. Enwch un o'r disgyblion a helpodd Iesu yn ystod bwydo'r pum mil.

6. Beth yw'r geiriau coll? 'Do, carodd Duw y byd gymaint nes iddo roi _____'

7. Ym mreuddwyd Pharo, beth oedd arwyddocâd y saith buwch denau?

8. I ba frenin enwog yn yr Hen Destament yr oedd teulu Iesu'n perthyn?

9. Mae'r Beibl yn sôn am wlad Canaan fel gwlad sy'n llifeirio o laeth a _____.

10. Beth oedd gwaith Jairus?

Cyntaf i ateb! (4)

1. Na ddwg gamdystiolaeth yn erbyn pwy, yn ôl y gorchymyn?

2. Sut gosbodd Duw bobl gwlad Israel yng nghyfnod Elias, am fod yn anufudd ac addoli duw dieithr?

3. I ble'r aeth Moses ar ôl iddo ffoi o'r Aifft?

4. Yn ôl y Testament Newydd, daeth Iesu i'r byd i alw pa fath o bobl?

5. Beth oedd y degfed pla yn yr Aifft – y pla a wnaeth i Pharo newid ei feddwl a chaniatáu i'r Israeliaid fynd yn rhydd?

6. Ym mha ddinas yr adeiladwyd y deml?

7. Ar y ffordd i dŷ Jairus daeth gwraig sâl at Iesu. Beth deimlodd Iesu'n gadael ei gorff wrth iddo'i hiacháu?

8. Beth oedd gwaith Debora?

9. Yn nameg y Deg Geneth, pam y gelwir pump o'r genethod yn ffôl?

10. Pa beth creulon iawn a wnaeth brodyr Joseff iddo?

Cyntaf i ateb! (5)

1. Beth ddywedodd Iesu y bydd y rhai sydd yn credu ynddo ef yn ei gael?

2. Ym mhle roedd Nebuchadnesar yn frenin?

3. Beth oedd y berthynas rhwng Solomon a Bathseba?

4. Beth oedd enw'r gŵr a gariodd groes Iesu?

5. Beth greodd Duw ar 'ei ddelw ei hun'?

6. Pa frenin o wlad Israel a geisiodd ladd Dafydd?

7. Pwy ofynnodd, 'Ai ti yw Brenin yr Iddewon'?

8. O ble roedd Naomi'n dod yn wreiddiol?

9. Beth oedd enw arall Jacob?

10. Ar ôl iddo godi o'r bedd yn fyw, ymddangosodd Iesu i ddau ffrind a oedd yn cerdded ar y ffordd. Enwch un o'r ddau ffrind.

Cyntaf i ateb! (6)

1. Ble roedd cartref Simon Pedr a'i deulu?

2. Enwch y ddinas gyntaf a goncrodd Josua a byddin Israel ar ôl cyrraedd gwlad Israel (neu Canaan).

3. Rhestrwch, yn eu trefn, y rhai a anwybyddodd yr Iddew yn hanes y Samariad Trugarog.

4. Ble roedd Iesu pan gafodd ei ddal gan y milwyr?

5. Pa frenin a geisiodd ladd y proffwyd Elias?

6. Faint o bobl oedd yn Arch Noa?

7. Yn ôl y Testament Newydd, trwy bwy y daw pobl i adnabod Duw?

8. Beth oedd enw mab y Brenin Dafydd a ddaeth yn frenin ar ei ôl?

9. Pwy eglurodd gynnwys breuddwydion Pharo wrtho?

10. Pa ddwy ddinas a ddinistriwyd gan dân a brwmstan?

Cyntaf i ateb! (7)

1. Beth oedd enw tad y Brenin Dafydd?

2. Pwy adawodd i Ruth gasglu grawn o'i gaeau?

3. Yn nameg y Wledd Fawr, pam roedd y meistr yn ddig?

4. Yn yr hanes am y Bugail Da, pa anifail gwyllt sy'n rhoi'r defaid mewn perygl?

5. Ar ba ddiwrnod oedd dydd Saboth yr Iddewon?

6. Beth oedd y peth cyntaf a wnaeth Iesu ar ran y gŵr a oedd wedi ei barlysu?

7. Beth oedd enw'r gŵr a briododd Ruth?

8. Pwy ddywedodd y geiriau hyn: 'Talwch bethau Cesar i Gesar, a phethau Duw i Dduw'?

9. Pwy oedd y bobl gyntaf i ddod i weld y baban Iesu?

10. Yn nameg y Samariad Trugarog, i ble'r aeth y Samariad â'r teithiwr ar ôl ei helpu?

Cyntaf i ateb! (8)

1. Cwblhewch y frawddeg hon o eiriau Iesu:
   'Curwch ac fe _____ i chi.'

2. Beth yw ystyr yr enw 'Iesu'?

3. Ym mha wlad roedd Daniel a'i gyfeillion yn byw?

4. Beth yw llinell gyntaf Salm 23?

5. Enwch unrhyw dri o ddisgyblion Iesu a fu ar un adeg yn bysgotwyr.

6. Pam mae Iesu'n ein dysgu i fod yn ofalus wrth sôn am feiau pobl eraill?

7. Beth oedd enw brawd y disgybl Iago?

8. Pam roedd y Phariseaid a'r bobl grefyddol eraill yn flin gyda Iesu am iddo iacháu'r dyn a anwyd yn ddall?

9. I ble y dymunai Duw i Jona fynd i bregethu?

10. Yn nameg y Deg Geneth, beth sy'n digwydd i'r drws ar ôl i'r priodfab a'i gyfeillion fynd i mewn i'r wledd?

Cyntaf i ateb! (9)

1. Beth oedd enw'r plentyn a gyflwynodd Hanna i'r Arglwydd ac a dyfodd yn broffwyd?

2. Beth oedd enw gwraig y Brenin Ahab?

3. Pa sŵn rhyfedd a glywyd pan ddaeth yr Ysbryd Glân ar Ddydd y Pentecost?

4. Dywedodd y Diafol wrth Iesu y byddai'n ei wneud yn frenin dros yr holl fyd petai'n gwneud un peth. Beth oedd hwnnw?

5. Sawl milwr oedd gan Gideon pan aeth i ymladd yn erbyn y gelyn?

6. Enwch un o'r adegau hynny y dywed yr Ysgrythurau wrthym i Iesu wylo.

7. Beth oedd enw'r pentref lle roedd Lasarus, Mair a Martha'n byw?

8. Yn nameg y Deg Geneth, pwy gyrhaeddodd yn hwyr i'r wledd?

9. Beth oedd arwyddocâd y gwin yn y Swper Olaf?

10. Beth ddywedodd Iesu wrth y dyn dall y dylai ei wneud ar ôl iddo roi clai ar ei lygaid?

Cyntaf i ateb! (10)

1. Pa bobl fu'n ceisio dal Samson?

2. Beth nad oedd yr Iddewon yn cael ei wneud ar y Saboth?

3. Ym mha lyfr yn y Beibl y ceir hanes Moses yn croesi'r Môr Coch?

4. Merch pa ŵr a gafodd ei hatgyfodi o farw'n fyw gan Iesu?

5. Beth ofynnodd Iesu i'w ddisgyblion ei wneud wedi i'r pum mil o bobl orffen bwyta?

6. Beth wnaeth y bugeiliaid ar ôl iddynt fod yn gweld y baban Iesu?

7. Beth yw'r gair coll? 'A'i fwyd oedd locustiaid a _____ gwyllt'.

8. Pwy gyfansoddodd lawer o salmau'r Beibl?

9. Â pha goeden y cysylltir Sacheus?

10. Yn nameg y Mab Colledig, beth wnaeth y mab ieuengaf er mwyn dod yn gyfoethog?

Cyntaf i ateb! (11)

1. Un tro, iachaodd Iesu ddeg o wahangleifion. Sawl un ohonynt ddaeth yn ôl i ddiolch iddo?

2. Ym mha ystafell y bwytaodd Iesu a'i ddisgyblion y Swper Olaf?

3. Beth ofynnodd Iesu i Pedr dair gwaith pan oedd ar lan y môr ar ôl yr atgyfodiad?

4. Pwy y mae Cristnogion yn ei ddweud yw 'Iesu o Nasareth'?

5. Pan oedd ar y ffordd i dŷ Jairus daeth gwraig sâl at Iesu. Beth wnaeth y wraig ei gyffwrdd er mwyn cael ei hiacháu?

6. Pwy laddodd lew ac arth?

7. Sawl diwrnod y bu Lasarus yn farw cyn iddo gael ei atgyfodi gan Iesu?

8. Pwy oedd brenin cyntaf Israel?

9. Pam roedd teulu Naomi wedi gorfod symud o'r wlad lle cawson nhw eu magu?

10. Pwy oedd yn adnabyddus am ei amynedd?

Cyntaf i ateb! (12)

1. Pwy oedd gwraig Samson?

2. Ym mhle'r adeiladodd Dafydd balas iddo'i hun?

3. Yn nameg y Mab Colledig, trefnodd y tad barti mawr i'w fab a dywedodd wrth ei weision am roi tri pheth amdano. Enwch unrhyw ddau o'r pethau hyn.

4. Pwy, yn ôl yr arweinwyr crefyddol yng nghyfnod Iesu, oedd â'r hawl i faddau pechodau?

5. Pwy oedd yr aelod o'r Sanhedrin a ddaeth at Iesu liw nos?

6. Beth oedd enw'r brenin a daflodd dri gŵr i'r ffwrn dân?

7. Pan daflodd Moses ei wialen i'r llawr o flaen Pharo, beth ddigwyddodd iddi?

8. Beth oedd oedran Noa pan ddaeth dyfroedd y dilyw ar y ddaear?

9. Ar ôl iddo godi o'r bedd yn fyw, cerddodd Iesu ar hyd y ffordd gyda dau ffrind a oedd yn teithio o Jerwsalem i bentref o'r enw _____.

10. Enwch un o lyfrau'r Hen Destament sy'n dechrau â'r llythyren 'J'.

Cyntaf i ateb! (13)

1. Pwy neu beth oedd Baal ac Asera?

2. Mae Gweddi'r Arglwydd yn gofyn i Dduw ein gwaredu rhag dylanwad pwy?

3. Gorffennwch y frawddeg hon o eiddo Iesu: 'Myfi yw'r ffordd a'r gwirionedd a'r _____'.

4. Ar ôl geni Iesu, pwy oedd y cyntaf i'w alw'n Feseia?

5. Beth wnaeth Pedr i Malchus, gwas yr archoffeiriad?

6. Beth yw'r gair coll?
   Yn nameg y Wledd Fawr, roedd y meistr am i bob sedd o gwmpas y bwrdd fod yn _____.

7. Pa ddisgyblion oedd gyda Iesu pan godwyd merch Jairus o farw'n fyw?

8. Beth oedd oedran y plant a laddwyd gan Herod?

9. Beth oedd enw rhieni Ioan Fedyddiwr?

10. Wrth bwy y dywedodd Iesu, 'Talitha cŵm'?

Cyntaf i ateb! (14)

1. Galwyd Iesu yn 'Immanuel'. Beth yw ystyr y teitl hwn?

2. Beth oedd y pethau olaf a greodd Duw?

3. Mae hanes Gideon yn dechrau gyda'r geiriau hyn: 'Gwnaeth yr Israeliaid yr hyn oedd ddrwg yng ngolwg yr Arglwydd.' Euog o beth oedden nhw?

4. Pa ddisgybl gafodd ei alw'n 'graig'?

5. Pa ddameg sy'n gorffen gyda'r geiriau, 'Dos, a gwna dithau yr un modd'?

6. Enwch un llyfr o'r Hen Destament ac iddo enw merch.

7. Pwy oedd y ddau a ymddangosodd gyda Iesu ar ben mynydd adeg y Gweddnewidiad?

8. Beth oedd enw mam-yng-nghyfraith Ruth?

9. Wrth bwy y dywedodd Duw y geiriau canlynol: 'Byddwch ffrwythlon, amlhewch a llanwch y ddaear.'?

10. Beth oedd enw'r mynydd lle cyfarfu Elias â phroffwydi Baal?

Cyntaf i ateb! (15)

1. I ba genedl roedd Goliath yn perthyn?

2. Beth oedd Mathew yn ei wneud pan welodd Iesu am y tro cyntaf?

3. Gorffennwch y cwestiwn a ofynnwyd i Iesu cyn iddo adrodd hanes y Samariad Trugarog: 'Pwy yw fy _____'?

4. Yn ôl Gweddi'r Arglwydd, beth ddylem ei wneud i'r rhai sydd wedi troseddu yn ein herbyn?

5. Am faint o amser y llwyddodd mam Moses i'w guddio yn ei chartref ar ôl iddo gael ei eni?

6. Pwy oedd y bobl ddieithr oedd yn byw yn yr Aifft yng nghyfnod Moses?

7. Beth oedd ystyr breuddwydion Pharo?

8. Ym mha ddameg y cawn hanes mab yn gofyn i'w dad am gael gweithio ar y fferm fel gwas cyflog?

9. Cwblhewch y geiriau hyn o eiddo Iesu ar y groes: 'Fy Nuw, fy Nuw, _____?'

10. Enwch, yn eich geiriau eich hun, unrhyw ddau o'r Deg Gorchymyn.

Pwy yw'r person? (1)

Person 1:
1. Roedd yn un o'r disgyblion a chanddo'r un enw ag un o frodyr Iesu.

2. Y disgybl cyntaf i farw.

3. Bradychodd Iesu i'w elynion.

Person 2:
1. Enw arall ar y dyn hwn oedd Beltesassar. Roedd yn byw ym Mabilon.

2. Gwrthododd fwyta bwyd y brenin a bu'n dehongli breuddwydion ar ran brenhinoedd Babilon.

3. Ni laddwyd ef gan lewod.

Person 3:
1. Mab Elcana a Hanna. Proffwyd.

2. Treuliodd flynyddoedd cynnar ei fywyd yn byw gydag Eli yr offeiriad yn y deml yn Seilo.

3. Pan oedd yn fachgen clywodd lais Duw yn galw arno yn ystod y nos.

Pwy yw'r person? (2)

Person 1:
1. Galwyd y gŵr hwn gan angel i arwain byddin Israel yn erbyn gwlad Midian.

2. Enillodd y gŵr hwn fuddugoliaeth enwog yn erbyn gwlad Midian gan ddefnyddio utgyrn, jariau a ffaglau tân yn unig.

3. Dim ond 300 o filwyr oedd gan y gŵr hwn yn ei fyddin pan enillwyd y frwydr yn erbyn gwlad Midian.

Person 2:
1. Proffwyd o'r Hen Destament a fu'n anufudd ar y cychwyn. Mae ei enw ar un o lyfrau'r Beibl.

2. Bu'n pregethu yn Ninefe a daeth pobl y ddinas ddrwg i gredu yn yr Arglwydd Dduw.

3. Llyncwyd y proffwyd hwn gan bysgodyn mawr.

Person 3:
1. Gŵr o Fethania. Bu farw bedwar diwrnod cyn i Iesu gyrraedd ei gartref.

2. Gwaeddodd Iesu i mewn i'w fedd ac fe ddaeth allan yn fyw.

3. Brawd Mair a Martha.

Pwy yw'r person? (3)

Person 1:
1. Yr oedd ganddo'r un swydd â Mathew.
2. Cysylltir y person hwn â sycamorwydden.
3. Roedd yn ddyn bychan.

Person 2:
1. Abraham oedd ei ewythr.
2. Symudodd i fyw i Sodom.
3. Cafodd ei wriag ei throi'n golofn halen.

Person 3:
1. Roedd brawd y ferch hon yn arweinydd enwog iawn yn ystod dyddiau'r Hen Destament.
2. Bu'r ferch hon yn helpu i gadw ei brawd yn fyw pan oedd yn faban.
3. Mae yna hanes am y ferch hon yn cuddio ar lan yr afon.

Pwy yw'r person? (4)

Person 1:
1. Dywedodd Iesu ddameg am y dyn hwn a adawodd ei gartref a mynd i fyw mewn gwlad bell.

2. Roedd ei frawd yn anfodlon fod ei dad yn barod i faddau iddo.

3. Bu'n gofalu am foch.

Person 2:
1. Yn ôl y Beibl, dyma'r ail berson i bechu.

2. Mab y gŵr hwn oedd y llofrudd cyntaf.

3. Bu ef a'i wraig yn cuddio oddi wrth Dduw ymysg coed yr ardd.

Person 3:
1. Un o ddisgyblion Iesu a elwir 'Didymus'.

2. Roedd y disgybl hwn yn absennol pan ymddangosodd Iesu o flaen ei ddisgyblion am y tro cyntaf ar ôl yr atgyfodiad.

3. Gwrthododd y disgybl hwn gredu bod Iesu wedi codi o'r bedd nes iddo'i weld â'i lygaid ei hun.

Pwy yw'r person? (5)

Person 1:
1. Clywodd lais yn dweud wrtho, 'Iesu wyf fi, yr hwn yr wyt ti yn ei erlid'.

2. Gollyngwyd ef i lawr ochr muriau Damascus mewn basged.

3. Daeth y gŵr hwn yn Gristion ar ei ffordd i Ddamascus.

Person 2:
1. Cafodd y person hwn freuddwyd bod rhywun am ladd ei fab.

2. Teithiodd y person hwn o Nasareth i Fethlehem, ac yna i'r Aifft.

3. Cafodd ei wraig faban yn llety'r anifeiliaid.

Person 3:
1. Dywedodd, 'Edifarhewch oherwydd y mae teyrnas Dduw wedi dod yn agos.'

2. Roedd ei waith yn ei orfodi i dreulio peth amser yn y dŵr.

3. Roedd yn bwyta mêl gwyllt ac yn gwisgo dillad o flew camel.

CYNTAF I ATEB!

Pwy yw'r person? (6)

Person 1:
1. Estron caredig oedd yn caru ei gymydog.
2. Talodd am westy ar gyfer dyn dieithr.
3. Mae'r person hwn yn enwog am fod yn drugarog.

Person 2:
1. Golchodd ei ddwylo o flaen tyrfa o bobl.
2. Rhaglaw Rhufeinig yn Jerwsalem yng nghyfnod Iesu.
3. Dedfrydodd Iesu i farwolaeth.

Person 3:
1. Arweinydd pobl Israel ar ôl Moses.
2. Fe arweiniodd y gŵr hwn bobl Israel i mewn i wlad Canaan.
3. Mae'r gŵr hwn yn enwog am y fuddugoliaeth dros Jericho.

Caniatâd Llungopïo   ⓑ Cyhoeddiadau'r Gair 2009

Pwy yw'r person? (7)

Person 1:
1. Paratôdd y ffordd ar gyfer dyfodiad Iesu.
2. Torrwyd ei ben gan Herod.
3. Bedyddiwyd Iesu ganddo.

Person 2:
1. Gwraig o wlad Moab. Priododd ag Iddew, ond bu ef farw'n gymharol ifanc.
2. Priododd am yr eilwaith ag Iddew o'r enw Boas.
3. Naomi oedd enw ei mam-yng-nghyfraith.

Person 3:
1. Derbyniodd orchymyn gan Dduw i fynd i Ninefe.
2. Roedd mewn llong pan gododd storm a bu bron i'r llong suddo.
3. Llyncwyd y person hwn gan bysgodyn mawr.

CYNTAF I ATEB!

Pwy yw'r person? (8)

Person 1:
1. Disgybl i Iesu a achubwyd o garchar gan angel.

2. Ystyr ei enw yw 'craig'.

3. Roedd yn frawd i Andreas.

Person 2:
1. Cafodd pobl ddoeth o'r dwyrain groeso yng nghartref y gŵr hwn.

2. Bu'n gyfrifol am ladd plant bach.

3. Roedd yn frenin creulon adeg geni Iesu.

Person 3:
1. Gofynnodd hwn i Pilat am ganiatâd i dynnu corff Iesu i lawr o'r groes.

2. Rhoddodd ei fedd i Iesu.

3. Iddew cyfoethog o Arimathea ydoedd.

Caniatâd Llungopïo   Ⓗ Cyhoeddiadau'r Gair 2009

CYNTAF I ATEB!

Pa un o'r tri? (1)

1. Beth ddigwyddodd i Jona?
    - i) cael ei lyncu gan bysgodyn mawr
    - ii) boddi
    - iii) cael ei fwrw â charreg

2. Beth yw enw llyfr cyntaf y Beibl?
    - i) Genesis
    - ii) Mathew
    - iii) Ioan

3. Pwy ddywedodd wrth Iesu am droi cerrig yn fara?
    - i) y Diafol, sef Satan
    - ii) Duw
    - iii) angel

4. Pa aderyn anfonodd Noa allan o'r arch i ddechrau?
    - i) cigfran
    - ii) colomen
    - iii) robin goch

5. Pwy wadodd ei fod yn adnabod Iesu?
    - i) Jwdas
    - ii) Thomas
    - iii) Pedr

Cyntaf i Ateb!

Pa un o'r tri? (2)

1. Yn nameg y Samariad Trugarog, sawl dyn aeth heibio'r gŵr claf heb gynnig help iddo?
    i) 1
    ii) 2
    iii) 3

2. Pwy oedd y llofrudd a ollyngwyd yn rhydd adeg croeshoelio Iesu?
    i) Barabbas
    ii) Caiaffas
    iii) Saul

3. Pwy wrthododd gredu bod Iesu wedi atgyfodi o'r bedd yn fyw?
    i) Jwdas
    ii) Pedr
    iii) Thomas

4. Pwy fu'n pregethu yn yr anialwch?
    i) Iesu
    ii) Ioan Fedyddiwr
    iii) Elias

5. Beth oedd gwaith Sacheus?
    i) casglwr trethi
    ii) arweinydd y synagog
    iii) bugail

Cyntaf i Ateb!

Pa un o'r tri? (3)

1. Pan arestiwyd Iesu gan y milwyr, beth oedd y disgyblion yn ei wneud?
    i) canu
    ii) cysgu
    iii) gweddïo

2. Beth oedd Esther?
    i) morwyn
    ii) proffwyd
    iii) brenhines

3. Plant pwy oedd Cain ac Abel?
    i) Noa
    ii) Adda
    iii) Jacob

4. Beth oedd disgyblion Iesu'n ei wneud pan ymddangosodd iddynt ar lan Môr Galilea ar ôl ei atgyfodiad?
    i) cysgu
    ii) pysgota
    iii) bwyta

5. Beth oedd enw arall Pedr y disgybl?
    i) Simon
    ii) Ioan
    iii) Iago

Caniatâd Llungopïo   Ⓟ Cyhoeddiadau'r Gair 2009

CYNTAF I ATEB!

Pa un o'r tri? (4)

1. Ar beth yr adeiladodd y gŵr ffôl ei dŷ?
   i) craig
   ii) tywod
   iii) mynydd

2. Ym mhle roedd Iesu pan arestiwyd ef gan y milwyr?
   i) Gardd Gethsemane
   ii) yn y deml
   iii) Bryn Calfaria

3. Pwy ddaeth yn ŵr i Ruth?
   i) Samuel
   ii) Boas
   iii) Joseff

4. Pwy ofynnodd i Saul fod yn frenin ar Israel?
   i) Gideon
   ii) Josua
   iii) Samuel

5. Am faint y bu Iesu yn ymprydio yn yr anialwch?
   i) 10 dydd a nos
   ii) 29 dydd a nos
   iii) 40 dydd a nos

Pa un o'r tri? (5)

1. Gyda beth y gorchfygodd Dafydd Goliath?
    i) bwa saeth
    ii) gwaywffon
    iii) ffon dafl a charreg

2. Pa fachgen glywodd lais Duw yn ei alw yn ystod y nos?
    i) Dafydd
    ii) Ioan
    iii) Samuel

3. Pwy oedd mab hynaf Jacob?
    i) Esau
    ii) Reuben
    iii) Isaac

4. Beth oedd enw gwraig Isaac?
    i) Sara
    ii) Lea
    iii) Rebeca

5. Pwy oedd yn bwyta locustiaid a mêl gwyllt?
    i) disgyblion Iesu
    ii) Ioan Fedyddiwr
    iii) Moses

Pa un o'r tri? (6)

1. Pwy oedd y person cyntaf i gael ei ladd am ddilyn Iesu yn ffyddlon?
    - i) Paul
    - ii) Steffan
    - iii) Pedr

2. Pam anfonwyd Daniel i ffau'r llewod?
    - i) am iddo addoli'r gwir Dduw
    - ii) am iddo wrthod bwyta wrth fwrdd y brenin
    - iii) am iddo dwyllo'r frenhines

3. Beth ddywedodd Iesu ar y groes?
    - i) ei fod wedi blino
    - ii) ei fod eisiau bwyd
    - iii) bod syched arno

4. Beth yw'r hanes cyntaf a geir yn y Beibl?
    - i) Duw'n creu'r byd
    - ii) Adda ac Efa
    - iii) geni Iesu

5. Pwy gafodd ei godi o'r bedd yn fyw gan Iesu?
    - i) Jairus
    - ii) Lasarus
    - iii) y canwriad

Cyntaf i Ateb!

Pa un o'r tri? (7)

1. Pan gafodd Iesu ei fedyddio, beth a ddisgynnodd arno o'r nefoedd?
    i) dŵr
    ii) yr Ysbryd Glân ar ffurf colomen
    iii) goleuni mawr

2. Beth yw ystyr yr enw 'Pedr'?
    i) cryf
    ii) cyfaill
    iii) craig

3. Pwy ddywedodd wrth Noa am fynd allan o'r arch?
    i) ei wraig
    ii) ei blant
    iii) Duw

4. Pa arwydd roddodd Duw i ddangos na fyddai byth eto'n boddi'r byd?
    i) y lleuad
    ii) Arch Noa
    iii) yr enfys

5. Ganwyd Iesu yn:
    i) Nasareth
    ii) Jerwsalem
    iii) Bethlehem

Pa un o'r tri? (8)

1. Beth oedd oedran merch Jairus pan iachawyd hi gan Iesu?
    i)   10 oed
    ii) 12 oed
    iii) 30 oed

2. Pwy benderfynodd aros gyda Naomi yn hytrach na dychwelyd at ei phobl ei hun?
    i)   Ruth
    ii) Boas
    iii) Miriam

3. Pryd clywyd llais o'r nef yn dweud 'Hwn yw fy Mab'?
    i)   ar ôl i Iesu gael ei fedyddio
    ii) ar ôl i Iesu farw ar y groes
    iii) ar ôl i Iesu atgyfodi

4. Beth oedd Solomon?
    i)   proffwyd
    ii) brenin
    iii) offeiriad

5. Pa fath o ddyn oedd Sacheus?
    i)   tal
    ii) byr
    iii) tew

CYNTAF I ATEB!

Pa un o'r tri? (9)

1. Beth oedd y peth olaf a greodd Duw?
   i) pysgod
   ii) pobl
   iii) anifeiliaid

2. Beth yw enw'r pentref lle roedd Iesu'n byw pan oedd yn fachgen?
   i) Nasareth
   ii) Bethlehem
   iii) Capernaum

3. Beth oedd enwau meibion Noa?
   i) Sem, Cham a Jaffeth
   ii) Pedr, Iago ac Ioan
   iii) Cora, Dathan ac Abiram

4. Beth oedd enw mam Ioan Fedyddiwr?
   i) Elisabeth
   ii) Martha
   iii) Mair

5. Bu Iesu'n dysgu trwy ddamhegion. Beth yw dameg?
   i) darn o farddoniaeth am Dduw
   ii) stori ac iddi ddiwedd hapus
   iii) stori a chanddi neges am deyrnas Dduw

Pa un o'r tri? (10)

1. Ar ôl i Iesu godi o'r bedd yn fyw, gwelwyd ef gan ddau berson yn teithio i:
   i) Emaus
   ii) Jericho
   iii) Bethlehem

2. Beth oedd gwaith Mathew?
   i) bugail
   ii) casglwr trethi
   iii) pysgotwr

3. Beth oedd enw'r dyn cryf yn yr Hen Destament?
   i) Saul
   ii) Solomon
   iii) Samson

4. Pwy oedd tad Ioan Fedyddiwr?
   i) Joseff
   ii) Eseia
   iii) Sachareias

5. Pwy oedd brenin cyntaf pobl Israel?
   i) Solomon
   ii) Saul
   iii) Samuel

CYNTAF I ATEB!

Pa un o'r tri? (11)

1. Pa fôr fu'n rhaid i'r Israeliaid ei groesi wrth ffoi o'r Aifft?
   i)   Môr Galilea
   ii) Y Môr Coch
   iii) Y Môr Marw

2. Sawl diwrnod gymerodd Duw i greu'r byd?
   i)   6
   ii) 7
   iii) 77

3. Pwy glywodd lais Duw yn siarad allan o berth yn llosgi?
   i)   Dafydd
   ii) Moses
   iii) Samuel

4. Pwy fu'n rhoi gwaed oen o gwmpas eu drysau i'w hamddiffyn?
   i)   y disgyblion
   ii) yr Eifftwyr
   iii) pobl Israel

5. Wrth bwy y dywedodd Iesu y geiriau hyn: 'Tyrd i lawr ar dy union. Y mae'n rhaid i mi aros yn dy dŷ di heddiw'.?
   i)   Sacheus
   ii) Andreas
   iii) Nicodemus

CYNTAF I ATEB!

Pa un o'r tri? (12)

1. Beth oedd enw brawd Pedr?
    i)   Andreas
    ii) Iago
    iii) Ioan

2. Sawl diwrnod fu Jona ym mol y pysgodyn mawr?
    i)   1 diwrnod
    ii) 2 ddiwrnod
    iii) 3 diwrnod

3. Pwy oedd yn gyfrifol am wneud llo aur er mwyn i'r bobl ei addoli?
    i)   Moses
    ii) Aaron
    iii) Solomon

4. Ffrwyth o ba goeden a fwytaodd Adda ac Efa?
    i)   pren afalau
    ii) pren y bywyd
    iii) pren gwybodaeth da a drwg

5. Faint o arian gafodd brodyr Joseff am werthu eu brawd?
    i)   2 ddarn arian
    ii) 3 sach yn llawn aur
    iii) 20 darn arian

Caniatâd Llungopïo   Ⓑ Cyhoeddiadau'r Gair 2009

Pa un o'r tri? (13)

1. Pwy a fradychodd Iesu i'w elynion?
    i) Jwdas Iscariot
    ii) Simon Pedr
    iii) Thomas

2. Beth oedd enw'r person a arweiniodd bobl Israel i mewn i wlad Canaan?
    i) Abraham
    ii) Moses
    iii) Josua

3. Pa un o'r dynion hyn a gafodd ei eni gyntaf?
    i) Jacob
    ii) Noa
    iii) Iesu

4. Pwy fu'n paratoi'r bobl ar gyfer dyfodiad Iesu?
    i) Pedr
    ii) Ioan Fedyddiwr
    iii) Paul

5. Sawl pla a anfonwyd gan Dduw ar wlad yr Aifft yng nghyfnod Moses?
    i) 10
    ii) 7
    iii) 3

Pa un o'r tri? (14)

1. I bwy roddodd Duw yr enfys yn arwydd?
    i) Noa
    ii) Abraham
    iii) Adda

2. Sawl brawd oedd gan Joseff?
    i) 10
    ii) 11
    iii) 12

3. Beth aberthodd Abraham yn lle ei fab Isaac?
    i) gafr
    ii) hwrdd
    iii) llo pasgedig

4. Gwraig pwy a gafodd ei throi'n golofn halen?
    i) gwraig Lot
    ii) gwraig Jeremeia
    iii) gwraig Jacob

5. Pwy a anfonwyd gan Dduw i bregethu yn ninas ddrwg Ninefe?
    i) Paul
    ii) Samuel
    iii) Jona

CYNTAF I ATEB!

Pa un o'r tri? (15)

1. Salm 23: 'Yr Arglwydd yw fy _____'
   - i) mugail
   - ii) Nuw
   - iii) ngheidwad

2. Pwy freuddwydiodd fod yr haul, y lleuad ac un ar ddeg o sêr yn plygu i lawr o'i flaen?
   - i) Jacob
   - ii) Joseff
   - iii) Pharo

3. Beth oedd swydd Ahab?
   - i) brenin
   - ii) proffwyd i'r Arglwydd
   - iii) milwr

4. Beth oedd maint byddin Gideon pan goncrwyd y gelyn?
   - i) 300
   - ii) 3,000
   - iii) 30,000

5. Beth oedd enw'r person a brynodd Joseff fel caethwas iddo'i hun yn yr Aifft?
   - i) Potiffar
   - ii) Pharo
   - iii) Herod

Caniatâd Llungopïo   ⓑ *Cyhoeddiadau'r Gair 2009*

Pa un o'r tri? (16)

1. Beth oedd enw'r Pharisead a aeth i gael sgwrs â Iesu yn ystod y nos?
   i) Nicodemus
   ii) Caiaffas
   iii) Sacheus

2. Pa ddinas a ddinistriwyd wrth i utgyrn ganu?
   i) Jerwsalem
   ii) Ninefe
   iii) Jericho

3. Pwy gafodd eu taflu i'r ffwrn dân gan Nebuchadnesar?
   i) Sadrach, Mesach ac Abednego
   ii) Daniel, Samuel a Solomon
   iii) Cham, Sem a Jaffeth

4. Pa wraig a fynnodd fwyta ffrwyth y 'pren gwybodaeth da a drwg'?
   i) Efa
   ii) Esther
   iii) Rebeca

5. Ym mha dref y lladdwyd llawer o blant bach?
   i) Nasareth
   ii) Bethlehem
   iii) Capernaum

Pa un o'r tri? (17)

1. Pwy fu'n ddigon cryf i dynnu teml am ei ben?
   i) Goliath
   ii) Samson
   iii) Dafydd

2. Sut deithiodd Iesu i mewn i Jerwsalem am y tro olaf?
   i) ar gefn ceffyl
   ii) ar gefn ebol asyn
   iii) ar droed

3. Sawl gorchymyn roddodd Duw i Moses?
   i) 5
   ii) 20
   iii) 10

4. Pa ddyn pwysig fu'r doethion yn ymweld ag ef cyn dod o hyd i'r baban Iesu?
   i) Y Brenin Herod
   ii) Pontius Pilat
   iii) Yr Archoffeiriad

5. Beth oedd enw mam Samuel?
   i) Ruth
   ii) Hanna
   iii) Martha

Pa un o'r tri? (18)

1. Pwy oedd yn enwog am ei ddoethineb?
    i) Solomon
    ii) Samuel
    iii) Job

2. Yn y stori am y wraig a'r deg darn arian, sawl darn arian gollodd hi?
    i) 1
    ii) 9
    iii) 10

3. Beth wnaeth yr Israeliaid â'r manna o'r nefoedd?
    i) ei fwyta
    ii) ei wisgo
    iii) ei daflu at yr Eifftiaid

4. Pwy oedd y cyntaf i weld Iesu ar ôl ei atgyfodiad?
    i) Pedr
    ii) Mair ei fam
    iii) Mair Magdalen

5. Pwy fu'n golchi traed y disgyblion yn ystod y Swper Olaf?
    i) Pedr
    ii) Jwdas
    iii) Iesu

CYNTAF I ATEB!

Pa un o'r tri? (19)

1. Sut gafodd Naaman iachâd o'r gwahanglwyf?
   i) trwy ymolchi saith gwaith yn afon Iorddonen
   ii) trwy fynd at y meddyg
   iii) trwy orwedd yn y gwely am ddeg diwrnod

2. Beth wnaeth Iesu yn ystod y Swper Olaf?
   i) iacháu gŵr dall
   ii) troi'r dŵr yn win
   iii) cymryd bara a gwin

3. Beth ddigwyddodd i fyddin Pharo wrth iddynt ddilyn pobl Israel er mwyn eu dwyn yn ôl i'r Aifft?
   i) boddwyd hwy oll
   ii) dallwyd hwy gan dywod yn eu llygaid
   iii) cawsant eu lladd gan ddaeargryn

4. Beth oedd Iesu'n ei wneud yn y cwch yn ystod y storm ar Fôr Galilea?
   i) pysgota
   ii) bwyta
   iii) cysgu

5. Beth yw ystyr 'Emmanuel'?
   i) Duw yn dda
   ii) Duw yn fawr
   iii) Duw gyda ni

CYNTAF I ATEB!

Pa un o'r tri? (20)

1. Pa rai oedd yn efeilliaid?
    i) Cain ac Abel
    ii) Iago ac Ioan
    iii) Jacob ac Esau

2. Pwy oedd yn gyfrifol am ddweud wrth y milwyr am groeshoelio Iesu?
    i) Herod
    ii) Jwdas
    iii) Pontius Pilat

3. Sawl llyfr sydd yn y Beibl?
    i) 27
    ii) 39
    iii) 66

4. Beth oedd enw chwaer Aaron?
    i) Miriam
    ii) Mair
    iii) Elisabeth

5. Beth wnaeth Jwdas ar ôl bradychu Iesu?
    i) dweud sori
    ii) llefain
    iii) ei grogi ei hun

Cyntaf i Ateb!

Pa un o'r tri? (21)

1. Aeth brodyr Joseff i'r Aifft am eu bod yn dioddef o:
   i) newyn
   ii) syched
   iii) salwch

2. Ym mhle roedd Joseff fab Jacob pan ddaeth yn ddyn pwysig?
   i) Israel
   ii) Babilon
   iii) Yr Aifft

3. Beth oedd y gwragedd yn eu cario wrth iddynt fynd at fedd Iesu?
   i) blodau
   ii) llieiniau
   iii) peraroglau

4. Pa un o'r canlynol nad oedd yn un o ddisgyblion Iesu?
   i) Jacob
   ii) Jwdas
   iii) Iago

5. Beth oedd enw chwaer Mair a Lasarus?
   i) Martha
   ii) Hanna
   iii) Elisabeth

Pa un o'r tri? (22)

1. Pa ffrind i Iesu gafodd ei atgyfodi ganddo?
    i) Ioan
    ii) Steffan
    iii) Lasarus

2. Sawl brawd oedd gan y Mab Colledig?
    i) 1
    ii) 2
    iii) 3

3. I beth newidiodd Saul y cenhadwr ei enw?
    i) Paul
    ii) Thomas
    iii) Timotheus

4. Pwy, yn ôl y Beibl, oedd y person cyntaf i gael ei ladd?
    i) Abel
    ii) Adda
    iii) Isaac

5. Beth oedd enw'r dyn a roddodd ei fedd i Iesu gael ei gladdu ynddo?
    i) Annas
    ii) Joseff
    iii) Simeon

Cyntaf i Ateb!

Pa un o'r tri? (23)

1. Pwy oedd hoff fab Jacob?
    i) Joseff
    ii) Benjamin
    iii) Reuben

2. Yn yr Hen Destament, beth oedd Jona?
    i) pregethwr
    ii) morwr
    iii) pysgotwr

3. Pwy fu ar un adeg yn gas tuag at ddilynwyr Iesu, ond a ddaeth yn Gristion ei hun yn ddiweddarach?
    i) Paul
    ii) Joseff o Arimathea
    iii) Sacheus

4. Pen pwy a dorrwyd i ffwrdd gan y Brenin Herod?
    i) Paul
    ii) Ioan Fedyddiwr
    iii) Pedr

5. Beth oedd gwaith Iago ac Ioan cyn iddynt gael eu galw i fod yn ddisgyblion?
    i) pysgotwyr
    ii) casglwyr trethi
    iii) athrawon

CYNTAF I ATEB!

Pa un o'r tri? (24)

1. Beth oedd enw'r mynydd lle yr arhosodd Arch Noa ar ôl y dilyw?
    i) Sinai
    ii) Ararat
    iii) Carmel

2. Sawl mab oedd gan Jacob?
    i) 1
    ii) 4
    iii) 12

3. Beth oedd Jonathan i Dafydd?
    i) brawd
    ii) cefnder
    iii) ffrind

4. Sawl blwyddyn o newyn fu yng ngwlad yr Aifft yng nghyfnod Joseff?
    i) 3
    ii) 7
    iii) 10

5. Pa un o'r rhain oedd yn broffwyd i'r Arglwydd Dduw?
    i) Ahab
    ii) Elias
    iii) Jesebel

CYNTAF I ATEB!

Pa un o'r tri? (25)

1. Pan ddaeth yr Ysbryd Glân ar ddilynwyr Iesu, pa fath o sŵn a glywyd?
    i) sŵn tebyg i wynt nerthol
    ii) sŵn tebyg i daranau
    iii) sŵn tebyg i blant yn chwerthin

2. Sawl pysgodyn gafodd Iesu i fwydo'r pum mil?
    i) 5
    ii) 200
    iii) 2

3. Sawl basged o fwyd oedd ar ôl wedi porthi'r pum mil?
    i) 2
    ii) 12
    iii) 500

4. Beth oedd enw brawd ieuengaf Joseff?
    i) Dafydd
    ii) Benjamin
    iii) Reuben

5. Pwy ddihangodd o Ddamascus mewn basged?
    i) Pedr
    ii) Paul
    iii) Steffan

CYNTAF I ATEB!

Pa un o'r tri? (26)

1. Pa un o'r damhegion canlynol sy'n ein dysgu i garu pawb?
    i) Dameg yr Heuwr
    ii) Dameg y Ddafad Golledig
    iii) Dameg y Samariad Trugarog

2. Beth yw'r enw a roddir yn y Beibl ar y Diafol?
    i) Baal
    ii) Dewin
    iii) Satan

3. Beth oedd enw brawd Cain?
    i) Esau
    ii) Abel
    iii) Jacob

4. Beth ddigwyddodd yng ngwlad yr Aifft pan wrthododd Pharo ryddhau pobl Israel?
    i) bu farw gwraig Pharo
    ii) bu farw'r plentyn cyntaf ym mhob teulu
    iii) sychodd afon Nîl

5. Brenin ym mha wlad oedd Pharo?
    i) Assyria
    ii) Yr Aifft
    iii) Israel

CYNTAF I ATEB!

Pwy yw'r bugail?

Mae nifer o fugeiliaid i'w cael yn y Beibl. Fedri di ddod o hyd i enwau rhai ohonynt drwy chwilio am yr adnodau isod?

1. Genesis 4:2 ....
2. Genesis 12:16 ....
3. Genesis 13:5 ....
4. Genesis 26:14 ....
5. Genesis 30:22–25 ....
6. Genesis 31:19 ....
7. Genesis 37:2 ....
8. Genesis 38:12 ....
9. Exodus 2:16 ....
10. Exodus 3:1 ....
11. 1 Samuel 16:11 ....
12. 1 Samuel 25:2 ....

Caniatâd Llungopïo   ⓟ Cyhoeddiadau'r Gair 2009

CYNTAF I ATEB!

Pwy yw'r wraig?

Mae pob un o'r dynion isod wedi priodi.
Wyt ti'n gwybod pwy oedd eu gwragedd?
Os nad wyt, edrych yn dy Feibl i gael yr atebion.

1. Adda: Genesis 2:21–25 ....
2. Lamech: Genesis 4:19 ....
3. Isaac: Genesis 24:63–67 ....
4. Esau: Genesis 26:34–35 ....
5. Abraham: Genesis 25:1 ....
6. Joseff: Genesis 41:45 ....
7. Moses: Exodus 2:21 ....
8. Boas: Ruth 4:13 ....
9. Ahab: 1 Bren. 16:31 ....
10. Ahasferus: Esther 2:17 ....
11. Hosea: Hosea 1:2–3 ....
12. Joseff: Mathew 1:24 ....
13. Herod: Mathew 14:3–4 ....

Caniatâd Llungopïo   ⓗ Cyhoeddiadau'r Gair 2009

CYNTAF I ATEB!

Pwy sy'n cusanu?

Mae yna nifer o hanesion yn y Beibl
am bobl yn cusanu.
Fedri di ddod o hyd i enwau rhai ohonynt drwy
chwilio am yr adnodau isod?

1. Genesis 27:26–27 ....

2. Genesis 29:11 ....

3. Genesis 33:4 ....

4. Genesis 45:14–15 ....

5. Exodus 18:7 ....

6. Ruth 1:9 ....

7. 1 Samuel 20:41 ....

8. Mathew 26:49 ....

9. 2 Samuel 20:9 ....

10. 2 Samuel 15:5 ....

11. 1 Samuel 10:1 ....

12. Luc 15:20 ....

Caniatâd Llungopïo   Ⓟ Cyhoeddiadau'r Gair 2009

CYNTAF I ATEB!

Pwy sy'n briod â phwy?

Mae yna nifer o hanesion yn y Beibl am wŷr a gwragedd priod.
A fedri di ddyfalu pwy sy'n briod â phwy?
Os nad wyt, fedri di ddod o hyd i enwau rhai ohonynt drwy chwilio am yr adnodau isod?

1. Genesis 3:20 — Adda ac ....
2. Genesis 11:29 — Abraham a ....
3. Ruth 4:13 — Boas a ....
4. Exodus 2:21 — Moses a ....
5. Actau 18:2 — Acwila a ....
6. Genesis 29:18 — Jacob a ....
7. Luc 1:27 — Joseff a ....
8. Hosea 1:3 — Hosea a ....
9. 2 Samuel 11:27 — Dafydd a ....
10. 1 Samuel 1:1–2 — Elcana a ....
11. Luc 1:5 — Elisabeth a ....
12. Esther 2:16 — Ahasferus ac ....

CYNTAF I ATEB!

Pwy sy'n dweud celwydd?

Mae yna nifer o hanesion yn y Beibl am bobl yn dweud celwydd. Fedri di ddod o hyd i enwau rhai ohonynt drwy chwilio am yr adnodau isod?

1. Genesis 3:4 ....
2. Genesis 12:13 ....
3. Genesis 20:2 ....
4. Genesis 18:15 ....
5. Genesis 27:19 ....
6. Genesis 26:7 ....
7. Genesis 29:18–24 ....
8. Genesis 37:17 ....
9. 1 Samuel 18:17 ....
10. 1 Samuel 19:13–17 ....
11. Actau 5:1 ....

CYNTAF I ATEB!

Pwy sy'n garcharor?

Mae yna nifer o hanesion **yn y Beibl** am bobl a dreuliodd amser mewn carchar.
Fedri di ddod o hyd i enwau rhai ohonynt drwy chwilio am yr adnodau isod?

1. Genesis 39:20–23 ....
2. Genesis 42:24 ....
3. Barnwyr 16:21 ....
4. 2 Cronicl 16:7–10 ....
5. 2 Cronicl 33 ....
6. Daniel 6:16–17 ....
7. Jeremeia 38 ....
8. Actau 22:24 ....
9. Actau 12:4 ....
10. Mathew 27:16–26 ....
11. Mathew 14:3–12 ....
12. 2 Brenhinoedd 25:27 ....

Caniatâd Llungopïo   ⓑ Cyhoeddiadau'r Gair 2009

CYNTAF I ATEB!

Enwau gwahanol ar Iesu

Mae Iesu'n defnyddio nifer o enwau gwahanol i'w ddisgrifio'i hun.
Fedri di ddod o hyd i rai o'r enwau hynny drwy chwilio am yr adnodau isod?

1. Ioan 6:35 ....
2. Mathew 9:15 ....
3. Marc 6:3 ....
4. Mathew 2:4 ....
5. Ioan 10:9 ....
6. Ioan 10:7 ....
7. Ioan 10:11 ....
8. Ioan 1:29 ....
9. Ioan 9:5 ....
10. Ioan 1:18 ....
11. Ioan 15:11 ....
12. Ioan 14:6 ....

Caniatâd Llungopïo   Ⓟ Cyhoeddiadau'r Gair 2009

CYNTAF I ATEB!

Pwy sy wedi newid ei enw?

Mae yna nifer o hanesion yn y Beibl am bobl yn newid eu henwau. Yma nodir naill ai'r enw newydd neu'r hen enw – chwilia di am yr enw arall. Fedri di ddod o hyd iddynt drwy chwilio am yr adnodau isod?

1. Abram: Gen. 17:5 ....

2. Israel: Gen. 32:28 ....

3. Josua: Num. 13:16 ....

4. Solomon: 2 Sam 12:24–25 ....

5. Pedr: Ioan 1:42 ....

6. Paul: Actau 13:9 ....

7. Mara: Ruth 1:20 ....

8. Joseff: Genesis 41:45 ....

9. Beltesassar: Daniel 1:6–7 ....

10. Jeremeia: 2 Bren. 23:34 ....

11. Sedeceia: 2 Bren. 24:17 ....

Caniatâd Llungopïo   ⓟ Cyhoeddiadau'r Gair 2009

Pwy yw disgyblion Iesu?

Roedd gan Iesu ddeuddeg disgybl. Mae eu henwau isod, ond maent wedi eu torri'n ddwy ran.
Fedri di dynnu llinell o'r chwith i'r dde er mwyn eu cysylltu â'i gilydd?

Simon	**lip**
And	**mas**
Ia	**meus**
Ia	**an**
Math	**Pedr**
Phi	**go**
Bartholo	**reas**
Io	**go**
Jw	**ew**
Si	**eus**
Thad	**mon**
Tho	**das**

Pwy sy'n perthyn i pwy?

Mae deg pâr o bobl isod sy'n perthyn gyda'i gilydd. Ar hyn o bryd maent wedi eu gwahanu. Fedri di dynnu llinell o'r chwith i'r dde er mwyn eu cysylltu â'i gilydd?

Cain	Ioan
Jacob	Martha
Adda	Naomi
Iago	Joseff
Samson	Aaron
Mair	Abel
Ruth	Goliath
Mair	Esau
Moses	Delila
Dafydd	Efa

CYNTAF I ATEB!

Beth yw gwaith...?

Mae pob un o'r bobl ar y chwith yn gwneud gwaith arbennig ond nid yw eu swyddi yn y golofn ar y dde yn y drefn gywir.

Fedri di dynnu llinell o'r chwith i'r dde er mwyn eu cysylltu â'i gilydd?

Boas	**Proffwyd**
Dafydd	**Pysgotwr**
Sacheus	**Brenin**
Iago	**Bugail**
Eseia	**Ffermwr**
Herod	**Casglwr trethi**
Thomas	**Disgybl**
Luc	**Saer**
Caiaffas	**Meddyg**
Joseff	**Archoffeiriad**

Caniatâd Llungopïo   ℗ Cyhoeddiadau'r Gair 2009

Cyntaf i Ateb!

Lle mae'r dre?

Ceir enwau nifer o drefi yn y Beibl. Mae rhai o'r enwau isod, ond maent wedi eu torri'n ddwy ran. Fedri di dynnu llinell o'r chwith i'r dde er mwyn eu cysylltu â'i gilydd?

Alecs	**ehem**
Beth	**naum**
Bethl	**icho**
Cesa	**icea**
Caper	**saida**
Jer	**andria**
Laod	**effta**
Tibe	**rea**
Sar	**sus**
Tar	**rias**

CYNTAF I ATEB!

Pwy oedd yn defnyddio...?

Mae pob un o'r bobl ar y chwith yn cael ei gysylltu'n arbennig ag un o'r eitemau yn y golofn ar y dde, ond nid ydynt yn y drefn gywir yma.

Fedri di dynnu llinell o'r chwith i'r dde er mwyn eu cysylltu â'i gilydd?

Dafydd	Cwpan aur
Balaam	Côt amryliw
Benjamin	Cleddyf
Sacheus	Arch
Moses	Asyn
Joseff	Ffon dafl
Jona	Coeden
Joseia	Cawell
Gideon	Morfil
Noa	Llyfr y Gyfraith

Dŵr, dŵr, dŵr?

Ceir nifer o hanesion am afonydd, llynnoedd a moroedd yn y Beibl. Fedri di ddod o hyd i rai o'u henwau drwy chwilio am yr adnodau isod?

1. 1 Brenhinoedd 17:3 ....
2. Ioan 5:2 ....
3. 1 Samuel 23:29 ....
4. Barnwyr 7:1 ....
5. Marc 1:5 ....
6. Exodus 13:18 ....
7. Genesis 41:1 ....
8. Esra 8:15 ....
9. 2 Brenhinoedd 20:20 ....
10. Barnwyr 5:21 ....

Cyntaf i Ateb!

Pwy 'di pwy? (1)

Mae enwau rhai o gymeriadau enwog y Beibl yn y golofn ar y chwith ond maent wedi eu drysu. Maent yn nhrefn yr wyddor   fedri di ddarganfod pwy ydyn nhw?

ARABAHM	A ....
EANJBINM	B ....
ICAFFSAA	C ....
MCHA	CH ....
YADFDD	D ....
FEA	E ....
STFAI	F ....
IABGRLE	G ....
EESCHEIA	H ....
CSIAA	I ....

CYNTAF I ATEB!

Pwy 'di pwy? (2)

Mae enwau rhai o gymeriadau enwog y Beibl yn y golofn ar y chwith ond maent wedi eu drysu. Maent yn nhrefn yr wyddor fedri di ddarganfod pwy ydyn nhw?

RMEEJEIA	J ....
SSRULAA	L ....
RAMIIM	M ....
HMNEEEIA	N ....
NEIUSOSM	O ....
HIOPLEMN	PH ....
EURENB	R ....
ALOSME	S ....
IMOTTHEUS	T ....
REUIA	U ....

Caniatâd Llungopïo   ⓑ Cyhoeddiadau'r Gair 2009

Cyntaf i Ateb!

Ble yn y byd? (1)

Mae enwau rhai o lefydd mwyaf enwog y Beibl yn y golofn ar y chwith ond maent wedi eu drysu. Maent yn nhrefn yr wyddor – fedri di ddod o hyd iddynt?

ORMGADAEN   A ....

EBLETHHEM   B ....

UYCPRS   C ....

BCHEAR   CH ....

CMDAASOS   D ....

UAEMS   E ....

LLGIAEA   G ....

EOHRB   H ....

NIICOUM   I ....

Caniatâd Llungopïo   ⓑ *Cyhoeddiadau'r Gair 2009*

CYNTAF I ATEB!

Ble yn y byd? (2)

Mae enwau rhai o lefydd mwyaf enwog y Beibl yn y golofn ar y chwith ond maent wedi eu drysu. Maent yn nhrefn yr wyddor – fedri di ddod o hyd iddynt?

REJICHO	J ....
TSLYRA	L ....
DIMIAN	M ....
ASANETHR	N ....
ERPSIA	P ....
AFRHUIN	RH ....
IAMSARA	S ....
RATSUS	T ....
RU	U ....

Caniatâd Llungopïo   Ⓑ Cyhoeddiadau'r Gair 2009

Llanast yn y llyfrgell! (1)

Ceir 66 o lyfrau yn y Beibl. Mae teitlau 12 ohonynt isod, ond nid ydynt yn y drefn gywir.
Gosoda'r 12 llyfr yn ôl eu trefn – cei edrych yn dy Feibl i weld a wyt yn gywir!

MARC ....

ESTHER ....

DATGUDDIAD ....

LUC ....

GENESIS ....

SALMAU ....

ESEIA ....

TITUS ....

OBADEIA ....

AMOS ....

ACTAU ....

BARNWYR ....

Cyntaf i Ateb!

Llanast yn y llyfrgell! (2)

Ceir 39 o lyfrau yn yr Hen Destament. Mae teitlau 12 ohonynt isod, ond nid ydynt yn y drefn gywir. Gosoda'r 12 llyfr yn ôl eu trefn – cei edrych yn dy Feibl i weld a wyt yn gywir!

EXODUS ....

AMOS ....

JOEL ....

JONA ....

ESTHER ....

GENESIS ....

HAGGAI ....

DANIEL ....

GALARNAD ....

SALMAU ....

MALACHI ....

HOSEA ....

Caniatâd Llungopïo   ⓟ Cyhoeddiadau'r Gair 2009

Llanast yn y llyfrgell! (3)

Ceir 27 o lyfrau yn y Testament Newydd. Mae teitlau 12 ohonynt isod, ond nid ydynt yn y drefn gywir. Gosoda'r 12 llyfr yn ôl eu trefn – cei edrych yn dy Feibl i weld a wyt yn gywir!

MARC	....
ACTAU	....
EFFESIAID	....
MATHEW	....
GALATIAID	....
COLOSIAID	....
IOAN	....
TITUS	....
PHILEMON	....
HEBREAID	....
LUC	....
DATGUDDIAD	....

CYNTAF I ATEB!

Enwi 3 (1)

Fedri di enwi 3 lle yn y Beibl sy'n dechrau â'r llythrennau canlynol?

H _____

_____

_____

B _____

_____

_____

J _____

_____

_____

G _____

_____

_____

E _____

_____

_____

Caniatâd Llungopïo   ℗ *Cyhoeddiadau'r Gair 2009*

Enwi 3 (2)

Fedri di enwi 3 lle yn y Beibl sy'n dechrau â'r llythrennau canlynol?

S _____

_____

_____

C _____

_____

_____

A _____

_____

_____

T _____

_____

_____

N _____

_____

_____

CYNTAF I ATEB!

Enwi 3 (3)

Fedri di enwi 3 chymeriad Beiblaidd sy'n dechrau â'r llythrennau canlynol?

L _____

_____

_____

C _____

_____

_____

M _____

_____

_____

G _____

_____

_____

I _____

_____

_____

Enwi 3 (4)

Fedri di enwi 3 chymeriad Beiblaidd sy'n dechrau â'r llythrennau canlynol?

E

N

A

D

B

Pobl yr Eglwys Fore

Mae enwau rhai o gymeriadau enwog yr Eglwys Fore yn y golofn ar y chwith ond mae eu henwau wedi eu drysu. Fedri di ddyfalu beth ydynt? Mae eu hanes i'w gweld yn Llyfr yr Actau.

1. NESTFFA ....
2. AUPL ....
3. BSNRBAAA ....
4. ILSSA ....
5. SIMOETTHU ....
6. YDLIA ....
7. IROCNELUS ....
8. THIBTAA ....
9. AION CAMR ....
10. ACSIPRIL ....
11. ICWLAA ....
12. UTEUYCHS ....

CYNTAF I ATEB!

Y deg pla

Gyrrwyd 10 pla i gosbi pobl yr Aifft. Maent yn cael eu rhestru yn y golofn ar y chwith ond mae eu henwau wedi eu drysu.
Fedri di ddyfalu beth yw'r deg pla?
Mae'r hanes i'w gael yn Llyfr Exodus 7–10

ITUSADLOCI ....

ALDD EFINAICIDIA ....

AABBN ARMW ....

DWGAE ....

ULLA ....

YWWCHTYLL ....

TNFFLLYAI ....

EDYRPF ....

LLNECYGS ....

DYWNROCYDD ....

Caniatâd Llungopïo   ⓑ Cyhoeddiadau'r Gair 2009

Lliwiau llachar

Mae yna nifer o gyfeiriadau at liwiau gwahanol yn y Beibl.
Fedri di ddod o hyd i enwau rhai o'r lliwiau hynny drwy chwilio am yr adnodau isod?

Genesis 1:30 ....

Exodus 39:2 ....

Genesis 30:32 ....

Genesis 25:30 ....

Actau 16:14 ....

Lefiticus 13:32 ....

Diarhebion 20:29 ....

Marc 6:38–39 ....

Exodus 15:22 ....

Numeri 4:12 ....

Actau 1:10 ....

Cyntaf i Ateb!

Gweddi'r Arglwydd

Isod ceir gweddi enwog Iesu, sef Gweddi'r Arglwydd, ond mae rhai geiriau ar goll. Dewisa'r geiriau ar waelod y dudalen a'u gosod yn y bylchau cywir.

Ein .... yn y nefoedd, sancteiddier dy .... deled dy .... gwneler dy............................ ar y .... fel yn y nef. Dyro i ni heddiw ein .... beunyddiol a maddau i ni ein .... fel yr ŷm ni wedi .... i'r rhai a droseddodd yn ein herbyn a phaid â'n dwyn i .... ond gwared ni rhag yr un .... oherwydd eiddot ti yw'r .... a'r .... a'r .... am .... Amen.

Enw; troseddau; Tad; bara; nerth; brawf; ddaear; maddau; drwg; byth; ewyllys; deyrnas; deyrnas; gogoniant

Yr Arglwydd yw fy mugail

Gwelir Salm 23 isod, ond mae rhai geiriau ar goll. Dewisa'r geiriau ar waelod y dudalen a'u gosod yn y bylchau cywir.

Yr Arglwydd yw fy .... ni bydd eisiau .... Gwna i mi orwedd mewn .... breision a thywys fi gerllaw y .... tawel ac y mae ef yn fy adfywio. Fe'm harwain ar hyd llwybrau .... er mwyn ei enw. Er imi gerdded trwy .... tywyll du nid ofnaf unrhyw niwed oherwydd yr wyt ti gyda mi a'th .... a'th ffon yn fy nghysuro. Yr wyt yn arlwyo .... o'm blaen yng ngŵydd fy ngelynion. Yr wyt yn eneinio fy mhen ag .... Y mae fy .... yn llawn. Yn sicr bydd daioni a thrugaredd yn fy nilyn bob .... o'm bywyd a byddaf yn byw yn nhŷ'r .... weddill fy nyddiau.

---

dydd; wialen; cyfiawnder; arnaf; dyfroedd; ddyffryn; bwrdd; olew; nghwpan; mugail; Arglwydd; porfeydd

CYNTAF I ATEB!

Rheolau pwysig

Gwelir y Deg Gorchymyn isod, ond mae rhai geiriau ar goll. Dewisa'r geiriau ar waelod y dudalen a'u gosod yn y bylchau cywir.

Anrhydedda dy .... a'th ....

Na ....

Na ....

Na ....

Na ddwg gamdystiolaeth yn erbyn dy

....

Na chwennych .... dy gymydog na'i wraig na'i eiddo.

Na chymer .... eraill ar wahân i mi.

Na wna i ti .... cerfiedig.

Na chymer enw'r .... dy Dduw yn ofer.

Cofia'r dydd .... i'w gadw'n gysegredig.

dad; fam; ladd; odineba; ladrata; gymydog; dduwiau; ddelw; Arglwydd; dŷ; Saboth

Cyntaf i Ateb!

Gwyn eu byd ...

Isod ceir y Gwynfydau, allan o'r Bregeth ar y Mynydd yn Efengyl Mathew, ond mae rhai geiriau ar goll. Dewisa'r geiriau ar waelod y dudalen a'u gosod yn y bylchau cywir.

Gwyn eu byd y rhai sy'n .... yn yr ysbryd, oherwydd eiddynt hwy yw .... nefoedd. Gwyn eu byd y rhai sy'n galaru oherwydd cânt hwy eu .... Gwyn eu byd y rhai .... oherwydd cânt hwy etifeddu'r .... Gwyn eu byd y rhai sy'n newynu a .... am gyfiawnder oherwydd cânt hwy eu .... Gwyn eu byd y rhai .... oherwydd cânt hwy dderbyn trugaredd. Gwyn eu byd y rhai pur eu .... oherwydd cânt hwy weld........................... Gwyn eu byd y tangnefeddwyr oherwydd cânt hwy eu galw'n .... Duw. Gwyn eu byd y rhai a .... yn achos cyfiawnder oherwydd eiddynt hwy yw teyrnas..........................

---

teyrnas; cysuro; dlodion; addfwyn; ddaear; sychedu; digon; trugarog; nefoedd; calon; Duw; feibion; erlidiwyd

---

Caniatâd Llungopïo   89   ⓑ *Cyhoeddiadau'r Gair 2009*

CYNTAF I ATEB!

Pwy yw'r llofrudd?

Mae yna nifer o hanesion am ddihirod a llofruddion yn y Beibl.
Fedri di ddod o hyd i enwau rhai ohonynt drwy chwilio am yr adnodau isod?

1. Genesis 4:8 ....

2. Genesis 4:23 ....

3. Exodus 2:17 ....

4. Barnwyr 3:21 ....

5. 2 Samuel 3:27 ....

6. Mathew 2:16 ....

7. Marc 6:25 ....

8. Jeremeia 39:6 ....

9. 2 Samuel 13:28 29 ....

10. 1 Brenhinoedd 16:10 ....

11. 1 Brenhinoedd 21:13 ....

12. 2 Brenhinoedd 15:30 ....

Caniatâd Llungopïo   ⓑ Cyhoeddiadau'r Gair 2009

CYNTAF I ATEB!

Pwy mae Duw'n ei alw?

Cafodd nifer o bobl eu dewis gan Dduw i wneud gwaith arbennig. Roedd rhai hyd yn oed yn elynion iddo cyn hynny ond cawsant dröedigaethau anhygoel! Fedri di ddod o hyd i enwau rhai ohonynt drwy chwilio am yr adnodau isod yn dy Feibl?

1. 1 Samuel 3:1–10 ....
2. 1 Samuel 16:13 ....
3. Daniel 6:25–27 ....
4. Mathew 9:9 ....
5. Luc 19:8 ....
6. Genesis 12:1–3 ....
7. Genesis 28:19–22 ....
8. 2 Brenhinoedd 5:14–15 ....
9. 2 Cronicl 33:10–13 ....
10. Ioan 3:1 ....
11. Actau 9:6 ....
12. Actau 16:14–15 ....

Caniatâd Llungopïo   ⓑ Cyhoeddiadau'r Gair 2009

CYNTAF I ATEB!

Am ddyn arbennig!

Mae yna nifer o hanesion am bobl ryfeddol ac unigryw yn y Beibl.
Fedri di ddod o hyd i enwau rhai ohonynt drwy chwilio am yr adnodau isod?

Y dyn cynharaf: Genesis 2:7 ....

Y dyn hynaf: Genesis 5:27 ....

Y dyn cryfaf: Barnwyr 14:16 ....

Y dyn doethaf: 1 Brenhinoedd 3:12 ....

Y dyn talaf: 1 Samuel 17:4 ....

Y dyn byrraf: Luc 19:3–4 ....

Y dyn creulonaf: 2 Cronicl 33:1–13 ....

Y dyn cyflymaf: 2 Samuel 2:18 ....

Y dyn tewaf: Barnwyr 3:17 ....

Y dyn balchaf: Daniel 4:4 ....

CYNTAF I ATEB!

Pethau diddorol

Mae nifer o bethau diddorol a rhyfeddol i'w darganfod yn y Beibl. Fedri di ddod o hyd i rai ohonynt drwy chwilio am yr adnodau isod? Cysylltir y pethau â'r bobl a enwir.

Gideon: Barnwyr 6:37 ....

Benjamin: Genesis 44:2 ....

Dafydd: I Samuel 18:4 ....

Moses: Exodus 3:2 ....

Ioan: Mathew 3:4 ....

Y Doethion: Mathew 2:11 ....

Gwraig Lot: Genesis 19:26 ....

Iesu: Mathew 13:31 ....

Joseff: Genesis 37:3 ....

Bachgen bach: Ioan 6:9 ....

Iesu: Ioan 2:6 ....

Ioan Fedyddiwr: Marc 1:6 ....

CYNTAF I ATEB!

Pwy yw'r proffwyd?

Ceir nifer o broffwydi yn yr Hen Destament. Byddai'r rhain yn sôn wrth bobl am Dduw. Mae enwau rhai ohonynt isod, ond maent wedi eu torri'n ddwy ran. Fedri di dynnu llinell o'r chwith i'r dde er mwyn eu cysylltu â'i gilydd?

HABA	REIA
ELE	IEL
HO	EUS
ES	MEIA
ESEC	IA
JERE	IAS
AM	SEA
OBADE	EIA
ELIS	OS
SECHA	CUC

Cyntaf i Ateb!

Mynyddoedd mawr!

Mae yna nifer o storïau yn y Beibl am bethau rhyfeddol yn digwydd ar ben gwahanol fynyddoedd. Fedri di ddod o hyd i enwau rhai o'r mynyddoedd drwy chwilio am yr adnodau isod?

EMCRAL: 1 Bren. 18:19 ....

TRAAAR: Genesis 8:4 ....

YLEWODD: Luc 19:29 ....

AISNI: Exodus 19:1 ....

AEBL: Deut. 11:29 ....

ISMGRAI: Deut. 27:12 ....

AIGBOL: 1 Sam. 28:4 ....

MENROH: Mathew 17:1 ....

AORMEI: Genesis 22:2 ....

AOTBR: Barnwyr 4:6 ....

Caniatâd Llungopïo   ⓗ Cyhoeddiadau'r Gair 2009

Deuddeg disgybl

Roedd gan Iesu ddeuddeg disgybl. Maent yn cael eu rhestru isod, ond mae eu henwau wedi eu drysu.
Fedri di ddarganfod pwy ydyn nhw?

AGIO ....

OANI ....

AMETHW ....

IMSNO DEPR ....

AMTHOS ....

LIPPHI ....

UMOLORABTHES ....

ADETHUS ....

GOIA ....

SWJDA ....

NDAAERS ....

OMSIN ....

CYNTAF I ATEB!

Pwy sy'n gwneud beth?

Mae nifer o wahanol swyddi yn y Beibl. Tybed a fedri di feddwl am rywun sy'n gwneud y swyddi isod?

Brenin ....

Proffwyd ....

Disgybl ....

Pysgotwr ....

Meddyg ....

Ffermwr ....

Casglwr trethi ....

Bugail ....

Brenhines ....

Offeiriad ....

Canwriad ....

Cerddor ....

CYNTAF I ATEB!

Coed yn y Beibl

Mae nifer o wahanol goed yn cael eu henwi mewn hanesion yn y Beibl.
Fedri di ddod o hyd i enwau rhai ohonynt drwy chwilio am yr adnodau isod?

1. Exodus 25:5 ....
2. Numeri 17:8 ....
3. Joel 1:12 ....
4. Barnwyr 9:14–15 ....
5. Exodus 30:24 ....
6. Diarhebion 7:17 ....
7. Eseia 38:21 ....
8. Eseciel 27:6 ....
9. Deut. 24:20 ....
10. Ioan 12:13 ....
11. Amos 7:14 ....
12. Eseia 44:4 ....

Caniatâd Llungopïo   Ⓟ Cyhoeddiadau'r Gair 2009

CYNTAF I ATEB!

Afonydd yn y Beibl

Mae nifer o wahanol afonydd yn cael eu henwi mewn hanesion yn y Beibl.
Fedri di ddod o hyd i enwau rhai ohonynt drwy chwilio am yr adnodau isod?

1. Genesis 2:11 ....
2. Josua 24:2–3 ....
3. Exodus 7:17–25 ....
4. Josua 12:1 ....
5. Josua 16:8 ....
6. 1 Bren. 18:40 ....
7. Esra 8:21 ....
8. Eseciel 1:1 ....
9. 2 Bren. 5:12 ....
10. Mathew 3:13–17 ....

CYNTAF I ATEB!

Mynyddoedd yn y Beibl

Cyfeirir yn rheolaidd at fynyddoedd yn y Beibl. Digwyddodd pethau cyffrous iawn ar rai o'r mynyddoedd hynny.
Fedri di ddod o hyd i enwau rhai ohonynt drwy chwilio am yr adnodau isod?

1. Genesis 8:4 ....

2. 1 Bren. 18:19 ....

3. Deut. 11:29 ....

4. Deut. 11:29 ....

5. 1 Samuel 31:1–6 ....

6. Luc 19:41 ....

7. Exodus 19:11 ....

8. Barnwyr 4:6–15 ....

9. Numeri 21:28 ....

10. Deut. 3:27 ....

11. 2 Cronicl 3:1 ....

12. Exodus 3:1 ....

Cyntaf i Ateb!

Dinasoedd yn y Beibl

Cyfeirir at nifer o ddinasoedd yn y Beibl. Fedri di ddod o hyd i enwau rhai ohonynt drwy chwilio am yr adnodau isod?

1. Actau 18:24 26 ....
2. Actau 17:15 34 ....
3. Datguddiad 17:5 ....
4. Ioan 7:42 ....
5. Ioan 2:1 11 ....
6. Mathew 8:5 13 ....
7. Actau 18:1 2 ....
8. Actau 9:1 18 ....
9. Luc 18:35 ....
10. Jona 1:2 ....
11. Actau 8:5 25 ....
12. Genesis 14:21 24 ....

Planhigion yn y Beibl

Mae nifer o wahanol blanhigion yn cael eu henwi mewn hanesion yn y Beibl.
Fedri di ddod o hyd i enwau rhai ohonynt drwy chwilio am yr adnodau isod?

1. Mathew 23:23 ....
2. Ruth 1:22 ....
3. Exodus 16:31 ....
4. Eseia 28:27 ....
5. Numeri 11:5 ....
6. Salm 23:2 ....
7. Salm 51:7 ....
8. Numeri 11:5 ....
9. Mathew 23:23 ....
10. Mathew 17:20 ....
11. Eseia 35:1 ....
12. Jeremeia 23:15 ....

Cyntaf i Ateb!

Anifeiliaid yn y Beibl

Mae nifer o anifeiliaid gwahanol yn cael eu henwi mewn hanesion yn y Beibl. Fedri di ddod o hyd i enwau rhai ohonynt drwy chwilio am yr adnodau isod?

1. Mathew 3:4 ....
2. 1 Bren. 10:22 ....
3. Nehemeia 4:3 ....
4. 2 Bren. 2:11 ....
5. Daniel 6:7 ....
6. Ioan 10:7 ....
7. Eseia 1:3 ....
8. Mathew 7:15 ....
9. 1 Bren. 10:22 ....
10. Genesis 15:9 ....

CYNTAF I ATEB!

Pwy sy'n canu?

Mae nifer o bobl yn y Beibl yn canu. Fedri di ddod o hyd i enwau rhai ohonynt drwy chwilio am yr adnodau isod?

1. Exodus 15:1 19 ....

2. Barnwyr 5:1 31 ....

3. 1 Samuel 2:1 10 ....

4. 2 Cronicl 20:20 23 ....

5. Luc 1:46 55 ....

6. Luc 1:68 79 ....

7. Mathew 26:30 ....

8. Actau 16:21 ....

9. Deut. 32:1 4 ....

10. Datguddiad 14:1-3 ....

Bwyd yn y Beibl

Mae nifer o wahanol fwydydd yn cael eu henwi mewn hanesion yn y Beibl.
Fedri di ddod o hyd i enwau rhai ohonynt drwy chwilio am yr adnodau isod?

1. Genesis 43:11 ....
2. Numeri 11:5 ....
3. Deut. 23:24 ....
4. Eseia 7:15 ....
5. 1 Samuel 17:18 ....
6. Luc 11:12 ....
7. Mathew 3:4 ....
8. Genesis 18:8 ....
9. Mathew 23:23 ....
10. Eseciel 4:9 ....
11. Jeremeia 24:1–3 ....
12. Amos 7:14 ....

Gwaith yn y Beibl

Mae nifer o wahanol swyddi'n cael eu henwi mewn hanesion yn y Beibl.
Fedri di ddod o hyd i rai ohonynt drwy chwilio am yr adnodau isod?

1. Eseciel 5:1 ....
2. 1 Bren. 9:26 ....
3. 2 Samuel 5:11 ....
4. 1 Samuel 8:13 ....
5. Jeremeia 29:5 ....
6. Eseia 64:8 ....
7. Mathew 9:9 ....
8. Exodus 31:5 ....
9. Exodus 39:1 ....
10. Actau 18:3 ....
11. 2 Samuel 6:5 ....
12. Mathew 4:18 ....

Geiriau dieithr

Weithiau ceir geiriau estron yn y Beibl. Geiriau yn yr iaith wreiddiol yw'r rhain, mewn Hebraeg neu Aramaeg efallai. Isod ceir 10 o'r geiriau hynny. Beth am i ti chwilio am yr adnodau yn y Beibl i ddod o hyd i'w hystyr?

1. Boanerges: Marc 3:17 ....
2. Immanuel: Mathew 1:23 ....
3. Golgotha: Mathew 27:33 ....
4. Rabboni: Ioan 1:38 ....
5. Tabitha: Marc 5:41 ....
6. Barnabas: Actau 4:36 ....
7. Eph-phatha: Marc 7:34 ....
8. Siloam: Ioan 9:7 ....
9. Eloï, Eloï, lema sabachthani: Marc 15:34
   ....
10. Lo-ammi: Hosea 1:9 ....

CYNTAF I ATEB!

Allorau yn y Beibl

Cyfeirir at allorau mewn nifer o hanesion yn y Beibl. Fedri di ddod o hyd i enwau rhai o'r bobl a adeiladodd allor i Dduw drwy chwilio am yr adnodau isod?

1. Genesis 8:20 ....
2. Barnwyr 6:24 ....
3. Exodus 17:15 ....
4. Genesis 12:7–8 ....
5. Genesis 26:25 ....
6. 1 Bren. 18:31–32 ....
7. 1 Samuel 7:15 ....
8. 2 Bren. 21:3 ....
9. Genesis 33:20 ....
10. 1 Bren. 16:32 ....
11. 1 Samuel 14:35 ....
12. Esra 3:2 ....

Caniatâd Llungopïo   108   ⓑ Cyhoeddiadau'r Gair 2009

CYNTAF I ATEB!

Duwiau ffug

Mae nifer o ffugdduwiau'n cael eu henwi mewn hanesion yn y Beibl.
Fedri di ddod o hyd i enwau rhai o'r ffugdduwiau a'r delwau hynny drwy chwilio am yr adnodau isod?

1. Barnwyr 6:24 32 ....

2. 1 Bren. 18:17 40 ....

3. Mathew 10:25 ....

4. Actau 19:27 ....

5. 1 Samuel 5:1 7 ....

6. Actau 14:12 ....

7. 1 Bren. 11:7 ....

8. Exodus 32:5 ....

9. 2 Bren. 5:15 19 ....

10. Josua 24:2 ....

Caniatâd Llungopïo   109   ⓑ Cyhoeddiadau'r Gair 2009

CYNTAF I ATEB!

Gwleddoedd y Beibl

Cyfeirir at nifer o wleddoedd mewn hanesion yn y Beibl.
Fedri di ddod o hyd i enwau rhai o'r gwleddoedd hynny, ac enwau'r rhai oedd yn darparu'r wledd, ac i bwy, drwy chwilio am yr adnodau isod?

1. Genesis 21:18 ....
2. Luc 24:42 ....
3. Genesis 43:16–34 ....
4. 2 Samuel 3:20 ....
5. Esther 7:1–10 ....
6. Luc 15:23 ....
7. Job 1:13 ....
8. Barnwyr 14:10–18 ....
9. Marc 14:13 ....
10. Mathew 14:15 21 ....

Caniatâd Llungopïo   Ⓑ Cyhoeddiadau'r Gair 2009

Cyntaf i Ateb!

Pwy fu yma?

Byddwn yn cysylltu ambell berson â lle arbennig yn y Beibl. Nodir nifer o leoliadau isod. Â phwy y byddwn ni'n cysylltu'r lleoliadau yma fel arfer?

Mynydd Carmel ....

Arimathea ....

Mynydd Ararat ....

Cyrene ....

Tarsus ....

Calfaria ....

Mynydd Sinai ....

Bethania ....

Ur y Caldeaid ....

Y Môr Coch ....

Mynydd Bethel ....

Ffynnon Jacob ....

Cyntaf i Atebi

Ateb 8 (1)

1. Beth oedd enw'r ardd fu'n gartref i Adda ac Efa?

2. Pwy gafodd ei atgyfodi gan Iesu? Roedd yn frawd i Mair a Martha.

3. Pwy fedyddiodd Iesu yn yr Iorddonen?

4. Pwy gafodd ei ddallu ar ei ffordd i Ddamascus?

5. Pwy luchiwyd i'r ffwrnais dân gyda Sadrach a Mesach?

6. Pa un o frodyr Joseff a gyhuddwyd o ddwyn cwpan?

7. Ar gefn beth y marchogodd Iesu i Jerwsalem i ddathlu'r Pasg?

8. Anrheg a roddwyd i Iesu gyda'r aur a'r myrr.

Rho lythyren gyntaf pob ateb ar y llinell isod. Os yw pob ateb yn gywir fe fydd enw person enwog o'r Beibl yno.

— — — — — — — —

CYNTAF I ATEB!

Ateb 8 (2)

1. Beth gollodd Samson ar ôl i Delila dorri ei wallt?

2. Pa broffwyd gafodd fuddugoliaeth fawr ar Fynydd Carmel?

3. Pwy oedd y brenin pan gafodd Iesu ei eni?

4. Beth oedd enw brawd Jacob?

5. Pa un yn ôl Iesu yw'r lleiaf o'r holl hadau?

6. Beth oedd enw mam Ioan Fedyddiwr?

7. Pa afon sy'n cysylltu Môr Galilea â'r Môr Marw?

8. Beth oedd enw brawd Simon Pedr?

Rho lythyren gyntaf pob ateb ar y llinell isod. Os yw pob ateb yn gywir fe fydd enw person enwog o'r Beibl yno.

— — — — — — — —

Caniatâd Llungopïo   ⓑ Cyhoeddiadau'r Gair 2009

Ateb 8 (3)

1. Cartref Mair, Martha a Lasarus.

2. Enwau'r pedwar llyfr yn y Beibl sy'n adrodd hanes Iesu.

3. Daeth Jona yma i genhadu.

4. Enw gwraig y Brenin Ahab.

5. Pwy oedd gŵr Sara? Gelwir ef yn 'Tad Israel'.

6. Bwytaodd Ioan Fedyddiwr hwn gyda'r locustiaid.

7. Pa afon y bedyddiwyd Iesu ynddi?

8. Ar ba ŵyl y cofiwn am Iesu'n cael ei eni?

Rho lythyren gyntaf pob ateb ar y llinell isod. Os yw pob ateb yn gywir fe fydd enw person enwog o'r Beibl yno.

— — — — — — — —

Caniatâd Llungopïo   ⓒ *Cyhoeddiadau'r Gair 2009*

CYNTAF I ATEB!

Rhifau a ffigyrau (1)

1. Sawl gwaith llefodd Iesu o'r groes?

2. Faint o ddisgyblion oedd gan Iesu?

3. Faint o frodyr oedd gan Joseff?

4. Am sawl diwrnod bu Iesu yn yr anialwch?

5. Faint o lyfrau sydd yn y Beibl?

6. Faint o lyfrau sydd yn y Testament Newydd?

7. Faint o lyfrau sydd yn yr Hen Destament?

8. Faint o broffwydi wynebodd Elias ar ben Mynydd Carmel?

9. Faint o orchmynion roddodd Duw i Moses?

10. Faint o feibion oedd gan Noa?

Rhifau a ffigyrau (2)

1. Sawl darn arian a dalwyd i Jwdas am fradychu Iesu?

2. Sawl diwrnod bu Iesu ar y ddaear ar ôl ei atgyfodiad?

3. Sawl anrheg gafodd Iesu gan y gwŷr doeth?

4. Sawl torth dderbyniodd Iesu gan y bachgen i fwydo'r pum mil?

5. Sawl geneth ffôl oedd yn y ddameg?

6. Sawl gwaith wadodd Simon Pedr Iesu?

7. Beth oedd oedran merch Jairus?

8. Sawl pla a yrrwyd ar yr Eifftiaid?

9. Sawl dafad oedd gan y bugail yn y ddameg?

10. Sawl diwrnod gymerodd Duw i greu'r byd?

Cywir neu anghywir? (1)

1. Ganwyd Jeremeia yn Anathoth.

2. Roedd Jacob ac Esau yn efeilliaid.

3. Cafodd Jona ei fwyta gan lew.

4. Roedd Saul ar ei ffordd i Samaria pan gafodd ei dröedigaeth.

5. Daeth Joseia yn frenin ar y wlad pan oedd ond yn wyth oed.

6. Cafodd Iesu ei Swper Olaf yn y deml.

7. Y mae'r Môr Marw yn llawn o bysgod.

8. Roedd Solomon yn ddyn doeth iawn.

9. Roedd Manasse yn frenin creulon iawn.

10. Roedd Jesebel yn frenhines garedig iawn.

11. Ar ôl iddo gael ei eni bu'n rhaid i Iesu a'i deulu ffoi i'r Aifft.

12. Bu Moses yn gyfrifol am adeiladu'r deml.

CYNTAF I ATEB!

Cywir neu anghywir? (2)

1. Cafodd Ioan Fedyddiwr ei fedyddio gan Iesu.

2. Derbyniodd Moses y Deg Gorchymyn ar Fynydd Sinai.

3. Enw tad Jacob oedd Esau.

4. Bu Iesu yn yr anialwch am 40 mlynedd.

5. Cafodd Iesu ei eni ym Methlehem.

6. Roedd gan Iesu 12 disgybl yn ei helpu.

7. Mair Magdalen oedd enw mam Iesu.

8. Enw gwraig Adda oedd Efa.

9. Aeth Noa ag un o bob anifail i mewn i'r arch.

10. Cafodd Daniel ei fwyta gan lewod.

11. Cafodd Sadrach, Mesach ac Abednego eu taflu i'r ffwrnais ond ni chawsant eu llosgi.

12. Cafodd Iesu ei arestio yng Ngardd Gethsemane.

Pwy yw'r fam?

Rhestrir enwau deg o gymeriadau o'r Beibl isod. Wyt ti'n gwybod pwy oedd eu mamau nhw? Os nad wyt, edrych yn dy Feibl er mwyn cael yr ateb!

1. Obed: Ruth 4:13–17 ....
2. Ismael: Genesis 16:15 ....
3. Solomon: 2 Samuel 12:24 ....
4. Eliffas: Genesis 36:4 ....
5. Samuel: 1 Samuel 1:20 ....
6. Adoneia: 1 Bren. 1:5 ....
7. Joseff: Genesis 30:22–24 ....
8. Jonathan: 1 Samuel 14:49–50 ....
9. Ahaseia: 2 Bren. 8:26 ....
10. Jwda: Genesis 29:32–35 ....

CYNTAF I ATEB!

Ble yn y Beibl?

Mae 66 o lyfrau yn y Beibl. Ceir llyfrau hanes, llyfrau proffwydol, llyfrau sy'n sôn am Iesu, ac yn y blaen. Wyt ti'n gwybod ble i gael hyd i'r storïau isod?

1. Pa lyfr sy'n sôn am Abraham a'i deulu?

2. Pa lyfr sy'n adrodd hanes yr Eglwys Fore?

3. Pa lyfr sy'n adrodd hanes brwydr Elias ar Fynydd Carmel?

4. Pa lyfr sy'n adrodd hanes Samson a Delila?

5. Pa lyfr sy'n adrodd hanes Joseff?

6. Pa lyfr sy'n rhestru Gwynfydau Iesu?

7. Pa lyfr sy'n sôn am Sadrach, Mesach ac Abednego?

8. Pa lyfr sy'n adrodd hanes Noa?

9. Pa lyfr sy'n rhestru dywediadau doeth?

10. Pa lyfr sy'n llawn o emynau a cherddi?

Caniatâd Llungopïo   ⓑ *Cyhoeddiadau'r Gair 2009*

CYNTAF I ATEB!

Pryd ddigwyddodd hyn?

1. Bob pryd oedd Daniel yn gweddïo?
    bob awr
    3 gwaith y dydd
    bob wythnos   Daniel 6:10

2. Beth oedd oedran Abraham pan anwyd ei fab Isaac?
    100 oed
    50 oed
    200 oed   Genesis 21:5

3. Pryd wnaeth Esau grio?
    pan briododd Judith
    pan syrthiodd
    pan gafodd ei ailuno â Jacob   Genesis 33:4

4. Pryd beidiodd Mathew â bod yn gasglwr trethi?
    pan ddywedodd Iesu, 'Dilyn fi'
    pan ymddeolodd
    pan wnaeth ei ffortiwn   Mathew 9:9

5. Pryd ddaeth Nicodemus i weld Iesu?
    yn ystod y nos
    pan oedd Iesu'n faban
    pan oedd Iesu ar y groes   Ioan 3:1–2

6. Pryd gafodd Dafydd ei eneinio yn frenin Israel?
    pan oedd yn fugail
    ar ôl lladd Goliath
    ar ôl iddo chwarae'r delyn   1 Sam. 16:13

Caniatâd Llungopïo   ⓑ *Cyhoeddiadau'r Gair 2009*

Pa anifail? (1)

1. Ar Sul y Blodau, ar ba anifail y marchogodd Iesu i mewn i Jerwsalem?
   ceffyl
   asyn
   camel

2. Pa aderyn a anfonodd Noa allan o'r arch i chwilio am dir sych?
   colomen
   eryr
   estrys

3. Pa anifail laddodd Dafydd un tro?
   arth
   blaidd
   teigr

4. Pan oedd yr Israeliaid yn croesi'r Môr Coch, roeddent yn cael eu dilyn gan ddynion ar gefn beth?
   asynnod
   camelod
   ceffylau

5. Yn hanes y Mab Colledig, pa anifeiliaid bu'n rhaid iddo ofalu amdanynt?
   moch
   da
   asynnod

6. Pa anifail coll y soniodd Iesu amdano?
   dafad
   ceffyl
   asyn

Cyntaf i Ateb!

Pa anifail? (2)

1. Ym mol pa anifail y treuliodd Jona dri diwrnod?
    eliffant
    pysgodyn
    camel

2. Pa saith anifail y breuddwydiodd Pharo amdanynt?
    gwartheg
    llygod
    defaid

3. Pa anifail siaradodd ag Efa yng Ngardd Eden?
    llygoden
    sarff
    cwningen

4. Pa anifeiliaid oedd yn y ffau y taflwyd Daniel iddo?
    llygod
    llewod
    teigrod

5. Pa anifail a aberthwyd gan Elias ar Fynydd Carmel?
    oen
    ychen
    gafr

6. Yn nameg y Mab Colledig, pa anifail a laddwyd gan y tad i ddathlu'r ffaith fod ei fab wedi dod adref?
    oen
    gafr
    llo

Pa swydd? (1)

1. Beth oedd Andreas?
    pysgotwr
    bugail
    casglwr trethi

2. Beth oedd Jona?
    pysgotwr
    proffwyd
    pregethwr

3. Beth oedd Naaman?
    meddyg
    milwr
    saer

4. Beth oedd Abel?
    offeiriad
    bugail
    garddwr

5. Beth oedd gwas Pharo, yr un a gafodd ei grogi?
    pobydd
    garddwr
    pysgotwr

CYNTAF I ATEB!

Pa swydd? (2)

1. Beth oedd Solomon?
   milwr
   meddyg
   brenin

2. Beth oedd Mathew?
   casglwr trethi
   pysgotwr
   meddyg

3. Beth oedd yr Israeliaid pan oeddent yn yr Aifft?
   bugeiliaid
   adeiladwyr
   caethweision

4. Beth oedd Boas?
   milwr
   ffermwr
   adeiladwr

5. Beth oedd Herod?
   ymerawdwr
   brenin
   llywodraethwr

Fi oedd y cyntaf!

1. Pwy oedd y merthyr cyntaf?

2. Pwy oedd y llofrudd cyntaf?

3. Pwy oedd brenin cyntaf Israel?

4. Pwy oedd barnwr cyntaf Israel?

5. Pwy oedd yr heliwr cyntaf?

6. Pwy yw'r proffwyd cyntaf y sonnir amdano yn y Beibl?

7. Pwy oedd yr efeilliaid cyntaf?

8. Pwy oedd y bugail cyntaf?

9. Pwy yw'r plentyn cyntaf y cawn ei hanes yn y Beibl?

10. Pwy oedd y disgybl cyntaf i Iesu ei ddewis?

11. Pwy oedd yr apostol cyntaf i gael ei ferthyru?

CYNTAF I ATEB!

Pwy, tybed? (1)

1. Pwy ddawnsiodd yn hudolus i blesio Herod?

2. Pwy drefnodd wledd ar ôl i'w fab ddod adref?

3. Pwy fu'n dawnsio o gwmpas allor ar Fynydd Carmel yn y gobaith y byddai tân yn disgyn arno?

4. Pwy daflwyd i mewn i bydew gan ei frodyr eiddigeddus?

5. Pa broffwyd a daflwyd i bydew am iddo siarad yn erbyn y brenin?

6. Pwy oedd tad Sem, Cham a Jaffeth?

7. Pwy ddewisodd Isaac yn wraig iddo?

8. Pwy oedd Joseff yn gweithio iddo yn yr Aifft?

9. Pwy arweiniodd yr Israeliaid drwy'r Môr Coch?

10. Pwy adeiladodd ddelw ar ffurf llo aur?

CYNTAF I ATEB!

Pwy, tybed? (2)

1. Pwy briododd wraig anffyddlon o'r enw Gomer?

2. Pwy oedd ail fab Abraham?

3. Pwy oedd y MAGI?

4. Pwy a ddewiswyd i gymryd lle Jwdas Iscariot?

5. Pwy fedyddiodd eunuch o Ethiopia?

6. Pwy oedd trydydd mab Adda?

7. Pwy oedd tad Hosea?

8. Pwy roddodd ei enw i Moses?

9. Pwy oedd tad Solomon?

10. Pwy oedd mam Ioan Fedyddiwr?

11. Pwy oedd chwaer Moses?

12. Pwy oedd mab hynaf Hosea?

Pwy, tybed? (3)

1. Pwy fu'n helpu Eli yn y deml?

2. Pwy oedd y rhaglaw Rhufeinig a draddododd Iesu i farwolaeth?

3. Pwy oedd y llofrudd a ryddhawyd gan Pilat yn lle Iesu?

4. Pwy oedd y person a gariodd groes Iesu?

5. Pwy ofalodd am fedd i gorff Iesu?

6. Pwy oedd yn bwyta locustiaid a mêl gwyllt?

7. Pwy gerddodd at Iesu ar y dŵr?

8. Pwy oedd yr angel a ddaeth at Mair?

9. Pwy roddodd 30 darn arian i Jwdas?

10. Pwy welodd Iesu gyntaf ar ôl iddo atgyfodi?

11. Pwy oedd ffrind mynwesol Dafydd?

12. Pa broffwyd oedd yn byw yn Tecoa?

CYNTAF I ATEB!

Pwy, tybed? (4)

1. Pwy a ddewiswyd i fod yn frenin cyntaf ar wlad Israel?

2. Pwy adeiladodd y deml yn Jerwsalem?

3. Pwy dorrodd wallt ei gŵr i ffwrdd?

4. Pwy gafodd eu lladd wrth ymyl afon Cison?

5. Pwy aeth yn ôl i Israel i ailgodi muriau'r ddinas?

6. Pwy oedd y person cyntaf i gael ei ladd am ddilyn Iesu?

7. Pwy aeth i chwilio am Saul yn Namascus?

8. Pwy a ddewiswyd i gymryd lle Jwdas Iscariot?

9. Pwy gafodd ei atgyfodi o farw'n fyw gan Pedr?

10. Pwy gafodd ei ddewis gan Moses i arwain ei bobl ôl iddo farw?

CYNTAF I ATEB!

Pwy, tybed? (5)

1. Pwy oedd mam Iesu Grist?

2. Pwy oedd mam Ioan Fedyddiwr?

3. Pwy oedd chwaer Moses?

4. Pwy oedd brawd Mair a Martha?

5. Pwy oedd brawd Simon Pedr?

6. Pwy oedd gŵr Delila?

7. Pwy oedd mab Abraham?

8. Pwy oedd brawd ieuengaf Joseff?

9. Pwy oedd tad Esau?

10. Pwy oedd brawd Cain?

Pwy, tybed? (6)

1. Pwy a guddiwyd mewn cawell?
2. Pwy a guddiwyd mewn pydew?
3. Pwy gollodd ei nerth pan dorrwyd ei wallt?
4. Pwy a daflwyd i ganol y llewod?
5. Pwy a daflwyd i'r ffwrnais dân?
6. Pwy roddodd siaced liwgar i'w fab?
7. Pwy roddodd ei fab ar allor?
8. Pwy gasglodd anifeiliaid i mewn i'r arch?
9. Pwy lwyddodd Dafydd i'w ladd â'i ffon dafl?
10. Pwy ddihangodd o ddinas mewn basged?

Pwy, tybed? (7)

1. Pwy fedyddiodd Iesu Grist?
2. Pwy laddodd Ioan Fedyddiwr?
3. Pwy welodd gawell y baban Moses yn yr afon?
4. Pwy fradychodd Iesu?
5. Pwy wadodd Iesu dair gwaith?
6. Pwy wrthododd gredu bod Iesu wedi atgyfodi?
7. Pwy arweiniodd ei bobl drwy'r Môr Coch?
8. Pwy gafodd ei lyncu gan forfil?
9. Pwy gafodd ei ddallu ar y ffordd i Ddamascus?
10. Pwy ddringodd i ben coeden er mwyn gweld Iesu?

CYNTAF I ATEB!

Pwy, tybed? (8)

1. Pwy gafodd ei throi yn golofn halen?

2. Pwy welodd berth ar dân ond heb ei llosgi?

3. Pwy oedd y brenin yn Israel pan oedd Iesu'n faban?

4. Pwy olchodd draed Iesu?

5. Pwy gafodd ei atgyfodi gan Iesu ym Methania?

6. Pwy dderbyniodd y Deg Gorchymyn gan Dduw?

7. Pwy oedd y cyntaf i gyrraedd y bedd gwag wedi i Iesu gael ei groeshoelio?

8. Pwy welodd seren newydd yn y dwyrain?

Ble yn y byd? (1)

1. Ble cafodd y proffwyd Jeremeia ei eni?

2. Ble cafodd Jacob ei freuddwyd fawr?

3. I ble y gyrrodd Iesu ei ddisgyblion i chwilio am asyn ar gyfer ei orymdaith i Jerwsalem?

4. Ble roedd cartref teulu Abraham?

5. Ble trodd Iesu y dŵr yn win?

6. Ble heriodd Eseia pedwar cant a hanner o broffwydi Baal?

7. O ble roedd Simon, a gariodd groes Iesu, yn hanu?

8. Ble roedd cartref cyntaf Adda ac Efa?

9. Ble cafodd Iesu ei fedyddio?

10. O ble yr hwyliodd Jona i Ninefe?

11. Ble ganwyd Timotheus?

12. I ble y gyrrodd Duw Jona i fod yn broffwyd iddo?

Ble yn y byd (2)

1. Ble ganwyd Iesu Grist?

2. Ble magwyd Iesu pan oedd yn blentyn?

3. Ble croeshoeliwyd Iesu Grist?

4. Ble pregethodd Iesu ei bregeth fawr?

5. Ble glaniodd Arch Noa?

6. Ble derbyniodd Moses y Deg Gorchymyn?

7. Ble bu'n rhaid i Mair a Joseff ffoi ar ôl geni Iesu?

8. Ble roedd Paul yn mynd pan gafodd ei ddallu?

9. Ble roedd Mair, Martha a Lasarus yn byw?

10. Ble arestiwyd Iesu gan y milwyr?

11. Ble aeth Sacheus er mwyn iddo gael gweld Iesu?

12. Ble aeth Iesu wedi iddo cael ei eni ym Methlehem?

===== Cyntaf i Ateb! =====

Tybed pwy fedr ateb? (1)

1. Faint o bobl aeth i mewn i Arch Noa?

2. Sawl basged o sborion a gasglwyd ar ôl porthi'r pum mil?

3. Pa ddiod a roddwyd i Iesu ar y groes?

4. Beth ofynnodd Iesu i'r wraig wrth ffynnon Jacob amdano?

5. Ble cafodd Dafydd ei eni?

6. Pwy brynodd Joseff gan y masnachwyr caethweision?

7. Pwy oedd yr Ymerawdwr Rhufeinig yng nghyfnod Iesu?

8. Beth oedd oedran Iesu pan aeth i'r deml gyda'i rieni?

9. Pwy a groeshoeliwyd ar yr un adeg â Iesu?

10. Beth oedd enw tad Dafydd?

CYNTAF I ATEB!

Tybed pwy fedr ateb? (2)

1. Pa wlad oedd yn llifeirio o laeth a mêl?

2. Beth oedd enw trydydd mab Adda ac Efa?

3. Pa un o'r disgyblion oedd yn efaill?

4. Pryd golchodd Iesu draed ei ddisgyblion?

5. Beth oedd oedran Joseia pan ddaeth yn frenin ar Israel?

6. Pa fôr wahanodd yn ddau i ganiatáu i Moses adael yr Aifft?

7. I ganol pa anifeiliaid y lluchiwyd Daniel fel cosb am addoli Duw?

8. Pa anifail demtiodd Efa yn yr ardd?

9. Ar beth yr ysgrifennwyd y Deg Gorchymyn?

10. Sawl efengyl sydd yn y Beibl?

Tybed pwy fedr ateb? (3)

1. Pwy helpodd Iesu i gario'i groes?

2. Â pha hedyn y cymharodd Iesu deyrnas nefoedd?

3. Pa aderyn atgoffodd Simon Pedr ei fod wedi gwadu Iesu?

4. Beth oedd enw'r angel a ddywedodd wrth Mair ei bod yn mynd i gael baban?

5. Beth oedd bwyd Ioan Fedyddiwr yn yr anialwch?

6. Pwy olchodd ei ddwylo ar ôl cwestiynu Iesu cyn ei groeshoelio?

7. Beth wnaeth Pedr i un o'r milwyr a ddaeth i arestio Iesu?

8. Pwy oedd meibion Sebedeus?

9. Sawl darn arian gafodd brodyr Joseff am ei werthu?

10. Pa fath o goeden a felltithiwyd gan Iesu?

Tybed pwy fedr ateb? (4)

1. Pwy oedd yn llywodraethu Israel yng nghyfnod Iesu?

2. Beth wnaeth Duw ar y seithfed dydd o'r creu?

3. Pa frenhines ddaeth i weld y Brenin Solomon?

4. Ar ba ddiwrnod cafodd Iesu ei groeshoelio?

5. Beth welodd Eseciel yn ei weledigaeth?

6. Pa ddisgybl y cyfeirir ato fel 'yr amheuwr'?

7. Yn nameg Iesu, beth ddigwyddodd i'r tŷ a adeiladwyd ar y tywod?

8. Sut helpodd Iesu Bartimeus?

9. Ble oedd Iesu pan gollodd Mair a Joseff ef yn Jerwsalem?

10. Beth geisiodd y diafol demtio Iesu i'w wneud â cherrig?

Tybed pwy fedr ateb? (5)

1. Pa drosedd roedd Barabbas wedi ei chyflawni?
2. Pwy lofruddiodd Abel?
3. Pwy oedd yn frenin ar Israel cyn Dafydd?
4. Beth ddigwyddodd ar 'lle'r benglog'?
5. Beth yw'r gair olaf yn y Beibl?
6. Beth yw'r llyfr olaf yn yr Hen Destament?
7. Ar ôl gwrando ar freuddwydion Pharo, pwy broffwydodd y byddai newyn yn yr Aifft?
8. Pwy roddodd Sadrach, Mesach ac Abednego yn y ffwrnais dân?
9. Pwy gafodd ei ryddhau yn lle Iesu?
10. Beth oedd gwaith Dorcas?

Tybed pwy fedr ateb? (6)

1. Sawl gwaith y gorymdeithiodd yr Israeliaid o gwmpas muriau Jerwsalem cyn iddynt syrthio?

2. Ar ba sylfaen yr adeiladodd y dyn call ei dŷ?

3. Pwy oedd y rhai cyntaf i glywed bod Iesu wedi atgyfodi?

4. Pan ddaeth Moses i lawr o'r mynydd, pa anifail aur oedd y bobl yn ei addoli?

5. Pwy briododd Isaac?

6. Merch pwy gafodd ei hatgyfodi gan Iesu?

7. Â pha anifail y cymharodd Iesu Herod?

8. Ar ôl i Iesu iacháu deg dyn gwahanglwyfus, sawl un ddaeth yn ôl i ddiolch?

9. Ar ba fynydd y gwelodd Moses y berth yn llosgi?

10. Pa offerynnau oedd yr Israeliaid yn eu chwarae wrth orymdeithio o gwmpas muriau Jericho?

CYNTAF I ATEB!

Tybed pwy fedr ateb? (7)

1. Pwy gafodd ei ladd gan Moses?

2. Sawl carreg yr aeth Dafydd gydag ef i ymladd Goliath?

3. Sawl llwyth oedd yn Israel?

4. Pwy oedd brawd Simon Pedr?

5. Pa ddisgybl y gofynnodd Iesu iddo ofalu am ei fam ar ôl iddo farw?

6. Pa ddiwrnod o'r wythnos yw'r Saboth?

7. Pa fath o goeden eisteddodd Debora oddi tani?

8. I ba ddinas y dywedodd Duw wrth Jona am fynd?

9. Beth oedd gwaith Caiaffas?

10. Pwy oedd yn y carchar gyda phobydd a thrulliad?

CYNTAF I ATEB!

Tybed pwy fedr ateb? (8)

1. Pwy gafodd eu lluchio allan o'r deml gan Iesu?

2. Am sawl diwrnod roedd Lasarus wedi bod yn ei fedd cyn i Iesu gyrraedd?

3. Sawl milwr roedd canwriad yn gyfrifol amdanynt?

4. Beth oedd oedran Iesu pan gafodd ei groeshoelio?

5. Beth a roddwyd wrth geg yr ogof y claddwyd Iesu ynddi?

6. Ym mhle y dechreuodd Ioan Fedyddiwr fedyddio pobl Israel?

7. Pwy gafodd ei throi yn golofn halen?

8. Pa broffwyd a gariodd ymlaen â gwaith y proffwyd Elias?

9. Beth oedd enw chwaer Moses?

10. Pa un yw'r llyfr byrraf yn yr Hen Destament?

Tybed pwy fedr ateb? (9)

1. Pa frenin adeiladodd deml brydferth yn Jerwsalem?

2. Pa wobr y gofynnodd Salome amdani ar ôl dawnsio i Herod?

3. Pa aderyn a welwyd ar ôl i Iesu gael ei fedyddio?

4. Beth oedd Iesu'n ei wneud pan ddaeth y milwyr i'w arestio?

5. Sawl carreg ddefnyddiodd yr Israeliaid i groesi'r Iorddonen heb wlychu?

6. Yn hanes y deg pla, beth ddigwyddodd i afon Nîl?

7. Sawl darn arian roddodd y Samariad Trugarog i ŵr y llety am ofalu am y claf?

8. Pa fath o anifail a laddwyd gan y tad ar ôl i'r mab colledig ddod adref?

9. Sut lwyddodd Paul i ddianc o Ddamascus?

10. Pa ddinas y cyfeirir ati fel dinas Dafydd?

Tybed pwy fedr ateb? (10)

1. Beth yw'r enwau a roddir ar y ddwy ran o'r Beibl?

2. Beth oedd yr anrheg arbennig a gafodd Joseff gan ei dad?

3. Pam gafodd Iesu ei eni mewn stabl?

4. Pa aderyn a yrrwyd allan o'r arch gan Noa gyntaf?

5. Beth oedd gwaith Dafydd cyn iddo fod yn frenin?

6. Beth ddilynodd y gwŷr doeth i ddod o hyd i Iesu?

7. Ym mha wlad bu raid i'r Israeliaid weithio fel caethweision?

8. Beth oedd enw'r tŵr a adeiladwyd gan bobl i gyrraedd y nefoedd?

9. Ar ben pa fynydd y gorffwysodd Arch Noa ar ôl y llifogydd?

10. Trwy ba fôr yr arweiniodd Moses ei bobl ar y ffordd o'r Aifft?

CYNTAF I ATEB!

Tybed pwy fedr ateb? (11)

1. Pa offeryn cerdd roedd Dafydd yn ei chwarae?

2. Beth oedd y peth cyntaf i Dduw ei greu?

3. Pwy oedd Sem, Cham a Jaffeth?

4. Beth oedd gwaith Debora?

5. Pwy yn yr Hen Destament fu fyw nes ei fod yn 969?

6. Pa ffordd mae Iesu'n cyfeirio ati yn ei ddameg am y Samariad Trugarog?

7. Pa aderyn ddaeth yn ôl i'r arch a deilen yn ei big?

8. Pa fath o goeden ddringodd Sacheus i weld Iesu?

9. Pa arwydd a roddodd Duw i ddweud na fyddai'n boddi'r byd eto?

10. Pa fath o anifeiliaid bu'n rhaid i'r mab colledig ofalu amdanynt?

CYNTAF I ATEB!

Tybed pwy fedr ateb? (12)

1. Sawl pla a yrrwyd ar bobl yr Aifft?

2. O ble daeth y gwŷr doeth a ddaeth i weld Iesu?

3. Pa enw newydd a roddodd Iesu i Simon?

4. Ym mha ardd yr arestiwyd Iesu gan y milwyr?

5. Faint o bres a dalwyd i Jwdas am fradychu Iesu?

6. Yn stori'r creu beth oedd y peth olaf i Dduw ei greu?

7. Pwy ddaeth yn arweinydd ar ôl i Moses farw?

8. Am faint y parodd y llifogydd pan oedd Noa yn yr arch?

9. Beth barodd i furiau Jericho ddisgyn?

10. Pa fath o goron gafodd Iesu gan y milwyr cyn ei groeshoelio?

Tybed pwy fedr ateb? (13)

1. Pa un o'r disgyblion gafodd ei enwi'n 'graig'?

2. Beth greodd Duw ar y pedwerydd diwrnod?

3. Beth oedd enw brawd ieuengaf Joseff?

4. Ar ôl i Cain dyfu i fyny, beth oedd ei waith?

5. Yn y ddameg am y genethod, beth anghofiodd y genethod ffôl?

6. Pa goeden a ddringodd Sacheus er mwyn gweld Iesu?

7. Pwy oedd y person a glywodd ei asyn yn siarad?

8. Yn hanes y Samariad Trugarog, sawl person basiodd heibio heb aros i helpu?

9. Pwy sy'n cael ei enwi 'y breuddwydiwr' gan ei frodyr?

10. Pwy gafodd freuddwyd am angylion yn dringo i fyny ac i lawr ysgol oedd yn ymestyn i'r nefoedd?

CYNTAF I ATEB!

Pwy yw'r dieithryn? (1)

1. Dim ond tri o'r rhain aeth i'r ffwrnais dân.
   Pwy yw'r dieithryn?
   - Sadrach
   - Mesach
   - Nebuchadnesar
   - Abednego

2. Dim ond tri o'r rhain oedd yn ddisgyblion i Iesu.
   Pwy yw'r dieithryn?
   - Simon Pedr
   - Marc
   - Mathew
   - Ioan

3. Dim ond tri o'r rhain oedd yn yr arch.
   Pwy yw'r dieithryn?
   - Noa
   - Jaffeth
   - Sem
   - Cain

4. Dim ond tri o'r rhain fu yng Ngardd Eden.
   Pwy yw'r dieithryn?
   - Adda
   - Efa
   - Lot
   - Cain

5. Dim ond tri o'r rhain oedd yn broffwydi.
   Pwy yw'r dieithryn?
   - Eleias
   - Eliseus
   - Eliacim
   - Eseia

Pwy yw'r dieithryn? (2)

1. Dim ond tri o'r rhain a ysgrifennodd epistolau.
   Pwy yw'r dieithryn?
   - Timotheus
   - Paul
   - Ioan
   - Pedr

2. Dim ond tri o'r rhain yr ysgrifennodd Paul atynt.
   Pwy yw'r dieithryn?
   - Titus
   - Jwdas
   - Philemon
   - Timotheus

3. Dim ond tri o'r rhain fu'n frenhinoedd.
   Pwy yw'r dieithryn?
   - Joseia
   - Daniel
   - Dafydd
   - Heseceia

4. Dim ond tri o'r rhain fu'n byw ym Methania.
   Pwy yw'r dieithryn?
   - Mair
   - Martha
   - Magdalen
   - Lasarus

5. Dim ond tri o'r rhain sy'n blant i Jacob.
   Pwy yw'r dieithryn?
   - Joseff
   - Esau
   - Benjamin
   - Reuben

CYNTAF I ATEB!

Gwŷr a gwragedd

1. Pwy oedd gwraig ddrwg y Brenin Ahab?

2. Beth oedd enw gwraig Abraham?

3. Pwy oedd gŵr Michal?

4. Gwraig pwy ddywedodd wrtho am beidio â brifo Iesu?

5. Beth oedd enwau dwy wraig Jacob?

6. Pwy oedd gŵr Rebeca?

7. Pwy oedd priod Acwila?

8. Gwraig pwy gafodd Joseff wedi ei garcharu?

9. Pwy oedd priod Ananias?

10. Pwy briododd Ruth?

CYNTAF I ATEB!

Tadau a meibion

1. Pwy aeth ati i aberthu ei fab?

2. Pwy oedd tad Jonathan?

3. Pwy oedd tad Cain, Abel a Seth?

4. Pwy oedd tad Joseff a'i frodyr?

5. Pa frenin oedd yn fab i Dafydd?

6. Pwy oedd tad Jacob?

7. Pwy oedd tad Sem, Cham a Jaffeth?

8. Pwy oedd llystad Iesu?

9. Pwy oedd tad Esau?

10. Yn ôl y Beibl, pwy oedd tad yr Iddewon, yr Arabiaid a holl bobl y ffydd?

Pobl yn y Beibl (1)

1. Pa weddw gyfarfu â'r baban Iesu yn y deml?
   a. Anna
   b. Mair Magdalen
   c. Lydia
   ch. Priscila

2. Pwy ddaeth yn frenin pan oedd yn saith oed a thrwsio'r deml?
   a. Silas
   b. Jehoas
   c. Joseia
   ch. Dafydd

3. Mam pwy oedd Hanna?
   a. Daniel
   b. Samuel
   c. Josua
   ch. Samson

4. Pa faban a ollyngwyd gan ei nyrs a'i anafu?
   a. Joseia
   b. Efil-merodach
   c. Meffiboseth
   ch. Isboseth

5. Mam a nain/mam-gu pwy oedd yn Gristnogion?
   a. Timotheus
   b. Titus
   c. Silas
   ch. Luc

Pobl yn y Beibl (2)

1. Genedigaeth pa faban a gyhoeddwyd gan angel a aeth i fyny i'r nefoedd mewn fflam?
   a. Samuel	b. Samson
   c. Isaac	ch. Gideon

2. Pwy oedd mab Naomi?
   a. Obed	b. Dafydd
   c. Jesse	ch. Boas

3. Mam pwy a weddïodd gymaint am fab nes bod yr offeiriad yn meddwl ei bod hi'n feddw?
   a. Samuel	b. Samson
   c. Saul	ch. Gideon

4. Pa faban a adawyd i farw o dan lwyn yn Beerseba?
   a. Isaac	b. Ismael
   c. Jacob	ch. Solomon

5. Wrth bwy y dywedodd Duw, '... cyn dy eni, fe'th gysegrais'?
   a. Paul	b. Timotheus
   c. Jeremeia	ch. Abraham

CYNTAF I ATEB!

Brodyr a chwiorydd

1. Pwy oedd brodyr Abel?

2. Pwy oedd brawd Moses?

3. Pwy oedd brawd iau Joseff?

4. Enwch un o frodyr Cham.

5. Pwy oedd brawd Simon Pedr?

6. Pwy oedd 'Meibion y Daran'?

7. Pwy oedd chwaer Lea?

8. Pwy ddywedodd Iesu yw ei frodyr a'i chwiorydd?

9. Beth oedd enw hanner brawd Isaac?

10. Pwy oedd efaill Jacob?

Cyntaf i Ateb!

Meibion a merched (1)

1. Pa fam fyddai'n mynd â chot newydd i'w mab bob blwyddyn?
   a. Hagar
   b. Hanna
   c. Haggai
   ch. Anna

2. Merch pwy fu farw tra oedd Iesu ar ei ffordd i'w hiacháu?
   a. Jairus
   b. Iago
   c. Jona
   ch. Jacob

3. Faint o blant oedd gan Jairus?
   a. un mab a dwy ferch
   b. pedair merch
   c. un mab
   ch. un ferch

4. Beth wnaeth mab y Sunamees pan ddaeth Eliseus ag ef yn ôl yn fyw?
   a. peswch
   b. tisian saith gwaith
   c. agor ei geg
   ch. chwerthin

5. Mam pwy y dywedodd yr angel wrthi y byddai ei mab yn tyfu i fyny i fod yn 'asyn gwyllt o ddyn'?
   a. Esau
   b. Samson
   c. Ismael
   ch. Saul

Meibion a merched (2)

1. Pa frenin fygythiodd y byddai'n torri baban yn ei hanner?
   a. Joseia
   b. Saul
   c. Solomon
   ch. Dafydd

2. Ble oedd Iesu pan ddaeth ag unig fab gweddw yn ôl yn fyw?
   a. Capernaum
   b. Bethania
   c. Jericho
   ch. Nain

3. At bwy yr ysgrifennodd Paul a'i alw'n 'Fy ngwir fab yn y ffydd'?
   a. Titus
   b. Silas
   c. Luc
   ch. Timotheus

4. Pwy roddodd i'w mab enw sy'n golygu 'mae'n chwerthin'?
   a. Hagar
   b. Sara
   c. Rebeca
   ch. Rachel

5. Beth oedd oedran Abraham pan gafodd ei fab Isaac ei eni?
   a. 20
   b. 100
   c. 60
   ch. 160

Tadau yn y Beibl (1)

1. Pwy oedd tad Absalom?
   - a. Rehoboam
   - b. Saul
   - c. Dafydd
   - ch. Solomon

2. Pwy oedd tad Alexander a Rwffus?
   - a. Nicodemus
   - b. Simon o Cyrene
   - c. Philemon
   - ch. Barabbas

3. Pwy oedd tad Meffiboseth?
   - a. Jonathan
   - b. Dafydd
   - c. Jacob
   - ch. Joseff

4. Pwy oedd tad Michal?
   - a. Dafydd
   - b. Saul
   - c. Jacob
   - ch. Moses

5. Pwy oedd tad Manasse ac Effraim?
   - a. Reuben
   - b. Simeon
   - c. Lefi
   - ch. Joseff

Tadau yn y Beibl (2)

1. Pwy oedd tad-yng-nghyfraith Caiaffas?
   a. Annas
   b. Gamaliel
   c. Antipas
   ch. Ananias

2. Pwy oedd tad Dina?
   a. Dafydd
   b. Jacob
   c. Solomon
   ch. Ahab

3. Pwy oedd tad Jonathan?
   a. Solomon
   b. Saul
   c. Dafydd
   ch. Heseceia

4. Pwy oedd tad Josua?
   a. Moses
   b. Caleb
   c. Jesurun
   ch. Nun

5. Pwy oedd tad Iago, arweinydd eglwys Jerwsalem?
   a. Simon
   b. Sechareia
   c. Joseff
   ch. does neb yn gwybod

CYNTAF I ATEB!

Gorchymyn yw gorchymyn!

1. Pwy gafodd orchymyn i adeiladu arch?

2. Pwy gafodd orchymyn i nofio yn afon Iorddonen?

3. Pwy gafodd orchymyn i fynd i Ninefe?

4. Pwy gafodd orchymyn i adael Gardd Eden?

5. Pwy gafodd orchymyn i adael dinas Ur?

6. Pwy gafodd orchymyn i adael Sodom?

7. Pwy gafodd orchymyn i orymdeithio o amgylch Jericho?

8. Pwy gafodd orchymyn i ddod allan o'i fedd?

9. Pwy gafodd orchymyn y dylai gael ei eni eto?

10. Pwy gafodd orchymyn i ddod i lawr o'r goeden sycamorwydden?

CYNTAF I ATEB!

Y cwis gwyrdd (1)

1. Pa fwyd na fwytaodd Adda ac Efa yng Ngardd Eden?
   a. ffrwythau b. cnau
   c. cig ch. perlysiau

2. Ar ôl i bum mil o bobl gael picnic, beth ofynnodd Iesu iddynt eu casglu?
   a. cwpanau b. platiau
   c. poteli ch. gweddillion bwyd

3. Yn ôl y Beibl, wedi i Dduw orffen creu'r byd, edrychodd ar y cyfan a greodd ac roedd yn dda. Gwir neu gau?

4. Dywedodd Duw ei fod yn pryderu am Ninefe oherwydd bod llawer o bobl yno, yn ogystal â:
   a. llawer o lyfrau b. llawer o wartheg
   c. llawer o aur ch. llawer o dai

5. Pan ddaw Iesu eto, beth, yn ogystal â phobl, a gaiff ei ryddhau?
   a. angylion b. creaduriaid byw
   c. y greadigaeth gyfan

Y cwis gwyrdd (2)

1. Yn y byd newydd ar ddiwedd amser, pwy fydd yn arwain yr anifeiliaid?
   a. Y brenin
   b. rhyfelwr
   c. Iesu
   ch. plentyn bychan

2. Yn Deuteronomium, pa bethau y dywedwyd wrth y bobl am beidio â'u dinistrio pan oeddynt yn ymosod ar ddinas?
   a. adeiladau
   b. ffynhonnau
   c. coed ffrwythau
   ch. anifeiliaid

3. Beth oedd gwaith Adda?
   a. heliwr
   b. garddwr
   c. saer
   ch. pysgotwr

4. Yn ôl Cyfraith Moses, roedd yn rhaid i ffermwyr gynaeafu hyd at ymylon eu caeau, a thynnu eu holl ffrwythau oddi ar y coed. Gwir neu gau?

5. Pwy ddywedodd fod Duw yn arddwr?
   a. Iesu
   b. awdur y Diarhebion
   c. Hosea
   ch. Paul

CYNTAF I ATEB!

Ffrindiau Iesu

1. Pwy alwodd Iesu arnynt wrth iddynt drwsio'u rhwydi?

2. Pwy alwodd Iesu arno ac yntau'n casglu trethi?

3. Pwy alwodd Iesu arno ar ôl ei weld yn eistedd o dan goeden ffigys?

4. Pwy dywalltodd bersawr ar draed Iesu?

5. Pwy ofynnodd Iesu iddo ei fedyddio?

6. Pwy oedd brawd Mair a Martha?

7. Pa ddyn bach a ddringodd goeden er mwyn gweld Iesu yn iawn?

8. Pwy oedd y tlotyn dall a ddilynodd Iesu ar ôl i Iesu adfer ei olwg?

9. Wrth bwy y dywedodd Iesu, 'Dos ymaith o'm golwg, Satan.'?

10. Pwy oedd yn meddwl mai garddwr oedd Iesu?

CYNTAF I ATEB!

Plant y Beibl

1. Pwy glywodd Duw yn galw ei enw ond a feddyliodd mai'r offeiriad oedd yn galw arno?

2. Beth oedd enw'r baban cyntaf i gael ei eni?

3. Pa bethau a gynigiodd bachgen i Iesu er mwyn iddo fwydo pum mil o bobl?

4. Beth ddywedodd Iesu wrth Jairus am ei wneud pan ddaeth ei ferch yn ôl yn fyw?

5. Ym mhle y daeth Mair a Joseff o hyd i Iesu wedi iddynt ei golli yn Jerwsalem?

6. Lle magwyd Moses pan oedd yn blentyn?

7. Pa fachgen a anwyd chwe mis cyn Iesu?

8. Beth wnaeth y disgyblion pan ddaeth mamau â'u plant at Iesu?

9. Pa efaill (bachgen) a anwyd yn gyntaf, a'r un a garai ei dad y mwyaf?

10. Pa fachgen a freuddwydiodd fod ŷd ei frodyr yn plygu i'w rai ef, ac a ddywedodd hynny wrthynt?

Caniatâd Llungopïo   ℗ *Cyhoeddiadau'r Gair 2009*

CYNTAF I ATEB!

Mynyddoedd y Beibl

Ar ba fryn neu fynydd:

1. Y derbyniodd Moses y Deg Gorchymyn?

2. Y glaniodd yr arch?

3. Y curodd cerbydau rhyfel Debora y Philistiaid?

4. Y bu farw Moses?

5. Oedd Gardd Gethsemane?

6. Y rhoddodd Elias sialens i broffwydi Baal?

7. Y dywedodd angel wrth Abraham i beidio â lladd Isaac?

8. Y cafodd Saul ei ladd mewn brwydr?

9. Yr oedd y deml wedi'i lleoli?

10. Y cododd Iesu i'r nefoedd?

Anifeiliaid!

Pa anifeiliaid sy'n cael eu cysylltu â'r canlynol?

1. Elias

2. Efa

3. Balaam

4. Dafydd

5. Mynediad buddugoliaethus Iesu i Jerwsalem

6. Llongddrylliad Paul ar Ynys Melita

7. Daniel

8. Isaac

9. Y Mab Colledig

10. Jona

CYNTAF I ATEB!

Gwyrthiau

1. Sawl pot dŵr a lanwyd pan drodd Iesu'r dŵr yn win?

2. Beth ddigwyddodd i'r ysbrydion aflan a fwrodd Iesu allan o Lleng?

3. Pan iachaodd Iesu ddeg o wahangleifion, faint ohonyn nhw a ddiolchodd iddo?

4. Pan iachaodd Iesu ddyn dall, y peth cyntaf a ddywedodd y dyn oedd, 'Yr wyf yn gweld pobl, maent yn edrych fel ... yn cerdded oddi amgylch.'

5. Beth gyffyrddodd y wraig yn y dyrfa ag ef er mwyn cael ei hiacháu?

6. Ar ôl i bedwar ffrind ddod â dyn wedi'i barlysu at Iesu, beth ddywedodd Iesu wrtho am ei godi cyn iddo fynd adref?

7. Â phwy neu beth yr oedd Iesu'n siarad pan ddywedodd, 'Bydd ddistaw! Bydd dawel!'?

8. Yn ogystal â Moses, i bwy arall y peidiodd dŵr lifo er mwyn i bobl gael croesi?

9. Beth ddywedodd Iesu wrth y disgyblion am ei wneud pan na ddaliwyd unrhyw bysgod?

10. Pwy feddyliodd mai garddwr oedd Iesu pan gododd o'r bedd?

Creaduriaid y Beibl (1)

1. Pan aeth Elieser, gwas Abraham, ati i chwilio am wraig i Isaac, sawl camel â llwythi o anrhegion aeth gydag ef?
   a. 2   b. 5
   c. 10   ch. 20

2. Beth oedd y pryd bwyd cyntaf a gafodd Iesu ar ôl ei atgyfodiad?
   a. pysgod   b. gwin
   c. bara   ch. ffigys

3. Yn Genesis, ar ba ddiwrnod y crëwyd pysgod?
   a. 6ed   b. 3ydd
   c. 4ydd   ch. 5ed

4. Pa anifail lyncodd Jona?
   a. morfil glas   b. siarc
   c. morfil pensgwar   ch. dim o'r rhain

5. Pa adar laniodd ger yr Israeliaid yn niffeithwch yr anialwch?
   a. ffesantod   b. albatrosiaid
   c. soflieir   ch. adar y to

Creaduriaid y Beibl (2)

1. Pa anifeiliaid a gollodd Saul cyn iddo gael ei eneinio'n frenin?
   - a. geifr
   - b. asynnod
   - c. defaid
   - ch. camelod

2. Pa fath o ddillad a wisgai Ioan Fedyddiwr?
   - a. blew camel
   - b. croen dafad
   - c. blew byffalo
   - ch. brethyn wedi'i wehyddu

3. Dywed y salmydd, 'Fel y dyhea … am ddyfroedd rhedegog, felly y dyhea fy enaid amdanat ti, O Dduw.'
   - a. asyn
   - b. oen
   - c. ewig
   - ch. heiciwr

4. Beth y gelwir Satan?
   - a. draig
   - b. sarff
   - c. Diafol
   - ch. pob un o'r rhain

5. Beth alwodd Iesu Herod?
   - a. cadno
   - b. blaidd
   - c. draig
   - ch. neidr

CYNTAF I ATEB!

Breuddwydion a gweledigaethau

1. Pwy freuddwydiodd am risiau'n arwain i'r nefoedd?

2. Pwy freuddwydiodd am ysgubau o ŷd?

3. Pwy freuddwydiodd am wartheg tewion a gwartheg tenau?

4. Pwy freuddwydiodd bod angel yn dweud wrthynt am beidio ag ymweld â'r Brenin Herod eto?

5. Pwy freuddwydiodd y dylai fynd â'i deulu i'r Aifft?

6. Pwy freuddwydiod iddo weld lliain yn cael ei ostwng o'r nefoedd?

7. Pwy gafodd weledigaeth o ddyn o Facedonia yn erfyn arno am help?

8. Pwy eglurodd freuddwyd y bwtler yn y carchar?

9. Pwy gafodd weledigaeth o Iesu ar y ffordd i Ddamascus?

10. Pwy welodd Iesu yn sefyll ar ddeheulaw Duw?

CYNTAF I ATEB!

Brenhinoedd a breninesau

1. Pa frenin oedd yn ddoeth iawn?

2. Pa ddarpar frenin laddodd Goliath?

3. Pa frenin ddywedodd ei fod am ymweld â'r baban Iesu?

4. Pa frenin adeiladodd y deml gyntaf?

5. Pa frenin geisiodd ladd Dafydd?

6. Daeth Iddewes o'r enw Esther yn frenhines ar Persia. Gwir neu gau?

7. Pa frenhines ddaeth i ymweld â Solomon?

8. Pa deitl a roddir i frenin yr Aifft fel rheol?

9. Pa frenin dorrodd ben Ioan Fedyddiwr?

10. Beth oedd enw'r brenin y prynodd y dynion doeth anrhegion iddo?

Cyfarfod ag angylion

1. Wrth bwy y dywedodd yr angel Gabriel y byddai'n cael baban?

2. Pwy freuddwydiodd am risiau'n arwain i'r nefoedd gydag angylion yn mynd i fyny ac i lawr?

3. Pwy gafodd ei achub gan yr angel rhag cael ei fwyta gan lewod?

4. Gorffennwch neges yr angel i'r bugeiliad: 'cewch hyd i'r un bach wedi ei rwymo mewn dillad baban ac yn gorwedd mewn _____.'

5. Ystyr y gair 'angel' yw negesydd. Gwir neu gau?

6. I ddechrau, dim ond asyn Balaam a welodd yr angel. Gwir neu gau?

7. Pwy gafodd eu cadw allan o'r ardd gan gerwbiaid?

8. Pwy gafodd neges gan angel mewn breuddwyd i fynd i'r Aifft?

9. Pa liw oedd dillad yr angel a roliodd y garreg oddi wrth y bedd?

10. Pwy sy'n fwy nag angylion?

Chwaraeon a gêmau

1. Yn ôl y llythyr at yr Hebreaid, beth ddylen ni ddyfalbarhau i'w wneud?

2. Dywedodd Paul, 'Oni wyddoch am y rhai sy'n rhedeg mewn ras, eu bod i gyd yn rhedeg, ond mai un sy'n derbyn y _____?'

3. Pa gêm roedd y plant yn ei chwarae yn narlun Iesu o bobl a wrthododd ef a Ioan?

4. Pa gamp y mae Paul yn cyfeirio ati pan ddywed, 'nid fel un sy'n curo'r awyr â'i ddyrnau'?

5. Pwy, yn yr Hen Destament, a feddyliodd am bos ar gyfer parti?

6. Pa offer chwarae oedd gan y milwyr wrth droed y groes?

7. Pa gamp y cymerodd Jonathan arno ei chwarae pan anfonodd neges ar ffurf cod at Dafydd?

8. Pa orchymyn a waharddodd blant Iddewig rhag chwarae â doliau?

9. Roedd gornestau reslo yn boblogaidd, ond pwy reslodd gydag angel?

10. Pwy ofynnodd gwestiynau mewn cwis Hen Destament gyda llwythi camel o wobrau?

Bwyd, hyfryd fwyd! (1)

1. Pwy ddaeth o hyd i fêl y tu mewn i gorff llew marw?
   a. Jona b. Samson
   c. Dafydd ch. Ruth

2. Poethodd Eliseus bot o gawl a oedd wedi ei wenwyno â:
   a. plwm b. grawn gwyllt
   c. arsenig ch. caws drwg

3. Pa fath o fara a fwytaodd yr Israeliaid adeg y Pasg?
   a. wedi'i dafellu b. cyflawn
   c. croyw ch. pitta

4. Pwy gyfnewidiodd ei enedigaeth-fraint am stiw ffacbys gan ei frawd?
   a. Benjamin b. Pedr
   c. Jacob ch. Esau

5. Beth fwytaodd Ioan Fedyddiwr yn yr anialwch?
   a. cimychiaid b. cwningod
   c. soflieir ch. locustiaid

Bwyd, hyfryd fwyd! (2)

1. Beth baratôdd y weddw i'r proffwyd Elias?
   - a. cwrw
   - b. bara
   - c. stiw
   - ch. hufen iâ

2. Pan goginiodd Iesu frecwast, beth fwytaodd y disgyblion?
   - a. bara a mêl
   - b. bara ac olewydd
   - c. bara a physgod
   - ch. bara ac wyau wedi'u sgramblo

3. Beth alwodd y bobl y fflochiau melys o fwyd a roddodd Duw iddynt i'w bwyta yn yr anialwch?
   - a. manna
   - b. halfa
   - c. coriander
   - ch. pitta

4. Pa bethau na ddychwelodd yr ysbïwyr a anfonwyd gan Moses gyda nhw?
   - a. grawnwin
   - b. mêl
   - c. pomgranadau
   - ch. ffigys

5. Pa goeden a felltithiodd Iesu pan nad oedd unrhyw ffrwyth arni?
   - a. ffigysbren
   - b. datysen
   - c. coconyt
   - ch. oren

Storïau caru

1. Pwy weithiodd am saith mlynedd i ennill ei wraig, ond am ei fod yn ei charu, teimlai fel ychydig ddyddiau yn unig?

2. Pwy oedd yn caru ei mam-yng-nghyfraith cymaint nes iddi adael ei gwlad ei hun i fynd gyda hi?

3. Priodas orfodol pwy a ddatblygodd yn briodas gariadus nes bod y gŵr yn derbyn cysur wedi marwolaeth ei fam?

4. Pa broffwyd oedd â gwraig anffyddlon, ond gan ei fod yn ei charu, maddeuodd iddi?

5. Pwy gollodd ei nerth o ganlyniad i'w gariad tuag at wraig Philistaidd?

6. Pwy ysgrifennodd, 'yr oedd dy gariad tuag ataf yn rhyfeddol, y tu hwnt i gariad gwragedd'?

7. Gŵr pa wraig ddi-blant a ddywedodd wrthi, 'Onid wyf fi'n well i ti na deg o feibion?'?

8. Ym mha lyfr o'r Beibl y dywed yr un a garwyd, 'gyda baner ei gariad drosof'?

9. Ym mha lyfr y darllenwn, 'y mae'r sawl nad yw'n caru yn aros mewn marwolaeth'?

10. Pwy ddywedodd, 'a heb fod gennyf gariad, efydd swnllyd ydwyf, neu symbal aflafar'?

CYNTAF I ATEB!

Heb ei debyg (1)

1. Pwy gaiff ei ddisgrifio fel un byr ei faint?
   a. Jeremeia b. Sacheus
   c. Paul ch. Noa

2. Pa frenin 'o'i ysgwyddau' a oedd yn dalach na'r holl bobl?
   a. Solomon b. Dafydd
   c. Saul ch. Samson

3. Pwy sy'n enwog am ei amynedd?
   a. James b. Job
   c. Jesse ch. Isaac

4. Am bwy oedd Iesu'n siarad pan ddywedodd, 'ni chefais hyd yn oed yn Israel ffydd mor fawr'?
   a. y wraig Syro-Phenicaidd b. Canwriad Rhufeinig
   c. Jairus ch. Pilat

5. Pwy oedd y doethaf o'r holl ddynion?
   a. Dafydd b. Solomon
   c. Daniel ch. Job

Caniatâd Llungopïo   ⓑ *Cyhoeddiadau'r Gair 2009*

Heb ei debyg (2)

1. Disgrifiad o bwy yw hwn: 'Ni lefarodd neb erioed fel hyn'?
   - a. Solomon
   - b. Dafydd
   - c. Paul
   - ch. Iesu

2. Pwy a ddisgrifiwyd fel hyn: 'Yr oedd _____ yn ddyn gostyngedig iawn, yn fwy felly na neb ar wyneb y ddaear'?

3. Pa greadur oedd yn fwy cyfrwys nag unrhyw un o'r anifeiliaid gwyllt?
   - a. llwynog
   - b. blaidd
   - c. sarff
   - ch. cwningen

4. Ar un achlysur yn yr Hen Destament disgrifir anifail fel anifail anwes. Pa anifail ydyw?
   - a. ci
   - b. oen
   - c. cenau llew
   - ch. llwynog

5. Gorffennwch yr adnod, 'Mewn gair, y mae ffydd, gobaith, cariad, y tri hyn, yn aros. A'r mwyaf o'r rhain yw _____.'
   - a. ffydd
   - b. heddwch
   - c. cariad
   - ch. gobaith

Prynu a gwerthu (1)

1. Pwy ddywedodd gelwydd ynglŷn â faint a dderbyniodd am werthu ychydig o eiddo?
   - a. Jwdas
   - b. Ananias
   - c. Acwila
   - ch. Aeneas

2. Pwy gondemniodd y bobl am 'twyllo â chloriannau anghywir'?
   - a. Mica
   - b. Amos
   - c. Eseia
   - ch. Ioan Fedyddiwr

3. Pwy gynigiodd arian mewn cyfnewid am bŵer yr Ysbryd Glân?
   - a. Demas
   - b. Simon y Swynwr
   - c. Bar-Iesu
   - ch. Tychicus

4. Pwy roddodd arian i Delila er mwyn darganfod cyfrinach nerth Samson?
   - a. Philistiaid
   - b. Offeiriaid
   - c. Ysgrifenwyr
   - ch. Amoriaid

5. Am sawl darn arian y gwerthwyd Joseff i'r Ismaeliaid?
   - a. 10
   - b. 20
   - c. 30
   - ch. 40

Cyntaf i Ateb!

Prynu a gwerthu (2)

1. Pwy lwgrwobrwyodd y milwyr i ddweud bod y disgyblion wedi dwyn corff Iesu?
   a. Pilat
   b. Y Phariseaid
   c. Y Prif Offeiriaid
   ch. Herod

2. Beth oedd enw'r cae a brynwyd â'r arian a ddychwelodd Jwdas?
   a. Corban
   b. Golgotha
   c. Aceldama
   ch. Gabbatha

3. Pwy awgrymodd y dylid gwerthu Joseff?
   a. Jacob
   b. Rachel
   c. Jwda
   ch. Jwdas

4. Pwy oedd yn gobeithio y byddai Paul yn cynnig llwgrwobr iddo i ddod allan o'r carchar?
   a. Ffelix
   b. Ffestus
   c. Y Brenin Agripa
   ch. Claudius Lysias

5. Pwy ddywedodd wrth y casglwyr trethi, 'Peidiwch â mynnu dim mwy na'r swm a bennwyd ichwi'?
   a. Iesu
   b. Paul
   c. Ioan Fedyddiwr
   ch. Pedr

CYNTAF I ATEB!

Cychod yn y Beibl (1)

1. Beth oedd hyd yr arch a adeiladodd Noa?
   a. 100 metr
   b. 200 modfedd
   c. 450 troedfedd
   ch. 400 llath

2. Sawl llawr oedd i Arch Noa?
   a. 2
   b. 3
   c. 4
   ch. Dim, un gofod mawr ydoedd

3. I ble roedd y cwch yr aeth Jona arni yn teithio?
   a. Tarsis
   b. Tunis
   c. Tarsus
   ch. Syria

4. Beth oedd Iesu'n ei wneud yn y cwch yn ystod y storm ar Fôr Galilea?
   a. gweddïo
   b. cysgu
   c. gwagio dŵr
   ch. llywio

5. Sawl drws oedd gan yr arch?
   a. 1
   b. 2
   c. 3
   ch. dim, ond gorddrws yn y to

CYNTAF I ATEB!

Cychod yn y Beibl (2)

1. Pa gargo oedd ar y llong a longddrylliwyd a Paul arni?
   - a. coed Cedrwydden
   - b. orennau
   - c. pysgod hallt
   - ch. grawn

2. Ar ôl 14 diwrnod yn y storm, beth ddywedodd Paul wrth y dyrfa am ei wneud?
   - a. gweddïo
   - b. bwyta ychydig o fwyd
   - c. canu
   - ch. neidio i'r cychod achub

3. Yn llongddrylliad Paul, faint fu farw?
   - a. 5
   - b. 1
   - c. 50
   - ch. dim

4. Pa salm sy'n disgrifio llongwyr ofnus mewn storm ffyrnig?
   - a. 23
   - b. 119
   - c. 107
   - ch. 1

5. Pan oedd Jona yn y storm ar y môr, a'r capten yn dod i chwilio amdano, beth oedd Jona'n ei wneud?
   - a. gweddïo
   - b. cysgu
   - c. canu
   - ch. bwyta ffigys

Y Cristnogion cyntaf (1)

1. I ble y dywedodd Iesu wrth y disgyblion am fynd i aros am yr Ysbryd Glân?
   - a. Jerwsalem
   - b. Bethania
   - c. Galilea
   - ch. Capernaum

2. Beth anogodd Paul Timotheus i'w yfed?
   - a. llaeth
   - b. gwin
   - c. sudd grawnwin
   - ch. cwrw

3. Pa apostol a labuddiwyd ond a oroesodd?
   - a. Pedr
   - b. Iago
   - c. Steffan
   - ch. Paul

4. Ar ba ddiwrnod y daeth yr Ysbryd Glân ar yr apostolion ar ffurf tafodau tân?
   - a. Pwr
   - b. Pentecost
   - c. Y Pasg
   - ch. Pasg Iddewig

5. Ym mhle y galwyd credinwyr yn Gristnogion am y tro cyntaf?
   - a. Bethlehem
   - b. Antiochia
   - c. Jerwsalem
   - ch. Jericho

Y Cristnogion cyntaf (2)

1. Faint o bobl ddaeth i gredu ar ôl clywed pregeth Pedr ar Ddydd y Pentecost?
   a. 3
   b. 30
   c. 300
   ch. 3,000

2. Ar y briffordd o Jerwsalem i Gasa, siaradodd Philip â swyddog o ba wlad?
   a. Yr Aifft
   b. Persia
   c. Ethiopia
   ch. Arabia

3. Yng ngweledigaeth Pedr o liain mawr ac anifeiliaid arni, roedd Duw yn ei ddysgu:
   a. i fod yn garedig i anifeiliaid
   b. i fwyta pob math o fwyd
   c. i dderbyn pobl
   ch. i esgyn i'r awyr

4. Pa un o frodyr Iesu, sydd wedi ei enwi yn y Beibl, a ddaeth yn apostol?
   a. Jwdas
   b. Iago
   c. Jeremeia
   ch. Joseia

5. Dywedodd yr angel wrth Cornelius i anfon am Pedr, a oedd yn aros gyda:
   a. Dorcas
   b. Aeneas
   c. Simon y barcer
   ch. Philip

Rhyfeloedd y Beibl (1)

1. Byddai Israel yn curo Amalec cyn belled â bod Moses yn:
    - a. eu harwain
    - b. sefyll i fyny
    - c. codi ei law
    - ch. canu

2. Ar ôl iddo gael ei orchfygu gan y Philistiaid, dyma'r Brenin Saul yn:
    - a. rhedeg i ffwrdd
    - b. cael ei chwythu i fyny
    - c. disgyn ar ei gleddyf
    - ch. diflannu

3. Sut fu'r Brenin Ahab farw mewn brwydr yn erbyn byddin Syria?
    - a. cael ei daro
    - b. cael ei drywanu
    - c. cael ei saethu gan saethwr
    - ch. cael trawiad ar y galon

4. Dinistriwyd byddin Senacherib, Asyria, gan:
    - a. Heseceia
    - b. angel yr Arglwydd
    - c. tân
    - ch. nwy

5. Pa wyrth a ddigwyddodd wrth i fyddin Josua ddinistrio'r Amoriaid?
    - a. aeth y gelyn yn ddall
    - b. safodd yr haul yn stond
    - c. ymunodd yr angylion â nhw
    - ch. daeth y lleuad i'r golwg

CYNTAF I ATEB!

Rhyfeloedd y Beibl (2)

1. Pan gollodd Israel i'r Philistiaid, beth a gipiwyd?
   a. Arch y Cyfamod   b. y llo aur
   c. Y Greal Sanctaidd   ch. Tabernacl

2. Pa sŵn a ddychrynodd y gelyn yn ystod y nos?
   a. drymiau   b. cerbydau rhyfel
                      a cheffylau
   c. llewod   ch. chwerthin

3. Pa fyddin a drodd arni ei hun pan chwythodd Gideon a thri chant o ddynion eu trwmpedau a thorri jariau a golau ynddynt?
   a. Midian   b. Babilon
   c. Asyria   ch. Groeg

4. Yn ôl Datguddiad, ble bydd y frwydr fawr olaf yn cael ei hymladd?
   a. Jerwsalem   b. Damascus
   c. Armagedon   ch. Bethlehem

5. Yn nyddiau Saul, pa fantais oedd gan fyddin y Philistiaid?
   a. rhyfelwyr gwell   b. y gyfrinach o greu
                             arfau haearn
   c. arweinwyr gwell   ch. duwiau gwell

Caniatâd Llungopïo   ⓗ Cyhoeddiadau'r Gair 2009

Ysbïwyr a chynllwynion! (1)

1. Pam wisgodd y Brenin Saul guddwisg?
   a. i ddianc rhag ei elynion
   b. i fynd i barti
   c. i drapio Dafydd
   ch. i weld gwrach yn gyfrinachol

2. Ym mha dref y cuddiodd Rahab ysbïwyr ar ei tho?
   a. Jerwsalem   b. Jericho
   c. Nasareth   ch. Babilon

3. Gwisgodd y Gibeoniaid ddillad wedi treulio a chario bara wedi llwydo wrth deithio, i berswadio Josua na allent ymladd oherwydd eu bod:
   a. yn rhy dlawd   b. yn byw yn rhy bell i ffwrdd
   c. yn rhy wan

4. Gwisgodd Jacob i fyny er mwyn arogli a theimlo fel Esau a chael rhywbeth gan Isaac. Beth?
   a. ci   b. bendith gan ei dad
   c. gwraig   ch. arian

5. Pan gynlluniodd yr Iddewon i ladd Paul yn Namascus, sut ddihangodd Paul?
   a. wedi gwisgo fel dynes
   b. o dan focsys mewn cert
   c. mewn basged wedi ei ostwng o wal
   ch. mewn pysgodyn mawr

CYNTAF I ATEB!

Ysbïwyr a chynllwynion! (2)

1. Pwy glywodd am y cynllun i ladd Paul yn Jerwsalem?
   - a. Luc
   - b. Marc
   - c. nai Paul
   - ch. mam Paul

2. Pa arwydd cyfrinachol roedd Pedr a Ioan i chwilio amdano yn Jerwsalem?
   - a. dyn a chanddo ymbarél dynes
   - b. dynes a chanddi rosyn
   - c. dyn a chanddo jar o ddŵr
   - ch. dynes a chanddi drowel

3. Pan ddihangodd Dafydd rhag Absalom, pwy arhosodd yn llys Absalom fel ysbïwr?
   - a. Jonathan
   - b. Husai
   - c. Mica
   - ch. Nathan

4. Pa frenin aeth i frwydr wedi ei guddwisgo fel milwr cyffredin?
   - a. Ahab
   - b. Dafydd
   - c. Jehosaffat
   - ch. Jehu

5. Pwy dwyllodd rai o ddynion y brenin drwy guddwisgo eilun i edrych fel ei gŵr yn cysgu yn ei wely?
   - a. Debora
   - b. Michal
   - c. Abigail
   - ch. Jesebel

Caniatâd Llungopïo   ℗ Cyhoeddiadau'r Gair 2009

Cyntaf i Ateb!

Cerddoriaeth yn y Beibl (1)

1. Pa fath o offeryn a chwaraeodd Dafydd i ddiddanu Saul?
    - a. telyn
    - b. corn
    - c. drymiau
    - ch. sacsoffon

2. Pa offerynnau a ganwyd pan ddaeth Arch Duw i Jerwsalem?
    - a. utgyrn a nablau
    - b. trwmpedau a symbalau
    - c. telynau
    - ch. y rhain i gyd

3. Â pha offeryn yr arweiniodd Miriam y gwragedd allan i ganu?
    - a. piano
    - b. tympan
    - c. bagbib
    - ch. drymiau

4. Yn ôl Amos, pa offeryn sy'n dychryn pobl?
    - a. castanét
    - b. utgorn
    - c. symbal
    - ch. gitâr

5. Yn erbyn pa fyddin y chwythodd dynion Gideon utgyrn a gweiddi?
    - a. Ffrancwyr
    - b. Midianiaid
    - c. Amaleciaid
    - ch. Samariaid

CYNTAF I ATEB!

Cerddoriaeth yn y Beibl (2)

1. Pwy oedd 'tad pob canwr telyn a phib'?
   a. Iau   b. Jiwpiter
   c. Twbal   ch. Jwbal

2. Pwy drefnodd gôr a cherddorfa ar gyfer addoliad wrth fynd o flaen Arch y Cyfamod?
   a. Dafydd   b. Solomon
   c. Joas   ch. Herod

3. Yng ngweledigaeth Ioan, pa offerynnau roedd y saith angel yn eu dal?
   a. telynau   b. utgyrn
   c. cyrn   ch. drymiau

4. Yn nisgrifiad Iesu o gêm blant, pa offeryn roedd y plant yn ei chwarae?
   a. ffliwt   b. organ-geg
   c. symbalau   ch. drwm

5. Yn ogystal â gerddi, parciau a phob hyfrydwch arall, beth oedd gan y pregethwr yn Llyfr y Pregethwr?
   a. cerddorfa linynnol   b. côr meibion
   c. band pres   ch. cantorion a chantoresau

Adar a bwystfilod (1)

1. Pa anifeiliad y breuddwydiodd Pharo amdanyn nhw?
   a. gwartheg　　　b. asynnod
   c. camelod　　　ch. deinosoriaid

2. Yn narlun Iesu, pa anifeiliaid a fydd yn cael eu gwahanu oddi wrth ddefaid?
   a. bleiddiaid　　　b. geifr
   c. cŵn　　　ch. llewod

3. Pa bryfyn y mae awdur y Diarhebion yn dweud wrth bobl ddiog i'w ystyried?
   a. corryn　　　b. neidr gantroed
   c. morgrugyn　　　ch. locust

4. Delw o ba anifail wnaeth Aaron er mwyn i'r bobl ei haddoli?
   a. ceffyl　　　b. llew
   c. llo　　　ch. draig

5. Pa greaduriaid a anfonodd Duw i ymosod ar Israel yn yr anialwch?
   a. sgorpionau　　　b. seirff
   c. locustiaid　　　ch. deinosoriaid

Adar a bwystfilod (2)

1. Pa anifail a ddarparodd Duw i Abraham i'w aberthu yn lle Isaac?
   a. dafad
   b. hwrdd
   c. colomen
   ch. eryr

2. Beth ddaeth y golomen yn ôl i'r arch at Noa?
   a. deilen dderw
   b. rhosyn
   c. deilen olewydd
   ch. cactws

3. Pa greadur nad oedd yn bla Eifftaidd?
   a. locust
   b. broga
   c. gwybedyn
   ch. gwenynen

4. Beth ddaeth â bwyd i Elias yn ystod newyn?
   a. cigfrain
   b. dreigiau
   c. colomennod
   ch. asynnod

5. Sawl pâr o anifeiliaid 'glân' aeth Noa i mewn i'r arch gydag ef?
   a. 2
   b. 5
   c. 7
   ch. 12

CYNTAF I ATEB!

Ble mae'r camgymeriad? (1)

1. '… daeth seryddion o'r dwyrain i Fethlehem a holi, "Ble mae'r hwn a anwyd yn frenin yr Iddewon?" (Mathew 2:1b, 2)

2. 'Ystyriwch lili'r maes … nid oedd gan hyd yn oed Dafydd yn ei holl ogoniant wisg i'w chymharu ag un o'r rhain.' (Mathew 6:28b, 29)

3. 'Wrth fynd heibio oddi yno gwelodd Iesu ddyn a elwid Simon yn eistedd wrth y dollfa …' (Mathew 9:9a)

4. 'Gwyn eu byd y rhai sy'n newynu a sychedu am fwyd, oherwydd cânt hwy eu digon.' (Mathew 5:6)

5. '… y mae'n haws i geffyl fynd trwy grau nodwydd nag i rywun cyfoethog fynd i mewn i deyrnas Dduw.' (Mathew 19:24)

CYNTAF I ATEB!

Ble mae'r camgymeriad? (2)

1. 'Yr oedd Ioan wedi ei wisgo mewn dillad o flew camel a gwregys o groen am ei wddf, a locustiaid a mêl gwyllt oedd ei fwyd.' (Marc 1:6)

2. 'Yn wir, rwy'n dweud wrthyt y bydd i ti heno nesaf, cyn i'r ceiliog ganu ddwywaith, fy ngwadu i ddeg gwaith.' (Marc 14:30)

3. 'Yn y dyddiau hynny aeth gorchymyn allan oddi wrth Cesar Tiberius i gofrestru'r holl Ymerodraeth.' (Luc 2:1)

4. '... dechreuodd y bugeiliaid ddweud wrth ei gilydd, 'Gadewch inni fynd i Jerwsalem a gweld yr hyn sydd wedi digwydd, y peth yr hysbysodd yr Arglwydd ni amdano.' (Luc 2:15b)

5. '... a chododd i ddarllen. Rhoddwyd iddo lyfr y proffwyd Eseciel ...' (Luc 4:1b, 17a)

Caniatâd Llungopïo   ⓑ Cyhoeddiadau'r Gair 2009

Pwy 'di pwy? (1)

1. Pwy oedd gwraig Ahab?
   a. Esther
   b. Jesebel
   c. Buddug

2. Pwy oedd gŵr Sara?
   a. Jacob
   b. Aaron
   c. Abraham

3. Pwy yw'r gŵr hynaf yn y Beibl?
   a. Methwsela
   b. Enoc
   c. Moses

4. Pwy oedd y merthyr Cristnogol cyntaf?
   a. Pedr
   b. Steffan
   c. Paul

5. Pwy oedd y Pharisead a ildiodd ei fedd i Iesu?
   a. Simon o Cyrene
   b. Saul o Darsus
   c. Joseff o Arimathea

Pwy 'di pwy? (2)

1. Pwy a godwyd o'r bedd gan Iesu?
   a. Thomas
   b. Lasarus
   c. Nicodemus

2. Pwy oedd chwaer Moses?
   a. Ruth
   b. Miriam
   c. Delila

3. Pwy oedd brawd Jacob?
   a. Esau
   b. Joseff
   c. Cain

4. Pwy a godwyd o farw gan Pedr?
   a. Rhoda
   b. Lydia
   c. Tabitha

5. Pwy oedd mab y Brenin Saul?
   a. Jonathan
   b. Solomon
   c. Nathan

Be 'di be? (1)

1. Beth welodd Moses yn llosgi yn y diffeithwch?
    a. cwt
    b. perth
    c. coelcerth

2. Pa roddion a ddaeth y dynion doeth i Iesu?
    a. aur, arian ac efydd
    b. aur a diemwntiau
    c. aur, thus a myrr

3. Beth osododd Gideon allan gyda'r nos?
    a. cleddyf
    b. cnu gwlân
    c. lawnt

4. Beth wnïodd Adda ac Efa at ei gilydd yng Ngardd Eden er mwyn eu gorchuddio'u hunain?
    a. crwyn anifeiliaid
    b. gwlân
    c. dail ffigys

5. Beth yw'r enwau a roddir fel rheol i'r storïau a adroddai Iesu?
    a. chwedlau
    b. damhegion
    c. alegorïau

Be 'di be? (2)

1. Beth a ddilynodd y dynion doeth er mwyn dod o hyd i'r brenin newydd-anedig?
    a. map
    b. seren
    c. cwmwl

2. Beth yw'r enw a roddir i eiriau Iesu sy'n dechrau fel hyn: 'Gwyn eu byd y rhai...'?
    a. yr Agweddau
    b. yr ystrydebau
    c. y Gwynfydau

3. Beth rannodd Iesu gyda'i ddisgyblion yn y Swper Olaf?
    a. bara a gwin
    b. bara a chaws
    c. torthau a physgod

4. Â pha arf y lladdodd Dafydd Goliath?
    a. ffon dafl
    b. cyllell
    c. gwn

5. Beth dywalltodd Elias dros yr allor ar Fynydd Carmel cyn gofyn i Dduw anfon tân?
    a. paraffîn
    b. dŵr
    c. gwaed

Be 'di be? (3)

1. Pa dŵr a adeiladwyd ychydig ar ôl y Dilyw Mawr?
    a. tŵr Mabel
    b. tŵr Abel
    c. tŵr Babel

2. Beth oedd angen i Naaman ei wneud er mwyn cael ei iacháu o'r gwahanglwyf?
    a. gweddïo yn y deml
    b. ymolchi yn yr afon
    c. ymweld â'r doctor

3. Beth ddaeth â bwyd i Elias?
    a. llwynogod
    b. cigfrain
    c. gwyddau

4. Ar beth y cerfiwyd y Deg Gorchymyn?
    a. coed
    b. metal
    c. carreg

5. Beth ofynnodd brodyr Joseff amdano yn yr Aifft?
    a. grawn
    b. dŵr
    c. arian

CYNTAF I ATEB!

Be 'di be? (4)

1. Sut ddihangodd Paul o waliau dinas Damascus ar ôl dod yn Gristion?
   a. dringodd i lawr ysgol
   b. neidiodd a chredu mewn gweddi
   c. cafodd ei ollwng mewn basged

2. Sut benderfynodd y milwyr a laddodd Iesu pa un ohonynt fyddai'n cael cadw ei diwnig?
   a. tynnu blewyn cwta
   b. tynnu gwellt
   c. cynnal pleidlais

3. Beth oedd yr eunuch Ethiopaidd am ei wneud ar ôl siarad â Philip ar ffordd Gasa?
   a. mynd i gysgu
   b. ysgrifennu efengyl
   c. cael ei fedyddio

4. Beth ddigwyddodd i Paul ar y ffordd i'w brawf yn Rhufain?
   a. cafodd ei herwgipio
   b. bu mewn llongddrylliad
   c. cafodd ei ladd

5. Cafodd gwraig Lot ei throi yn rhywbeth. Beth oedd e?
   a. colofn dân
   b. colofn garreg
   c. colofn halen

Caniatâd Llungopïo   201   ℗ Cyhoeddiadau'r Gair 2009

Be 'di be? (5)

1. Pa olygfa ryfeddol a welodd Moses yn y diffeithwch?
   - a. afon ar dân
   - b. perth ar dân
   - c. mynydd ar dân

2. Beth adeiladodd Noa?
   - a. dinas
   - b. arch
   - c. tŷ

3. Beth guddiodd Joseff yn sach Benjamin?
   - a. modrwy aur
   - b. darn arian
   - c. cwpan aur

4. Pa fath o goeden ddringodd Sacheus?
   - a. sycamorwydden
   - b. onnen
   - c. dderw

5. Beth ddefnyddiodd gwraig i sychu traed Iesu ar ôl iddi eu gwlychu â'i dagrau?
   - a. lliain
   - b. ei gwallt
   - c. tywel

Be 'di be? (6)

1. Beth dorrodd Iesu yn y Swper Olaf?
    a. ei wallt
    b. ei blât
    c. bara

2. Pa adeilad y bu Solomon yn ei oruchwylio wrth iddo gael ei adeiladu?
    a. y deml
    b. waliau'r ddinas
    c. y trysorlys

3. Beth ddefnyddiodd Jacob fel gobennydd?
    a. boncyff coeden
    b. croen anifail
    c. carreg

4. Pa offeryn a chwaraeodd Dafydd er mwyn diddanu'r Brenin Saul?
    a. telyn
    b. trwmped
    c. ffliwt

5. Beth oedd y dynion doeth yn ei ddilyn i Fethlehem?
    a. arwyddbost
    b. seren
    c. map

CYNTAF I ATEB!

Hud anifeiliaid (1)

Mae pob gair coll yn enw anifail o'r Beibl. Fedri di lenwi'r bylchau â'r geiriau cywir?

1. 'Daethant â'r _____ at Iesu a bwrw eu mentyll arno, ac eisteddodd yntau ar ei gefn.'
   a. eliffant   b. ebol   c. camel

2. 'Yn y bore, ar doriad gwawr, cododd y brenin a mynd ar frys at ffau'r _____.'
   a. nadroedd   b. llwynogod   c. llewod

3. 'Bydd y _____ yn dringo drosot ti …'
   a. llyffaint   b. mosgitos   c. gwyddau

4. 'Yr oedd Ioan wedi ei wisgo mewn dillad o flew _____.'
   a. camel   b. mwnci   c. ceffyl

5. '… a bydd ef yn eu didoli oddi wrth ei gilydd, fel y mae bugail yn didoli'r defaid oddi wrth y _____.'
   a. llewod   b. geifr   c. bleiddiaid

Hud anifeiliaid (2)

Mae pob gair coll yn enw anifail o'r Beibl. Fedri di lenwi'r bylchau â'r geiriau cywir?

1. 'Ti ddiogyn, dos at y _____, a sylwa ar ei ffordd a bydd ddoeth.'
   a. tylluan   b. ych   c. morgrugyn

2. 'Fe drig y _____ gyda'r oen. ...'
   a. llew   b. blaidd   c. arth

3. 'Dewch â'r _____ sydd wedi ei besgi, a lladdwch ef. Gadewch inni wledda a llawenhau.'
   a. llo   b. mochyn   c. iâr

4. '... y mae hyd yn oed y _____ o dan y bwrdd yn bwyta o friwsion y plant.'
   a. llygod   b. llygod mawr   c. cŵn

5. 'Meddai Iesu wrtho, 'Y mae gan y _____ ffeuau, a chan adar yr awyr nythod ...'
   a. moch daear   b. cwningod   c. llwynogod

Arian, arian, arian! (1)

1. Bradychodd Jwdas Iesu am dri deg darn o beth?
    a. aur
    b. arian
    c. efydd

2. Beth, yn ôl Iesu, a werthwyd am ddwy geiniog?
    a. pum torth o fara
    b. pum afal
    c. pum aderyn y to

3. Roedd y gwas didrugaredd mewn dyled o ddeg mil o ddarnau arian. Pa fath o ddarnau arian?
    a. talentau
    b. doleri
    c. yen

4. Pa fath o ddarnau arian roddodd y wraig dlawd yn nhrysorlys y deml?
    a. aur
    b. copr
    c. efydd

5. Beth ddywedodd Iesu wrth y llywodraethwr cyfoethog y dylai ei wneud â'i arian?
    a. ei daflu i ffwrdd
    b. ei roi i'r tlawd
    c. ei roi i gefnogi gwaith y deml

Arian, arian, arian! (2)

1. Pwy fu Iesu'n sôn am dalu trethi iddo?
   a. Herod
   b. Cesar
   c. Duw

2. Pa fath o ddarn arian y mae un o ddamhegion Iesu yn sôn amdano?
   a. darn arian aur
   b. darn arian mawr
   c. darn arian coll

3. Byrddau pwy y dymchwelodd Iesu yn rhodfannau'r deml?
   a. cyfnewidwyr arian
   b. ffugwyr arian
   c. gwneuthurwyr arian

4. Faint o arian a addawodd Sacheus y byddai'n ei ad-dalu i'r rhai a dwyllodd?
   a. dwywaith y swm
   b. teirgwaith y swm
   c. pedair gwaith y swm

5. Yn y ddameg, pa fath o ddarnau arian a roddodd y Samariad Trugarog i ŵr y llety i ofalu am y dyn clwyfedig?
   a. denarius
   b. siclau
   c. rwpïau

CYNTAF I ATEB!

Gwir neu gau?

Pa rai o'r datganiadau hyn sy'n wir a pha rai sy'n gau?

1. Roedd Marc yn un o'r deuddeg apostol.

2. Roedd Paul yn un o'r deuddeg apostol.

3. Roedd Pedr yn un o'r deuddeg apostol.

4. Roedd Ioan yn un o'r deuddeg apostol.

5. Roedd Iago yn un o'r deuddeg apostol.

6. Roedd Lasarus yn un o'r deuddeg apostol.

7. Roedd Nicodemus yn un o'r deuddeg apostol.

8. Roedd Thomas yn un o'r deuddeg apostol.

9. Roedd Barnabas yn un o'r deuddeg apostol.

10. Roedd Andreas yn un o'r deuddeg apostol.

Cyntaf i Ateb!

Beth ydw i?

Pwy a'u disgrifiodd eu hunain fel hyn?

1. Cefais fy nhwyllo i briodi Lea.

2. Cefais fy hun mewn llongddrylliad ar fy ffordd i Rufain.

3. Gofynnodd y dynion doeth imi lle roedd y brenin newydd wedi ei eni.

4. Cyfarfyddais â theithiwr Ethiopaidd a'i fedyddio.

5. Sychais draed Iesu â'm gwallt.

6. Goroesais ddilyw mawr.

7. Cefais fy mwydo gan gigfrain.

8. Fe'm hachubwyd gan bysgodyn.

9. Teflais dri dyn i ffwrnais.

10. Roeddwn yn fugail cyn dod yn frenin.

CYNTAF I ATEB!

Dewis o 4 (1)

1. Beth oedd enw'r dyn cyntaf?
   Adda   Noa
   Cain   Abel

2. Pa un o'r disgyblion fradychodd Iesu?
   Simon Pedr   Thomas
   Jwdas   Thadeus

3. Pa ffrind gafodd ei atgyfodi gan Iesu?
   Thomas   Lasarus
   Bartimeus   Sacheus

4. Beth oedd enw brawd Moses?
   Dafydd   Samuel
   Abraham   Aaron

5. Am sawl diwrnod bu Iesu yn yr anialwch?
   3   7
   40   100

6. Pwy oedd tad Jacob?
   Abraham   Lot
   Isaac   Joseff

Caniatâd Llungopïo   © Cyhoeddiadau'r Gair 2009

CYNTAF I ATEB!

Dewis o 4 (2)

1. Pwy adeiladodd arch i ddiogelu ei deulu a dau o bob anifail rhag y dilyw?
   - Adda
   - Moses
   - Abraham
   - Noa

2. Ym mhle y cafodd Iesu ei eni?
   - Bethffage
   - Jerwsalem
   - Nasareth
   - Bethlehem

3. Pwy gafodd ei roi mewn basged ar afon Nîl?
   - Saul
   - Samson
   - Dafydd
   - Moses

4. Pwy ganiataodd i Iesu gael ei groeshoelio?
   - Herod
   - Caiaffas
   - Pilat
   - Cesar

5. Faint o bobl gafodd eu bwydo â phum torth a dau bysgodyn gan Iesu?
   - 50
   - 500
   - 5,000
   - 50,000

6. Ar ôl i Iesu farw, pwy ofynnodd am ei gorff?
   - Simon o Cyrene
   - Mair Magdalen
   - Joseff o Arimathea
   - Mair, mam Iesu

Dewis o 4 (3)

1. Pwy lwyddodd i orchfygu'r cawr Goliath?
   - Daniel
   - Delila
   - Darius
   - Dafydd

2. Pa fachgen aeth i helpu Eli yn y deml?
   - Iesu
   - Samuel
   - Dafydd
   - Elias

3. Pa arweinydd cryf oedd yn cadw ei gryfder yn ei wallt?
   - Moses
   - Solomon
   - Paul
   - Samson

4. Ar ba fynydd y gorffwysodd Arch Noa ar ôl y dilyw?
   - Sinai
   - Carmel
   - Ararat
   - Hermon

5. Sawl brawd oedd gan Joseff?
   - 10
   - 11
   - 12
   - 13

6. Pwy ddioddefodd yn ofnadwy gan golli ei eiddo a'i iechyd?
   - Jacob
   - Jeremeia
   - Jonathan
   - Job

Dewis o 4 (4)

1. Beth oedd enw mam Iesu?
   Martha   Miriam
   Mair Magdalen   Mair

2. Pa un o ddisgyblion Iesu a arferai gasglu trethi?
   Mathew   Thomas
   Thadeus   Jwdas

3. Beth oedd enw'r apostol Paul cyn ei dröedigaeth?
   Steffan   Pedr
   Saul   Iago

4. Merch pwy gafodd ei hatgyfodi gan Iesu?
   Jeremeia   Pedr
   Mathew   Jairus

5. Beth oedd enw brawd Mair a Martha?
   Thomas   Simon
   Lasarus   Nicodemus

6. Sawl darn arian a dalwyd i Jwdas am fradychu Iesu?
   10   20
   30   100

CYNTAF I ATEB!

Dewis o 4 (5)

1. Beth ddywedodd Duw wrth Noa am ei adeiladu?

   tŷ   wal

   twr   cwch

2. Beth gafodd Joseff yn anrheg gan ei dad?

   cwch   côt

   cleddyf   ffon

3. Beth oedd enw brawd Moses?

   Aaron   Daniel

   Dafydd   Solomon

4. Sawl brawd oedd gan Joseff?

   10   2

   11   12

5. Lle bu'n rhaid i'r Israeliaid weithio fel caethweision?

   Israel   Yr Aifft

   Galilea   Assyria

6. Pa aderyn oedd y cyntaf i'w yrru allan o'r arch gan Noa?

   colomen   cigfran

   eryr   gwennol

Caniatâd Llungopïo   ℗ Cyhoeddiadau'r Gair 2009

CYNTAF I ATEB!

Dewis o 4 (6)

1. Beth oedd enw tad Iesu?
   - Abraham
   - Joseff
   - Dafydd
   - Ioan

2. Pwy gafodd ei ddallu ar y ffordd i Ddamascus?
   - Saul
   - Moses
   - Daniel
   - Dafydd

3. Beth fyddwn ni'n galw Salm 23?
   - Salm y Ddafad Golledig
   - Salm y Bugail
   - Salm y Bore
   - Salm Cariad

4. Pa un o ddisgyblion Iesu a fynnodd weld ôl yr hoelion cyn credu yn yr atgyfodiad?
   - Jwdas
   - Thomas
   - Thadeus
   - Simon Pedr

5. Sawl llyfr sydd yn y Beibl?
   - 1
   - 33
   - 2
   - 66

6. Pwy gyflawnodd y llofruddiaeth gyntaf?
   - Cain
   - Chem
   - Abel
   - Jaffeth

Caniatâd Llungopïo   ℗ Cyhoeddiadau'r Gair 2009

Cyntaf i Ateb!

Dewis o 4 (7)

1. Beth roddodd Duw i Moses ar Fynydd Sinai?
   rhôl euraidd   Gweddi'r Arglwydd
   Deg Gorchymyn   aur

2. Pwy ddinistriodd furiau Jericho ar ôl canu'r utgyrn?
   Josua   Dafydd
   Gideon   Goliath

3. Pwy helpodd Iesu i gario'r groes?
   Simon Pedr   Simon o Cyrene
   un o'r milwyr   Joseff o Arimathea

4. Pwy welodd berth yn llosgi?
   Dafydd   Solomon
   Moses   Daniel

5. Sawl llyfr sydd yn yr Hen Destament?
   29   33
   36   39

6. Pa broffwyd a luchiwyd i bydew?
   Eseia   Hosea
   Amos   Jeremeia

Dewis o 4 (8)

1. Beth oedd enw gwraig Adda?
   Afa   Efa
   Abas   Ala

2. Beth oedd gwaith Joseff, tad Iesu?
   bugail   saer
   casglwr trethi   gweinidog

3. Pa broffwyd lwyddodd i orchfygu 450 o broffwydi Baal?
   Eleias   Eliseus
   Eseia   Esau

4. Pa ddisgybl wadodd Iesu dair gwaith?
   Jwdas   Simon Pedr
   Thadeus   Thomas

5. Sawl diwrnod fu Iesu ar y ddaear ar ôl iddo atgyfodi?
   3   14
   40   60

6. Gwraig pwy gafodd ei throi yn golofn halen?
   Abraham   Ahab
   Elias   Lot

Dewis o 4 (9)

1. Pa broffwyd a gafodd ei lyncu gan bysgodyn?
   - Jona
   - Joseff
   - Jeremeia
   - Joel

2. Pa un o'r rhain nad oedd yn fab i Noa?
   - Chem
   - Jaffeth
   - Cain
   - Ham

3. Ym mha dref y magwyd Iesu?
   - Bethlehem
   - Nasareth
   - Jerwsalem
   - Jericho

4. Sawl brawd oedd gan Iesu?
   - 0
   - 2
   - 3
   - 4

5. Beth guddiodd Joseff yn sach Benjamin?
   - cyllell
   - llwy
   - cwpan arian
   - plât arian

6. I ble roedd y teithiwr yn hanes y Samariad Trugarog yn mynd?
   - Jerwsalem
   - Jericho
   - Bethlehem
   - Capernaum

Dewis o 4 (10)

1. Pa un o'r isod nad oedd yn un o ddisgyblion Iesu?
   - Iago
   - Ioan
   - Mathew
   - Moses

2. Ble oedd cartref gwreiddiol Adda ac Efa?
   - Gardd Eden
   - Gardd Gethsemane
   - Dyffryn Cedron
   - Dyffryn Iorddonen

3. Lle drysodd Duw ieithoedd y bobl?
   - Gomorra
   - Babel
   - Ninefe
   - Sodom

4. Pa ddisgybl gerddodd ar y dŵr tuag at Iesu?
   - Mathew
   - Simon Pedr
   - Ioan
   - Iago

5. Sawl diwrnod gymerodd Duw i greu'r byd?
   - 5
   - 6
   - 7
   - 8

6. Beth oedd gwaith Paul cyn iddo fod yn apostol?
   - saer
   - crydd
   - pysgotwr
   - gwneuthurwr pebyll

CYNTAF I ATEB!

Dewis o 4 (11)

1. Pa gosb gafodd Sadrach, Mesach ac Abednego am beidio ag addoli delw aur?
   eu taflu i'r llewod   eu crogi
   eu taflu i'r ffwrnais dân   eu taflu i'r carchar

2. Beth wnaeth Duw ar seithfed diwrnod y creu?
   gwella'r byd   gorffwys
   creu goleuni   canu cân

3. Pa arwydd yrrodd Duw i ddangos na fyddai'n boddi'r byd eto?
   colomen   eryr
   cwmwl   enfys

4. Beth glywodd Simon Pedr ar ôl gwadu Iesu dair gwaith?
   taran   ceiliog yn canu
   cerydd gan Iesu   ffrwydriad

5. Sawl dafad oedd heb fod ar goll yn nameg y Ddafad Golledig?
   1   99
   100   101

6. Ar ba fynydd y derbyniodd Moses y Deg Gorchymyn?
   Sinai   Horeb
   Carmel   Ararat

Caniatâd Llungopïo   ⓑ *Cyhoeddiadau'r Gair 2009*

CYNTAF I ATEB!

Dewis o 4 (12)

1. Pwy ddringodd i ben coeden er mwyn gweld Iesu?
    Nicodemus		Thomas
    Sacheus		Samuel

2. Beth ddefnyddiodd Dafydd i ladd Goliath?
    cleddyf		cyllell
    bwa saeth		ffon dafl

3. Pwy dderbyniodd gôt amryliw gan ei dad?
    Jeremeia		Benjamin
    Abraham		Joseff

4. Pwy gafodd eu croeshoelio gyda Iesu?
    dau o'r disgyblion	dau o'i frodyr
    dau leidr		dau dramorwr

5. Ar ôl i Iesu iacháu deg dyn gwahanglwyfus, sawl un ddaeth yn ôl i ddiolch iddo?
    9			10
    0			1

6. Pa un o'r parau isod sy'n efeilliaid?
    Moses ac Aaron	Jacob ac Esau
    Dafydd a Goliath	Mair a Martha

Caniatâd Llungopïo   221   ⓑ Cyhoeddiadau'r Gair 2009

CYNTAF I ATEB!

Dewis o 4 (13)

1. Ym mha ddinas ganwyd Iesu?
    - Jerwsalem
    - Nasareth
    - Jericho
    - Bethlehem

2. Pa wraig dorrodd wallt Samson?
    - Herodias
    - Salome
    - Jesebel
    - Delila

3. Pwy oedd gwraig Abraham?
    - Sara
    - Rebeca
    - Rachel
    - Mair

4. Sawl pysgodyn a ddefnyddiwyd gan Iesu i fwydo'r pum mil?
    - 5
    - 2
    - 6
    - 3

5. Pa aderyn ddaeth yn ôl wedi iddo gael ei ollwng o'r arch gan Noa?
    - cigfran
    - colomen
    - eryr
    - aderyn y to

6. Sawl gwraig oedd gan Solomon?
    - 1
    - 30
    - 100
    - 700

Caniatâd Llungopïo   ⓑ Cyhoeddiadau'r Gair 2009

Dewis o 4 (14)

1. Beth arweiniodd y doethion at Iesu?
   - angel
   - seren
   - cannwyll
   - colomen

2. Siâp pa anifail oedd y ddelw aur a adeiladodd Aaron?
   - llew
   - llo
   - eryr
   - oen

3. Pa offeryn cerdd oedd Dafydd yn ei chwarae?
   - telyn
   - ffliwt
   - tympan
   - drwm

4. Trwy ddehongli breuddwydion roedd Joseff yn medru rhagweld bod y wlad yn wynebu:
   - llifogydd
   - rhyfel
   - daeargryn
   - newyn

5. Beth ddaeth y golomen yn ôl gyda hi ar ôl bod allan o Arch Noa?
   - taten
   - deilen
   - blodyn
   - mwydyn

6. I ble roedd dau o ddilynwyr Iesu'n mynd pan ymunodd Ef â hwy ar ôl iddo atgyfodi?
   - Jerwsalem
   - Jericho
   - Emaus
   - Capernaum

CYNTAF I ATEB!

Dewis o 4 (15)

1. Beth oedd enw'r angel a ddaeth at Mair i ddweud y byddai Iesu'n cael ei eni?
   Gabriel   Effraim
   Elisabeth Gamaliel

2. Beth oedd gwaith Iago ac Ioan cyn dilyn Iesu?
   casglwyr trethi   pysgotwyr
   seiri   ffermwyr

3. Pwy gafodd ei throi yn golofn halen am edrych yn ôl?
   gwraig Lot   gwraig Job
   gwraig Dafydd   gwraig Isaac

4. Pa fath o ganghennau a daflwyd ar y ffordd i groesawu Iesu i Jerwsalem?
   olewydd   palmwydd
   sycamorwydden   derwen

5. Yn y ddameg a adroddodd Iesu, sawl un o'r genethod yn cario lampau oedd yn ffôl?
   1   5
   10   0

6. Beth oedd defnydd dillad Ioan Fedyddiwr?
   sidan   blew camel
   gwlân   lledr

Cyntaf i Ateb!

Dewis o 4 (16)

1. Pa greadur a berswadiodd Efa i fwyta'r ffrwyth yng Ngardd Eden?
   - cadno
   - colomen
   - sarff
   - oen

2. Pa un o'r anrhegion isod na dderbyniodd Iesu gan y gwŷr doeth?
   - aur
   - thus
   - arian
   - myrr

3. Ar beth ysgrifennodd Duw y Deg Gorchymyn?
   - papur
   - lledr
   - carreg
   - brethyn

4. Dywedodd Iesu mai ef oedd Alffa ac _____ ?
   - beta
   - sigma
   - delta
   - Omega

5. Sawl mab oedd gan Jacob?
   - 4
   - 6
   - 8
   - 12

6. Pa ddau ddisgybl a ofynnodd i Iesu am gael eistedd wrth ei ochr yn y nefoedd?
   - Thadeus a Philip
   - Iago ac Ioan
   - Simon a Jwdas
   - Simon ac Andreas

Caniatâd Llungopïo   ⓟ *Cyhoeddiadau'r Gair 2009*

CYNTAF I ATEB!

Dewis o 4 (17)

1. Sut y bradychodd Jwdas Iesu i'w elynion?
   cusan   pwyntio
   siglo llaw   llythyr

2. Pwy oedd brawd Aaron?
   Dafydd   Joseff
   Moses   Abraham

3. Yn ôl y ddameg, beth na ddylem ei roi o dan lestr?
   cwpan   arian
   soser   cannwyll

4. Pa broffwyd gafodd weledigaeth o esgyrn sychion?
   Eseia   Eleias
   Eseciel   Eliseus

5. Sawl bachgen a daflwyd i'r ffwrnais dân gan Nebuchadnesar?
   1   2
   3   4

6. Pwy ailadeiladodd y muriau yn Jerwsalem?
   Amos   Hosea
   Nehemeia   Esra

Caniatâd Llungopïo   Ⓟ Cyhoeddiadau'r Gair 2009

Cyntaf i ateb! Pa A...?

1. Pa A sy'n anrheg pen blwydd o'r dwyrain pell? Cyflwynwyd hwn gan y tri gŵr doeth.

2. Pa A sy'n broffwyd o'r Hen Destament ac yn fugail o Tecoa wrth ei waith?

3. Pa A sy'n gymeriad enwog o'r Hen Destament? Brawd Moses.

4. Pa A sy'n bysgotwr o ardal Galilea ac yn un o ddisgyblion Iesu?

5. Pa A oedd yn yn dad i'r llofrudd cyntaf? Y person cyntaf ar y ddaear.

6. Pa A oedd y wlad y ffodd Mair a Joseff a Iesu iddi? Y wlad a ddioddefodd y deg pla.

7. Pa A oedd yn frenin yn Israel? Gŵr Jesebel.

8. Pa A oedd yn negesydd dwyfol a ymddangosodd gerbron y bugeiliaid?

9. Pa A oedd un o drigolion Babilon a gafodd ei daflu i'r ffwrnais dân?

10. Pa A y cyfeirir ato fel tad Israel? Roedd yn ŵr i Sara.

Caniatâd Llungopïo   ⓗ *Cyhoeddiadau'r Gair 2009*

Cyntaf i ateb! Pa B...?

1. Pa B a gyhuddwyd o ddwyn cwpan? Roedd yn un o frodyr Joseff.

2. Pa B sy'n dref frenhinol i Dafydd? Roedd beudy enwog yn y lle yma.

3. Pa B oedd yn un o ddilynwyr Iesu ac yn un o'r deuddeg?

4. Pa B sy'n bentref gerllaw Jerusalem ac yn gartref i Mair a Martha?

5. Pa B oedd yn lleidr enwog? Rhyddhawyd hwn yn lle Iesu.

6. Pa B a weinyddwyd gan Ioan Fedyddiwr? Sacrament sy'n arwydd o ffydd.

7. Pa B sy'n ddwy adran ac yn cynnwys 66 o lyfrau?

8. Pa B sy'n disgrifio swydd Joseia, Ahab, Dafydd a Herod?

9. Pa B sy'n disgrifio swydd Dafydd ac Amos?

10. Pa B fu'n gynhaliaeth i'r Israeliaid yn yr Aifft? Defnyddiwn hwn i goffáu corff Crist.

Cyntaf i ateb! Pa C...?

1. Pa C y cyhuddodd Joseff Benjamin o'i dwyn?

2. Pa C oedd llofrudd cyntaf y Beibl?

3. Pa C a wnaed allan o bres? Bu'n rhaid i Simon o Gyrene ei chario.

4. Pa C a ryddhawyd gan Noa? Ni ddaeth hon yn ôl.

5. Pa C a ryddhawyd gan Noa? Symbol o heddwch.

6. Pa C a wisgir gan frenin? Un wedi'i gwneud o ddrain gafodd Iesu.

7. Pa C a osodwyd ar ddŵr? Cuddiwyd Moses ynddi pan oedd yn faban.

8. Pa C sy'n lliwgar iawn? Enw'r môr yr aeth Moses drwyddo.

9. Pa C fu'n gartref i'r Apostol Paul a Barnabas? Doedd dim rhyddid yno.

10. Pa C oedd yr Ymerawdwr Rhufeinig yn nyddiau Iesu?

Cyntaf i ateb! Pa D...?

1. Pa D sy'n llyfr yn yr Hen Destament? Ceir y Deg Gorchymyn yn hwn.

2. Pa D oedd yn chwarae'r delyn? Roedd yn fugail wrth ei waith.

3. Pa D oedd yn wraig yn yr Hen Destament? Twyllodd hon ei gŵr.

4. Pa D oedd yn ddinas? Roedd Paul ar ei ffordd yno.

5. Pa D sy'n dangos yr hyn a wnaeth Salome gerbron y brenin i ennill ffafr?

6. Pa D sy'n llyfr yn y Testament Newydd? Hwn yw'r olaf.

7. Pa D oedd yn broffwyd yn yr Hen Destament? Diogelodd Duw ef; ffrind y llewod.

8. Pa D oedd yn ddilynwyr? 12 o ran rhif.

9. Pa D a ragflaenodd yr enfys? Yr arch oedd yn lloches rhagddo.

10. Pa D sy'n llyfr yn yr Hen Destament, yn llawn egwyddorion a chyngor?

Cyntaf i ateb! Pa E...?

1. Pa E sy'n llawn o newyddion da? Ceir pedair ohonynt yn y Beibl.

2. Pa E oedd yn broffwyd yn yr Hen Destament? Llwyddodd i ennill buddugoliaeth ar Fynydd Carmel.

3. Pa E a lwyddodd i dwyllo'i dad? Brawd i Jacob.

4. Pa E a wynebodd Cristnogion yr Eglwys Fore? Bu i Steffan a Paul ei ddioddef.

5. Pa E sy'n fynegiant o addewid Duw? Ymddangosodd y bwa yma yn dilyn y dilyw.

6. Pa E oedd yn wraig i Sachareias? Mam Ioan Fedyddiwr.

7. Pa E oedd yn gartref i Adda ac Efa? Yr ardd gyntaf yn y Beibl.

8. Pa E a anfonwyd gan Paul at y Corinthiaid a'r Rhufeiniaid?

9. Pa E a ganwyd gan Iesu a'i ddisgyblion ar ôl y Swper Olaf?

10. Pa E a farchogwyd gan Mair i Fethlehem – a gan Iesu i Jerwsalem?

Cyntaf i ateb! Pa F/Ff...?

1. Pa F a roddwyd i Iesu i'w yfed pan oedd yn dioddef ar y groes?

2. Pa F y lluchiwyd Daniel iddi gan ei elynion?

3. Pa Ff y gelwir pump o'r genethod yn nameg Iesu?

4. Pa Ff all symud mynyddoedd?

5. Pa Ff a gollwyd gan y wraig dlawd yn y ddameg?

6. Pa Ff fu'n rhaid i Mair a Joseff ei wneud i ddianc o afael Herod?

7. Pa Ff na lwyddodd i niweidio Sadrach, Mesach ac Abednego yn y ffwrnais dân?

8. Pa Ff a felltithiwyd gan Iesu am nad oedd ffrwythau arni?

9. Pa Ff a ddiweddwyd gan y brenin Ahasferus?

10. Pa Ff oedd y rhaglaw Rhufeinig a gadwodd Paul yn y carchar?

Cyntaf i ateb! Pa G...?

1. Pa G aeth Iesu iddi i weddïo? Yma cafodd ei fradychu.

2. Pa G oedd y butain yn yr Hen Destament a oedd yn wraig i'r proffwyd Hosea?

3. Pa G oedd yn ymladd â'r Philistiaid? Cawr o ddyn.

4. Pa G oedd iaith wreiddiol y Testament Newydd?

5. Pa G a geir yn y Bregeth ar y Mynydd? Yma gosodir addewidion Duw i lawr.

6. Pa G a gafodd lythyr o anogaeth gan Paul? Un o'r eglwysi cynnar.

7. Pa G y dylem ni fod i'r byd, yn ôl dysgeidiaeth Crist?

8. Pa G sy'n symbol o waed Crist? Trodd Iesu ddŵr yn hwn.

9. Pa G oedd yr angel a ddaeth at Mair i ddweud ei bod yn feichiog?

10. Pa G a ddaeth i achub y wlad a gorchfygu'r Midianiaid?

Cyntaf i ateb! Pa H...?

1. Pa H oedd yn frenin yn ystod dyddiau Iesu?

2. Pa H oedd yn broffwyd enwog yn yr Hen Destament ac yn briod â Gomer?

3. Pa H oedd am weld Ioan Fedyddiwr yn cael ei ladd? Mam Salome.

4. Pa H oedd iaith yr Hen Destament?

5. Pa H a wasgarodd yr had ar dir creigiog, ar y ffordd ac ar y maes?

6. Pa H y cysylltir gwraig Lot ag ef, ac na ellir ei ddefnyddio os cyll ei flas?

7. Pa H oedd y genedl yr anfonwyd llythyr o anogaeth ati?

8. Pa H oedd yn frenin da adeg y proffwyd Eseia ac a fu'n ffrind i Dduw?

9. Pa H oedd yn fam i Samuel?

10. Pa H oedd yn fam i Ismael, mab Abraham?

Cyntaf i ateb! Pa l...?

1. Pa l fu bron â chael ei aberthu gan ei dad? Mab Abraham.

2. Pa l oedd yn bysgotwr yng Ngalilea? Roedd yn frawd i Ioan.

3. Pa l oedd yn fab i Sachareias ac Elisabeth? Ef fedyddiodd Iesu.

4. Pa l y bedyddiwyd Iesu Grist ynddi?

5. Pa l oedd yn gartref i feibion Abraham, a'r deuddeg llwyth?

6. Pa l y dylem ni ei ddilyn?

7. Pa l oedd yn fab i Hagar ac Abraham?

8. Pa l a ysgrifennodd lyfr yn sôn am fywyd Iesu?

9. Pa l oedd yn frawd i Iago?

10. Pa l ysgrifennodd Lyfr y Datguddiad?

Cyntaf i ateb! Pa J...?

1. Pa J sy'n ddinas yn Israel ac yn gartref i'r deml.

2. Pa J oedd yn wraig amhoblogaidd a chas? Yn wraig i Ahab.

3. Pa J oedd yn broffwyd enwog? Llyncwyd ef gan forfil.

4. Pa J a arweiniodd y genedl yn erbyn y gelyn? Arweinydd cadarn.

5. Pa J a ddioddefodd lawer? Mae'n enwog am ei amynedd.

6. Pa J sy'n broffwyd yn yr Hen Destament a welodd y crochenydd wrth ei waith?

7. Pa J sy'n dref enwog yn Israel? Yn y ddameg roedd teithiwr ar ei ffordd yma o Jerwsalem.

8. Pa J ddaeth yn frenin Israel pan oedd yn wyth oed?

9. Pa J fradychodd Iesu?

10. Pa J oedd yn saer, ac yn dad i Iesu?

Cyntaf i ateb! Pa L...?

1. Pa L oedd yn byw ym Methania? Brawd Mair a Martha.
2. Pa L a gofnododd hanes Iesu yn y drydedd efengyl?
3. Pa L sy'n llyfr yn yr Hen Destament? Un o'r Pum Llyfr.
4. Pa L oedd yn fwyd i Ioan Fedyddiwr tra oedd yn yr anialwch?
5. Pa L a gafodd dröedigaeth yn Philipi?
6. Pa L oedd yn frawd i Joseff?
7. Pa L a welodd ei wraig yn cael ei throi yn golofn halen?
8. Pa L oedd yn frawd i Rebeca ac yn ewyrth i Jacob?
9. Pa L oedd gan y deg geneth? Roedd ganddynt un yr un.
10. Pa L oedd tref enedigol Timotheus?

Cyntaf i ateb! Pa Ll...?

1. Pa Ll y ceir 66 ohonynt yn y Beibl?

2. Pa Ll a gysylltir â Tiberias a Galilea?

3. Pa Ll a adawodd Paul yn drysor i ni?

4. Pa Ll oedd yn digwydd i'r berth a welodd Moses?

5. Pa Ll yr aeth Jona arni i ddianc?

6. Pa Ll yn ôl y Beibl sy'n disgrifio'r trysor a adawyd i ni?

7. Pa Ll oedd enw'r dyn ac ynddo lawer o gythreuliaid?

8. Pa Ll sy'n disgrifio'r teimlad o ddarganfod Iesu?

9. Pa Ll a iachawyd gan Iesu yn y synagog?

Cyntaf i ateb! Pa M...?

1. Pa M yw'r byrraf o'r pedair efengyl sy'n croniclo hanes Iesu?

2. Pa M roedd Ioan Fedyddiwr yn ei fwyta yn ogystal â locustiaid?

3. Pa M sy'n broffwyd yn yr Hen Destament? Y llyfr olaf.

4. Pa M a arweiniodd yr Israeliaid drwy'r Môr Coch? Brawd Aaron.

5. Pa M yw'r lleiaf o blith yr hadau ond eto sy'n tyfu i fod y mwyaf ymhlith planhigion?

6. Pa M oedd yn chwaer i Aaron a Moses?

7. Pa M a etholwyd i gymryd lle Jwdas Iscariot?

8. Pa M oedd yn fab i Joseff yn yr Hen Destament?

9. Pa M oedd y cyntaf i gyrraedd y bedd gwag?

10. Pa M aeth i'r ffwrnais dân gyda Sadrach ac Abednego?

Cyntaf i ateb! Pa N...?

1. Pa N yw pedwerydd llyfr yr Hen Destament?

2. Pa N oedd y Pharisead a ddaeth at Iesu liw nos?

3. Pa N oedd y ddinas yr aeth Jona i genhadu iddi?

4. Pa N oedd y proffwyd yn yr Hen Destament a ailadeiladodd y deml?

5. Pa N a gollodd Samson ar ôl iddo golli ei wallt?

6. Pa N yw'r diwrnod pryd y dathlwn ddyfodiad gwaredwr i'n byd?

7. Pa N oedd yn winllan enwog yn yr Hen Destament?

8. Pa N oedd yn fam-yng-nghyfraith i Ruth?

9. Pa N oedd yn frenin ym Mabilon adeg Daniel?

10. Pa N a iachawyd gan Eliseus?

Cyntaf i ateb! Pa O...?

1. Pa O sy'n llyfr yn yr Hen Destament?

2. Pa O aeth heibio o'r ochr arall?

3. Pa O sy'n gorffen datganiad Iesu: 'Myfi yw Alffa ac___'?

4. Pa O oedd yn fab i Ruth a Boas?

5. Pa O fu'n frenin cadarn ar Israel?

6. Pa O oedd yn ferch-yng-nghyfraith i Naomi?

7. Pa O oedd yn fynydd wrth ymyl Jerusalem?

8. Pa O oedd y swper a ddathlodd Iesu gyda'i ddisgyblion yn yr oruwchystafell?

9. Pa O sy'n disgrifio gwaith Caiaffas yn y deml?

10. Pa O oedd yn lampau'r genethod call?

Cyntaf i ateb! Pa P...?

1. Pa P sy'n un o'r llyfrau doethineb yn yr Hen Destament?

2. Pa P oedd yn llywodraethu yn Israel ac a ddedfrydodd Iesu i farwolaeth?

3. Pa P sy'n ddyn doeth wedi ei anfon gan Dduw ac sy'n rhagweld y dyfodol?

4. Pa P oedd yr arweinwyr Iddewig a oedd yn ceisio dal Iesu?

5. Pa P gafodd ei ddallu ar y ffordd i Ddamascus ac a ddaeth yn amlwg yng ngwaith yr eglwys ar ôl esgyniad Iesu?

6. Pa P oedd un o hoff ddisgyblion Iesu? Arno ef y dywedodd Iesu y byddai'r Eglwys yn cael ei sylfaenu.

7. Pa P oedd yn alwedigaeth boblogaidd roedd nifer o'r disgyblion yn ei dilyn?

8. Pa P oedd yn swyddog i Pharo?

9. Pa P yw'r ŵyl a ddathlwn i gofio Iesu'n marw ac yn atgyfodi?

10. Pa P y cymerodd ddeg ohonynt i gosbi pobl yr Aifft?

Cyntaf i ateb! Pa R/Rh...?

1. Pa Rh yw'r mis y disgyn cyfnod yr adfent a gŵyl y Nadolig arno?

2. Pa Rh sy'n disgrifio Elisabeth a Sachareias, Mair a Joseff, Abraham a Sara?

3. Pa Rh oedd yn llywodraethu Israel yng nghyfnod y Testament Newydd?

4. Pa Rh a enillwyd i Gristnogion drwy Iesu Grist?

5. Pa R sy'n ferch amlwg yn yr Hen Destament?

6. Pa R yw'r enw ar athro Iddewig?

7. Pa R oedd yn wraig i Isaac?

8. Pa R oedd yn ferch i Laban?

9. Pa R oedd yn un o frodyr Joseff?

10. Pa R oedd yn fab i Solomon?

Cyntaf i ateb! Pa S...?

1. Pa S oedd brenin cyntaf Israel ac a fu'n ddoeth am gyfnod?

2. Pa S a aeth i ben coeden i gael golwg well ar Iesu?

3. Pa S oedd yn dad i Iago ac Ioan?

4. Pa S oedd yn sect wleidyddol Iddewig yr arferai Simon berthyn iddi?

5. Pa S yw diwrnod sanctaidd yr Iddewon, sy'n para o nos Wener tan nos Sadwrn?

6. Pa S yw'r cymeriad o'r Hen Destament sy'n enwog am ei ddoethineb?

7. Pa S fu'n dawnsio gerbron Herod er mwyn ennill ei ffafr?

8. Pa S a daflwyd i mewn i'r ffwrnais dân gyda Mesach ac Abednego?

9. Pa S oedd yng ngogledd gwlad Israel ac yn brifddinas iddi?

10. Pa S oedd y dref oedd yn enwog am ei drygioni?

Cyntaf i ateb! Pa T...?

1. Pa T oedd yn arweinydd yng nghyfnod yr Eglwys Fore? Ysgrifennodd Paul lythyr o anogaeth iddo.

2. Pa T a fynnodd weld y prawf drosto'i hun cyn credu'r newyddion da bod Iesu wedi atgyfodi?

3. Pa T y cyhuddwyd y disgyblion o'u tynnu ar y Saboth?

4. Pa T oedd yn un o'r deuddeg?

5. Pa T a ddefnyddir i ddisgrifio Duw ac sy'n dangos ei ofal a'i gariad?

6. Pa T sy'n disgrifio'r ffurf yr amlygodd Duw ei hun i Elias ar Fynydd Carmel?

7. Pa T y gofynnwyd i Iesu a ddylai gael ei dalu i Gesar ai peidio?

8. Pa T oedd y lle y ffodd Jona iddo?

9. Pa T oedd yn dref ar lan Môr Galilea?

10. Pa T oedd yn dad i Abraham?

CYNTAF I ATEB!

Chwilair Cristnogion yr Eglwys Fore

Yn nyddiau cynnar yr Eglwys daeth nifer o arwyr dewr i weithio dros Iesu Grist. Mae enwau 12 ohonynt yn cuddio yn y ddrysfa eiriau isod. Fedri di ddod o hyd iddynt?

S	I	L	W	E	M	T	A	B	O	P
T	C	T	A	A	TH	I	B	A	T	R
I	T	O	R	P	P	A	M	T	H	I
M	L	C	R	R	R	N	A	A	O	S
O	Y	P	C	N	L	L	R	A	L	C
TH	D	R	A	P	E	Y	N	E	Y	I
E	I	B	F	R	M	L	O	S	D	L
U	A	S	O	I	A	T	I	L	I	A
S	T	E	FF	A	N	L	T	U	W	M
L	M	S	I	L	A	S	I	L	S	A
Y	A	I	W	S	U	CH	Y	T	U	E
W	R	L	A	L	I	W	C	A	I	T

STEFFAN	BARNABAS	SILAS
TIMOTHEUS	LYDIA	CORNELIUS
TABITHA	IOAN	MARC
PRISCILA	ACWILA	EUTYCHUS

CYNTAF I ATEB!

Chwilair disgyblion Iesu

Dewisodd Iesu 12 ffrind i'w helpu gyda'i waith pwysig. Mae eu henwau wedi eu cuddio yn y ddrysfa isod. Fedri di ddod o hyd iddynt?

I	A	G	S	D	A	N	O	PH	S	B
W	B	I	J	S	S	A	G	I	I	A
PH	A	A	W	D	I	S	A	S	M	R
I	N	G	R	E	M	M	I	R	E	TH
L	D	O	A	TH	D	M	O	J	W	O
I	R	C	O	S	O	TH	A	N	A	L
P	E	M	R	N	B	L	N	O	N	O
R	A	R	P	E	A	TH	O	M	D	M
S	W	E	TH	A	M	O	A	M	R	E
L	D	S	I	M	O	M	S	P	E	U
R	L	I	W	S	A	D	W	J	A	S
S	I	M	S	U	E	D	A	TH	S	N

IAGO	IOAN	MATHEW
SIMON PEDR	THOMAS	PHILIP
BARTHOLOMEUS	THADEUS	IAGO
JWDAS	ANDREAS	SIMON

Caniatâd Llungopïo   247   ⓑ Cyhoeddiadau'r Gair 2009

Chwilair proffwydi yn y Beibl

Cyn i Dduw anfon Iesu Grist i'r byd, galwodd nifer o bobl i sôn amdano. Gelwir y rhain yn broffwydi. Mae enwau 11 ohonynt yn cuddio yn y ddrysfa eiriau isod. Fedri di ddod o hyd iddynt?

W	E	W	P	A	Y	F	Y	M	M	S
D	S	R	I	C	D	D	I	I	O	E
E	D	E	S	E	A	C	C	S	B	L
A	S	L	CH	M	I	A	J	A	A	E
E	H	I	O	A	H	E	O	I	D	I
J	O	S	E	L	R	E	E	J	E	A
E	S	E	A	E	H	E	L	O	I	S
J	E	R	M	S	O	O	I	E	A	S
R	H	E	L	I	S	E	S	A	A	M
E	I	A	T	T	E	A	M	O	D	I
A	M	I	C	H	A	E	L	E	I	C
M	E	I	S	U	E	S	I	L	E	A

HABACUC   JOEL   ELEIAS

ELISEUS   ESEIA   MICHA

JEREMEIA   AMOS   HOSEA

SECHAREIA   OBADEIA

Chwilair brenhinoedd yn y Beibl

Cafodd gwlad Israel ganel ei rheoli gan frenhinoedd drwy'r canrifoedd, rhai yn dda ac eraill yn ddrwg. Mae enwau 12 ohonynt yn cuddio yn y ddrysfa eiriau isod. Fedri di ddod o hyd iddynt?

H	E	S	E	I	A	S	A	U	I	F
A	I	E	S	S	U	H	A	H	A	S
S	R	M	S	A	O	E	E	H	S	I
J	M	A	I	H	H	S	S	E	O	M
J	O	N	M	A	E	O	A	S	L	R
S	O	S	R	C	R	L	N	E	O	I
A	G	S	E	A	O	O	A	D	M	U
N	O	I	N	I	D	M	M	A	S	S
D	A	F	Y	DD	A	O	G	F	A	E
T	G	O	N	I	H	N	O	S	U	T
M	A	N	T	S	A	Y	N	I	L	W
D	A	F	U	R	B	C	H	M	A	S

HEROD   JOSEIA   HESECEIA
MANASE   AHAS   DAFYDD
SAUL   AHAB   SIMRI
SOLOMON   OMRI   USSEIA

CYNTAF I ATEB!

Chwilair pwy yw Iesu?

Defnyddiodd Iesu nifer o enwau i'w ddisgrifio'i hun a'i waith. Mae 12 o'r enwau hynny'n cuddio yn y ddrysfa eiriau isod. Fedri di ddod o hyd iddynt?

W	B	R	E	N	I	N	FF	S	G	B
I	A	U	D	N	B	O	Y	D	W	U
N	R	T	W	E	R	R	R	N	A	G
W	A	D	G	DD	N	W	E	O	A	D
D	R	I	W	Y	S	W	B	TH	A	R
R	B	N	A	W	F	R	R	S	TH	W
W	Y	U	R	N	E	O	S	W	R	D
G	W	E	E	I	W	U	D	N	E	O
W	Y	L	D	W	D	B	R	I	O	S
A	D	O	W	G	G	W	A	R	A	F
T	O	G	R	I	G	W	T	W	E	D
G	Y	F	D	L	I	A	G	U	B	N

ATHRO   BRENIN   BUGAIL
FFORDD   GWINWYDDEN   ATGYFODIAD
GWAS   GWAREDWR   OEN DUW
GOLEUNI   DRWS   BARA'R BYWYD

CYNTAF I ATEB!

Chwilair mynyddoedd yn y Beibl

Mae'r Beibl yn adrodd am nifer o bethau arbennig yn digwydd ar fynyddoedd. Mae enwau 12 ohonynt yn cuddio yn y ddrysfa eiriau isod. Fedri di ddod o hyd iddynt?

B	A	S	F	A	T	T	N	S	H	T
D	E	B	A	L	H	A	I	T	Y	L
T	E	R	E	N	E	B	O	C	N	Y
G	W	I	O	D	N	O	B	A	W	A
I	S	G	G	H	L	R	R	R	N	E
L	T	M	D	E	E	A	G	M	A	A
B	O	N	W	W	R	S	Y	E	I	L
O	O	Y	TH	A	H	I	R	L	E	W
A	DD	W	T	E	N	N	S	U	R	D
R	Y	W	R	O	E	A	R	I	O	Y
N	M	H	A	G	S	I	P	U	M	P
C	D	A	W	D	N	Y	H	A	S	O

ARARAT   CARMEL   EBAL
GERISIM   GILBOA   OLEWYDD
SINAI   TABOR   PISGA
NEBO   MOREIA   HOREB

Caniatâd Llungopïo   ℗ Cyhoeddiadau'r Gair 2009

CYNTAF I ATEB!

Chwilair afonydd yn y Beibl

Ceir nifer o gyfeiriadau at afonydd yn y Beibl. Mae enwau 9 ohonynt yn cuddio yn y ddrysfa eiriau isod. Fedri di ddod o hyd iddynt?

W	LL	E	S	I	R	G	I	T	E	L
W	E	R	C	I	S	O	N	N	A	C
Y	B	W	N	I	I	E	R	I	M	Y
F	O	E	FF	O	A	C	DD	L	S	E
A	R	W	TH	R	C	M	O	M	O	S
I	LL	G	F	DD	A	T	N	S	I	P
A	W	R	S	O	T	T	W	D	S	H
O	C	A	W	N	I	T	E	I	T	A
T	I	G	N	E	G	P	I	S	O	N
W	E	D	E	N	î	L	Y	Y	E	A
I	T	I	G	R	W	N	W	TH	L	C
E	W	FF	W	S	T	I	G	W	I	N

PISON   EWFFRATES   NÎL
ARNON   CANA   CISON
LLEBOR   TIGRIS   IORDDONEN

CYNTAF I ATEB!

Chwilair mamau yn y Beibl

Mae llawer o famau'n cael eu henwi yn y Beibl. Mae enwau 11 ohonynt yn cuddio yn y ddrysfa eiriau isod. Fedri di ddod o hyd iddynt?

A	L	D	H	A	N	N	A	C	B	A
M	B	E	S	A	R	F	M	E	L	N
L	P	G	TH	E	H	J	L	E	E	E
H	O	O	U	L	E	I	G	E	CH	F
A	N	A	R	A	S	W	O	G	A	E
G	O	M	T	A	N	A	M	O	R	H
R	S	T	B	G	CH	F	E	M	R	A
W	R	E	M	O	G	E	S	H	A	G
E	TH	H	A	G	W	S	L	A	CH	A
T	H	A	N	T	W	S	M	A	I	R
S	A	S	A	I	D	O	R	E	H	R
R	E	L	I	S	A	W	E	CH	A	R

RUTH   HAGAR   MAIR
RACHEL   SARA   ELISABETH
LEA   HANNA   EFA
HERODIAS   GOMER

Caniatâd Llungopïo   253   ⓟ Cyhoeddiadau'r Gair 2009

Chwilair ffrwythau'r Ysbryd

Mae yna restr o ffrwythau'r Ysbryd yn y Beibl. Mae enwau 11 ohonynt yn cuddio yn y ddrysfa eiriau isod. Fedri di ddod o hyd iddynt?

E	B	E	D	N	O	L	DD	Y	FF	G
TH	Y	W	R	FF	DD	D	A	I	O	O
TH	S	T	D	D	Y	D	I	DD	A	N
E	B	C	A	A	W	A	E	C	DD	DD
A	R	A	C	N	R	F	C	A	F	Y
L	Y	R	C	W	G	I	O	A	W	N
B	D	E	A	A	I	N	N	I	Y	E
Y	Y	D	R	T	D	N	E	O	N	W
G	S	W	I	S	E	I	D	F	D	A
S	CH	W	A	E	R	C	A	R	E	LL
I	C	A	D	H	A	D	A	I	R	DD
D	B	R	Y	D	C	A	R	E	D	I

CARIAD LLAWENYDD TANGNEFEDD
GODDEFGARWCH CAREDIGRWYDD YSBRYD
FFYDDLONDEB ADDFWYNDER FFRWYTH
DISGYBLAETH

Chwilair symbolau Beiblaidd

Mae yna nifer o symbolau yn y Beibl. Mae enwau 12 ohonynt yn cuddio yn y ddrysfa eiriau isod. Fedri di ddod o hyd iddynt?

C	O	O	RH	RH	G	I	A	R	C	G
O	C	Y	N	P	O	T	W	T	Y	W
S	R	O	C	Y	R	S	C	R	O	I
C	O	H	N	S	C	W	Y	P	C	N
O	E	O	E	G	O	I	Y	N	O	W
L	S	R	L	O	L	N	C	R	L	Y
O	E	G	A	D	O	F	S	H	O	DD
N	E	O	H	Y	M	Y	A	E	M	E
C	O	L	C	N	E	L	N	E	E	N
R	E	A	R	W	N	D	U	R	N	P
O	L	U	A	Y	C	R	A	Y	W	Y
H	A	L	I	N	C	R	O	R	S	S

CROES COLOMEN PYSGODYN
SEREN OEN ERYR
CRAIG RHOSYN CONGLFAEN
GWINWYDDEN HALEN GOLAU

Croesair cyflym llyfr o'r Beibl

Ateba'r cwestiynau gan roi dy atebion yn y grid isod.

1. Bu hwn yn ddigon dewr i ymladd Goliath.
2. Roedd hwn yn frawd i Moses.
3. Enw'r afon fawr sy'n rhedeg drwy wlad yr Aifft.
4. Roedd hwn yn frawd i Jacob.
5. Mae pedwar ohonynt yn y Beibl, yn adrodd hanes bywyd Iesu.
6. Roedd hwn yn frawd i Mair a Martha.

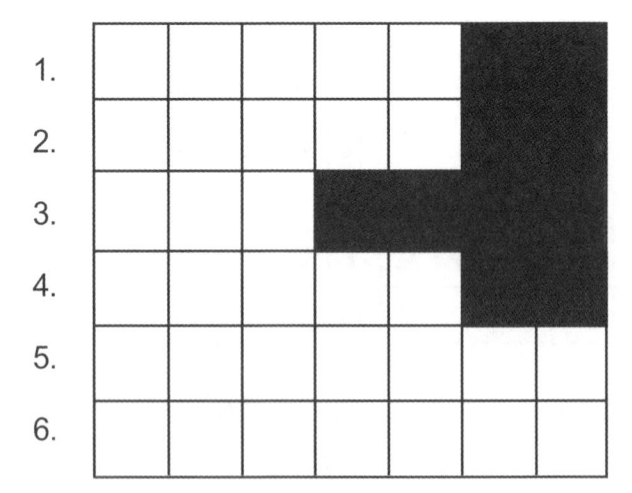

Mae'r llythrennau cyntaf yn y golofn yn sillafu teitl un o lyfrau'r Beibl:

__ __ __ __ __ __

Pwy ydw i?

Fedri di ddyfalu pwy ydw i?
Dyma ychydig o ffeithiau amdanaf.
Tybed sawl cliw fydd ei angen arnat i ddyfalu'n gywir?

Am ddeg pwynt
1. Iachaodd Iesu fy mam-yng-nghyfraith o'r dwymyn.

Am wyth pwynt
2. Pan oeddwn gyda Iesu ar ben mynydd y Gweddnewidiad cynigiais adeiladu tair pabell.

Am saith pwynt
3. Dywedais wrth Iesu y byddwn yno ar ei gyfer bob amser.

Am bum pwynt
4. Un tro cerddais ar y môr er mwyn mynd at Iesu.

Am dri phwynt
5. Dywedodd Iesu wrthyf un tro, '...ar y graig hon yr adeiladaf fy eglwys'.

Am un pwynt
6. Gwadais Iesu deirgwaith.

Fy enw i yw _ _ _ _

CYNTAF I ATEB!

Fedri di enwi ...?

Dau o broffwydi'r Hen Destament	Dau o frenhinoedd Israel
Dau o ddisgyblion Iesu	Dwy ddinas yn Israel
Dau o frodyr Joseff	Dau o fynyddoedd y Beibl
Dau lyfr o'r Hen Destament	Dau lyfr o'r Testament Newydd
Dau berson o gyfnod yr Eglwys Fore	Dau o feibion Adda ac Efa

Caniatâd Llungopïo   258   Ⓟ Cyhoeddiadau'r Gair 2009

Cael y stori'n glir

Dameg y Mab Colledig: Luc 15:11–32

Roedd yna dad a chanddo:
    a) 2 fab   b) 3 mab   c) 4 mab

Ar ôl cael arian gan ei dad aeth y mab ieuengaf:
    a) i'r dref nesaf   b) i'r gofod   c) i wlad bell

Yno fe wariodd ei arian:
    a) yn gall a chyfrifol   b) yn wirion   c) yn ofalus

Cyn hir aeth y wlad yn brin iawn o:
    a) ddŵr   b) ddefaid   c) fwyd

Felly bu'n rhaid i'r mab chwilio am waith yn:
    a) golchi llestri   b) gofalu am foch   c) torri coed

Wedi meddwl yn hir, penderfynodd y mab:
    a) fynd adref at ei dad   b) chwilio am waith   c) fynd i guddio

Pan gyrhaeddodd adref roedd ei dad:
    a) yn cysgu   b) yn disgwyl amdano   c) yn gweithio

Pan welodd ei dad ef yn dod, teimlai'n:
    a) flin   b) drist   c) hapus

Penderfynodd y tad wahodd pawb o'i ffrindiau i:
    a) wledd   b) gyfarfod   c) briodas

Pan glywodd y mab hynaf teimlai'n:
    a) falch   b) flin   c) hapus

Yn y dechreuad – hanes y creu

1. Pwy greodd y byd?

2. Sut le oedd yno cyn i Dduw ddechrau ar ei waith o greu?

3. Beth oedd y peth cyntaf i Dduw ei greu?

4. Beth wnaeth Duw â'r dŵr?

5. Enwch bedwar peth mae planhigion yn eu rhoi i ni i'w bwyta.

6. Beth greodd Duw i roi goleuni yn y nos?

7. Beth greodd Duw i hedfan yn yr awyr?

8. Beth yw'r enw ar greaduriaid sy'n byw ar y tir?

9. Beth arall greodd Duw i fyw ar y ddaear?

10. Beth fyddai gwaith y bobl a greodd Duw?

11. Beth ddywedodd Duw bob tro yr edrychodd ar y pethau roedd Ef wedi eu creu?

12. Beth wnaeth Duw ar ôl creu popeth?

CYNTAF I ATEB!

Yn y dechreuad – hanes y creu

Beth am ddarllen yr hanes yma yn dy Feibl ac yna ceisio dod o hyd i'r geiriau sy'n cuddio yn y grid isod – mae yna 12 gair i ddod o hyd iddynt.

O	R	A	D	O	G	S	Y	P	G	DD
B	C	TH	U	E	CH	W	LL	E	O	Y
L	Y	Y	W	D	A	E	A	R	L	R
TH	R	E	F	D	Y	R	P	Y	E	A
H	G	U	LL	E	S	O	E	P	U	S
P	L	A	N	H	I	G	I	O	N	CH
A	C	D	D	P	D	LL	M	B	I	M
L	U	A	H	Y	A	Y	I	L	D	W
I	L	R	B	O	Y	C	S	O	N	S
Y	G	LL	E	U	A	D	A	U	N	I
R	W	TH	T	F	T	F	M	T	B	H
W	C	S	W	E	H	E	W	D	CH	CH

DUW   BYD   GOLEUNI
DAEAR   PLANHIGION   HAUL
LLEUAD   PYSGOD   ADAR
POBL   CYFEILLION   PRYDFERTH

Caniatâd Llungopïo   261   ℗ Cyhoeddiadau'r Gair 2009

CYNTAF I ATEB!

Adda ac Efa

1. Beth oedd enwau'r gŵr cyntaf a'r wraig gyntaf a greodd Duw?

2. Mewn beth oedden nhw'n byw?

3. Pa reol roddodd Dduw iddynt i'w chadw?

4. Beth ddywedodd Duw fyddai'n digwydd pe baen nhw'n torri'r rheol?

5. Pa anifail oedd am iddynt nhw fod yn anufudd i Dduw?

6. Beth ddywedodd yr anifail wrth y wraig fyddai'n digwydd pe bai'n bwyta'r ffrwyth?

7. Pwy fwytaodd y ffrwyth?

8. Beth sylweddolon nhw wedi iddyn nhw fwyta'r ffrwyth?

9. Pa ffrind ddaeth i chwilio amdanyn nhw gyda'r nos?

10. Beth oedd y gŵr a'r wraig yn ceisio'i wneud?

11. Sut roedd Duw yn teimlo am yr hyn oedd wedi digwydd?

12. Sut gafodd y ddau eu cosbi?

Adda ac Efa

Beth am ddarllen yr hanes yma yn dy Feibl ac yna ceisio dod o hyd i'r geiriau sy'n cuddio yn y grid isod – mae yna 12 gair i ddod o hyd iddynt.

LL	E	F	A	S	O	B	F	N	D	B
W	P	G	W	A	N	U	F	U	DD	G
A	L	L	R	P	S	E	E	S	C	H
R	A	S	G	G	F	E	N	U	A	M
S	N	A	DD	A	T	C	O	S	L	U
P	H	R	U	R	U	C	G	A	H	A
N	I	FF	F	DD	B	V	G	L	A	TH
A	G	TH	I	W	A	W	LL	B	D	Y
E	I	I	E	B	C	U	F	E	C	W
I	O	O	A	N	E	D	E	O	C	R
W	N	W	CH	B	W	Y	T	A	S	FF
Y	DD	N	I	R	D	T	W	E	F	N

ADDA	EFA	COEDEN
SARFF	FFRWYTHAU	PLANHIGION
CUDDIO	ANUFUDD	BLASUS
DUW	BWYTA	GARDD

CYNTAF I ATEB!

Noa a'r Dilyw Mawr

1. Pam nad oedd y byd yn debyg i'r hyn ydoedd pan gafodd ei greu gan Dduw?

2. Beth benderfynodd Duw ei wneud?

3. Pwy gafodd ffafr gan Dduw?

4. Beth ddywedodd Duw wrtho am ei wneud?

5. Sut roedd Noa'n gwybod sut i wneud hyn?

6. Pwy gafodd fynd i mewn i'r arch?

7. Wedi i Noa gael pawb i mewn i'r arch, beth wnaeth Duw?

8. Ar ôl i'r glaw beidio, beth anfonodd Noa allan?

9. Sut roedd Noa'n gwybod bod y tir wedi dechrau ymddangos?

10. Beth wnaeth Noa ar ôl dod allan o'r arch?

11. Beth addawodd Duw?

12. Beth roddodd Duw fel arwydd o'i addewid?

CYNTAF I ATEB!

Noa a'r Dilyw Mawr

Beth am ddarllen yr hanes yma yn dy Feibl ac yna ceisio dod o hyd i'r geiriau sy'n cuddio yn y grid isod – mae yna 12 gair i ddod o hyd iddynt.

R	C	G	N	R	F	Y	L	Y	R	D
A	W	B	A	U	A	G	E	F	W	I
I	CH	N	I	L	W	U	Y	DD	A	A
Y	DD	L	F	U	E	C	N	A	F	I
E	I	S	I	E	A	O	A	N	Y	L
A	U	W	H	T	A	L	R	A	R	I
G	D	I	M	I	N	O	F	I	LL	E
E	L	I	T	S	U	M	G	I	E	F
DD	M	A	W	E	F	E	I	W	N	I
P	O	R	W	E	U	N	C	F	E	N
Y	CH	B	R	I	DD	E	I	S	I	A
D	I	L	Y	W	O	A	O	N	E	R

NOA ANUFUDD CWCH
ANIFEILIAID COLOMEN GLAWIO
CIGFRAN BWA ADDEWID
TEULU LLIF DILYW

Caniatâd Llungopïo 265 ℗ *Cyhoeddiadau'r Gair 2009*

CYNTAF I ATEB!

Abraham, ffrind Duw

1. Beth ofynnodd Duw i Abraham ei wneud?
2. Beth addawodd Duw i Abraham?
3. Beth oedd enw gwraig Abraham?
4. Pam ddywedodd Duw wrth Abraham am edrych ar y gronynnau llwch ar y ffordd ac ar y sêr uwchben?
5. Beth oedd neges y dynion i Abraham?
6. Beth wnaeth Sara pan glywodd hyn, a pham?
7. Pa enw roddon nhw ar eu mab bach?
8. Beth oedd Duw am i Abraham ei wneud i ddangos ei gariad tuag ato?
9. Pam roedd mab Abraham wedi edrych ar y pentwr cerrig a'r coed tân mewn penbleth?
10. Beth oedd ateb Abraham i'w fab?
11. Beth ddigwyddodd pan gododd Abraham ei gyllell i ladd ei fab?
12. Beth wnaeth Abraham a'i fab â'r anifail?

Abraham, ffrind Duw

Beth am ddarllen yr hanes yma yn dy Feibl ac yna ceisio dod o hyd i'r geiriau sy'n cuddio yn y grid isod – mae yna 12 gair i ddod o hyd iddynt.

Y	G	R	N	D	I	A	E	X	W	L
A	D	T	W	H	R	Y	R	N	I	W
D	T	A	I	TH	Y	T	N	Y	S	N
E	Y	F	B	I	T	E	O	W	A	E
I	N	E	S	R	S	DD	L	DD	A	I
R	A	LL	TH	U	A	CH	I	Y	C	R
I	N	E	R	C	R	H	B	N	Y	D
DD	E	LL	E	N	A	E	A	Y	D	D
M	W	Y	B	D	E	L	B	M	D	X
Y	N	C	A	R	R	E	G	R	E	A
A	S	E	W	N	I	DD	U	F	U	E
E	F	W	B	Y	R	A	A	E	N	M

ABRAHAM   SARA   BABILON
UR   TAITH   ISAAC
CYLLELL   CARREG   MYNYDD
ABERTH   YMDDIRIED   UFUDD

Dewis gwraig i Isaac

1. Ble roedd Abraham yn byw?

2. Beth oedd Duw wedi ei addo iddo flynyddoedd yn ôl?

3. Beth oedd Abraham eisiau ei weld cyn iddo farw?

4. Beth wnaeth Abraham er mwyn cael gwraig i Isaac o blith ei bobl ei hun?

5. Pan gyrhaeddodd y gwas y dref, i ble yr aeth i orffwyso?

6. Pa arwydd roedd y gwas yn chwilio amdano er mwyn dod o hyd i'r wraig iawn i Isaac?

7. Beth oedd enw'r ferch a wnaeth yr hyn roedd y gwas wedi ei obeithio?

8. Beth roddodd y gwas yn anrheg iddi?

9. At bwy yr aeth y gwas i adrodd ei stori?

10. Pan ofynnodd ei theulu iddi beth roedd hi am ei wneud, beth ddewisodd Rebeca?

11. Pwy ddaeth i gyfarfod â Rebeca wrth iddi gyrraedd Canaan?

12. Pa ddiweddglo hapus sydd i'r stori hon?

Dewis gwraig i Isaac

Beth am ddarllen yr hanes yma yn dy Feibl ac yna ceisio dod o hyd i'r geiriau sy'n cuddio yn y grid isod – mae yna 12 gair i ddod o hyd iddynt.

N	O	E	F	H	M	Y	T	R	X	D
DD	Y	N	E	W	A	N	W	Y	I	I
S	D	FF	E	S	H	A	A	R	D	S
A	I	Y	B	D	A	U	N	I	O	A
W	N	N	L	E	R	R	T	E	I	A
G	D	N	Y	C	B	E	A	A	R	C
Y	E	O	D	C	A	M	E	L	P	N
R	N	N	A	S	F	N	E	LL	X	Y
G	I	A	R	W	G	A	N	E	N	X
D	Y	R	E	B	E	C	A	A	F	H
O	R	I	N	H	E	Y	D	W	N	E
DD	I	G	O	TH	E	O	F	Y	C	F

ISAAC   CANAAN   ABRAHAM
CAMEL   FFYNNON   REBECA
PRIODI   GWRAIG   SARA
AUR   GWAS   CYFOETHOG

Jacob ac Esau

1. Faint o blant oedd gan Isaac a Rebeca?

2. Beth oedd eu henwau?

3. Pa un oedd ffefryn Rebeca?

4. Pa un oedd yr hynaf o'r ddau efaill?

5. Beth fyddai plentyn hynaf pob teulu yn arfer ei dderbyn?

6. Pa syniad gafodd Rebeca ar y diwrnod roedd Isaac am fendithio Esau?

7. Sut dwyllon nhw Isaac?

8. Beth ddigwyddodd pan aeth Esau at Isaac i gael ei fendithio?

9. Beth wnaeth Esau ei fygwth?

10. I ble'r anfonwyd Jacob?

11. Beth ddywedodd Duw wrth Jacob yn ei freuddwyd?

12. Beth ddigwyddodd pan aeth Jacob yn ôl at Esau?

Jacob ac Esau

Beth am ddarllen yr hanes yma yn dy Feibl ac yna ceisio dod o hyd i'r geiriau sy'n cuddio yn y grid isod – mae yna 12 gair i ddod o hyd iddynt.

J	L	N	Y	E	O	R	T	T	N	U
R	J	O	S	H	A	M	W	A	R	S
I	S	A	A	C	T	Y	I	M	E	W
O	U	E	C	D	LL	X	C	A	H	O
C	N	A	B	O	N	N	F	A	G	I
R	A	CH	E	L	B	E	W	LL	N	N
O	R	R	R	E	B	E	C	A	E	I
E	A	N	A	W	U	R	G	L	W	G
LL	H	G	A	F	R	X	N	E	X	O
M	R	A	O	W	I	B	X	H	N	C
I	D	Y	W	DD	U	E	R	B	X	G
A	TH	I	D	N	E	B	N	D	E	O

JACOB   ESAU   ISAAC
HELA   COGINIO   GAFR
BENDITH   REBECA   TWYLLO
HARAN   RACHEL   BREUDDWYD

CYNTAF I ATEB!

Joseff y breuddwydiwr

1. Faint o feibion oedd gan Jacob?

2. Pa un oedd ei ffefryn?

3. Beth roddodd Jacob yn anrheg i Joseff?

4. Beth wnaeth ysgubau ei frodyr ym mreuddwyd Joseff?

5. Sut roedd brodyr Joseff yn teimlo tuag ato?

6. Beth oedd gwaith brodyr Joseff?

7. Pa enw roddodd y brodyr ar Joseff pan welsant ef yn dod tuag atynt?

8. Beth oedd ei frodyr am ei wneud iddo yn gyntaf?

9. Wedi iddyn nhw newid eu meddyliau, beth wnaethon nhw ag ef?

10. Faint o arian gafodd y brodyr am Joseff?

11. I ble'r aeth Joseff i fyw?

12. Beth oedd Jacob yn ei gredu oedd wedi digwydd i Joseff?

Joseff y breuddwydiwr

Beth am ddarllen yr hanes yma yn dy Feibl ac yna ceisio dod o hyd i'r geiriau sy'n cuddio yn y grid isod – mae yna 12 gair i ddod o hyd iddynt.

D	D	I	X	P	I	F	G	A	TH	B
E	W	O	R	G	I	S	Y	W	P	E
N	Y	M	L	I	E	M	D	E	FF	X
I	E	N	J	E	F	A	A	L	Y	W
D	W	S	O	A	M	N	F	E	N	L
Y	LL	Y	S	N	C	A	A	W	N	E
W	I	N	E	M	T	O	C	E	O	B
DD	R	T	FF	I	A	I	B	D	N	I
U	H	O	N	A	I	R	A	A	G	I
E	A	G	U	TH	R	E	W	G	I	N
R	W	T	R	E	F	L	G	I	N	S
B	R	O	D	Y	R	B	T	FF	I	A

JACOB   JOSEFF   COT
BREUDDWYD   FFYNNON   AIFFT
BRODYR   CAMELOD   ARIAN
MARW   GWERTHU   PWYSIG

Joseff a brenin yr Aifft

1. Ble roedd cartref Joseff?
2. Ble roedd Joseff yn byw fel caethwas?
3. Pam roedd pobl yn rhythu ar Joseff?
4. Pan oedd yn y carchar, sut helpodd Joseff rai o'r carcharorion eraill?
5. Pryd gofiodd un o'r carcharorion am Joseff?
6. Beth ddigwyddodd ym mreuddwyd ryfedd y brenin?
7. Beth ddywedodd Joseff oedd ystyr y freuddwyd?
8. Pa waith gafodd Joseff i'w wneud?
9. Pwy ddaeth i'r Aifft i chwilio am gymorth yn y cyfnod o newyn?
10. Pam arhosodd Joseff cyn dweud wrthynt pwy ydoedd?
11. Sut roedd y brodyr yn teimlo pan ddeallon nhw mai Joseff oedd yno?
12. Beth oedd Joseff am iddynt ei wneud nesaf?

Joseff a brenin yr Aifft

Beth am ddarllen yr hanes yma yn dy Feibl ac yna ceisio dod o hyd i'r geiriau sy'n cuddio yn y grid isod – mae yna 12 gair i ddod o hyd iddynt.

E	T	W	E	N	A	F	I	D	E	U
G	S	H	F	R	D	A	A	W	X	N
E	G	B	DD	J	M	F	TH	CH	E	S
TH	S	O	O	D	O	I	G	H	B	U
R	Y	B	R	N	A	S	U	R	R	A
A	B	D	O	S	E	H	E	D	E	N
W	O	Y	R	N	R	N	E	FF	U	E
G	C	W	A	A	I	FF	T	F	DD	T
C	A	B	S	N	B	O	E	A	W	N
E	J	L	T	E	O	R	N	O	Y	C
W	I	G	O	Y	E	D	L	N	D	I
G	I	G	S	A	W	TH	E	A	C	P

JOSEFF   BRENIN   AIFFT
CAETHWAS   BREUDDWYD   AFON
ESBONIO   BWYD   GWARTHEG
SAITH   TENAU   JACOB

Caniatâd Llungopïo   ⓗ *Cyhoeddiadau'r Gair 2009*

Moses – y dywysoges a'r baban

1. Pa bobl o wlad arall oedd yn byw yn yr Aifft?
2. Pam roedd ar yr Eifftiaid eu hofn?
3. Beth wnaeth yr Eifftiaid i geisio'u gwneud yn wan?
4. Pa gynllun gafodd y brenin i geisio lleihau eu nifer?
5. Beth wnaeth mam Miriam i amddiffyn ei mab newydd?
6. Beth oedd yn rhaid i Miriam ei wneud?
7. Pwy ddaeth at lan yr afon un diwrnod?
8. Beth wnaeth y dywysoges pan welodd y baban yn wylo?
9. Beth oedd hi am ei wneud gyda'r plentyn?
10. Beth gynigiodd Miriam i'r dywysoges?
11. Pa enw roddodd y dywysoges ar y baban?
12. Sut roedd y bachgen yn teimlo pan welai'r Israeliaid blinedig?

Moses – y dywysoges a'r baban

Beth am ddarllen yr hanes yma yn dy Feibl ac yna ceisio dod o hyd i'r geiriau sy'n cuddio yn y grid isod – mae yna 12 gair i ddod o hyd iddynt.

M	E	A	S	M	R	W	N	I	O	LL
I	J	E	L	M	I	C	S	H	N	N
FF	N	O	T	O	A	R	A	R	O	O
T	O	S	S	S	A	U	I	I	F	I
R	Y	O	N	E	I	D	E	A	A	S
Y	N	W	L	S	FF	S	A	R	M	I
B	N	I	Y	W	T	A	C	S	E	E
CH	A	T	N	S	E	C	I	O	D	W
F	O	B	E	E	O	C	O	M	E	TH
W	N	A	A	M	R	G	X	R	Y	E
E	C	A	N	N	Y	B	E	L	G	A
L	I	N	S	A	L	A	P	S	M	C

ISRAEL   CAETHWEISION   AIFFT
BRENIN   BABAN   JOSEFF
MOSES   MIRIAM   PALAS
CRUD   TYWYSOGES   AFON

Moses yn yr Aifft

1. Pwy oedd yn gaethweision yn yr Aifft?

2. Pwy oedd yr Israeliad a oedd yn byw ym mhalas brenin yr Aifft?

3. Beth wnaeth Moses pan welodd Eifftiwr yn ymddwyn yn greulon tuag at un o'r Israeliaid?

4. Ar ôl dianc o'r ddinas beth oedd gwaith Moses?

5. Pam roedd Moses yn synnu pan welodd berth ar dân?

6. Beth oedd neges Duw i Moses?

7. Pwy nad oedd am adael i'r Israeliaid fynd?

8. Beth ddigwyddodd i'r afon?

9. Enwch un pla a ddaeth ar yr Aifft.

10. Pwy fyddai'n marw am nad oedd y brenin y gwrando?

11. Sut roedd yr Israeliaid i arbed eu plant eu hunain?

12. Beth oedd yn arwain yr Israeliaid allan o'r Aifft?

CYNTAF I ATEB!

Moses yn yr Aifft

Beth am ddarllen yr hanes yma yn dy Feibl ac yna ceisio dod o hyd i'r geiriau sy'n cuddio yn y grid isod – mae yna 12 gair i ddod o hyd iddynt.

R	O	Y	B	M	W	E	L	I	LL	A
N	O	S	N	U	N	R	E	N	Y	A
B	E	S	E	A	G	I	G	E	FF	R
A	R	L	L	A	A	A	O	R	A	O
N	D	E	DD	A	LL	S	I	B	N	N
A	LL	E	N	Y	X	E	D	L	T	M
A	FF	N	A	I	N	C	T	O	O	D
N	Y	E	E	W	N	I	W	S	D	R
A	S	S	G	T	G	S	E	I	N	E
C	M	U	O	A	N	S	N	W	N	I
B	B	R	Y	B	R	B	R	E	R	N
D	I	A	I	T	S	U	C	O	L	A

MOSES   ARWEINYDD   LLADD
BUGAIL   AARON   BRENIN
LOCUSTIAID   CESAIR   CANAAN
GWAED   LLYFFANTOD   DIOGEL

Caniatâd Llungopïo   ℗ Cyhoeddiadau'r Gair 2009

Y daith i Wlad yr Addewid

1. Pwy arweiniodd yr Israeliaid allan o'r Aifft?

2. Beth ddigwyddodd pan ddaethant at afon lydan a'r Eifftiaid yn eu dilyn?

3. Beth roddodd Duw yn fwyd a diod i'r Israeliaid ar eu taith?

4. Ble cafodd Moses gyfarfod arbennig gyda Duw?

5. Beth yw'r enw a roddir ar y cyfreithiau neu'r rheolau a roddodd Duw i Moses?

6. Beth wnaeth y bobl oherwydd eu bod yn blino disgwyl am Moses?

7. Ble roedd Moses i gadw gorchmynion Duw?

8. Beth oedd enw'r tir roedd Duw am ei roi i'r Israeliaid?

9. Beth ddywedodd y bobl pan glywsant fod cewri yn y wlad?

10. Sut gosbodd Duw y bobl am beidio ag ymddiried ynddo?

11. Ar beth roedd yn rhaid i'r bobl edrych er mwyn iddyn nhw gael eu gwella o friwiau'r nadroedd?

12. Pwy oedd yr arweinydd a fyddai'n mynd â nhw i'r wlad newydd?

CYNTAF I ATEB!

Y daith i Wlad yr Addewid

Beth am ddarllen yr hanes yma yn dy Feibl ac yna ceisio dod o hyd i'r geiriau sy'n cuddio yn y grid isod – mae yna 12 gair i ddod o hyd iddynt.

A	F	FF	M	O	S	E	A	R	S	I
C	A	R	CH	W	L	A	I	N	A	N
S	I	A	W	S	M	L	A	F	O	C
DD	E	S	S	I	L	O	E	I	A	A
Y	J	O	R	N	J	O	S	U	A	L
N	N	O	F	A	E	I	B	E	C	C
I	C	A	L	I	E	S	I	O	S	A
E	J	O	S	W	R	L	W	E	A	L
W	A	I	TH	I	A	F	I	R	F	E
R	W	E	E	W	LL	E	B	A	P	B
A	A	C	A	E	TH	F	A	N	I	E
C	T	DD	E	O	R	D	A	N	O	D

CAETHWEISION   MOSES   SINAI
ISRAELIAID   ANIALWCH   PABELL
AFON   JOSUA   CALEB
NADROEDD   ARWEINYDD   SARFF

Caniatâd Llungopïo   281   ⓟ Cyhoeddiadau'r Gair 2009

CYNTAF I ATEB!

Brwydr Jericho

1. Pa afon oedd rhwng yr Israeliaid a'r wlad roedd Duw wedi ei haddo iddynt?

2. Pwy oedd arweinydd newydd yr Israeliaid?

3. Beth sylweddolodd Josua roedd yn rhaid ei wneud er mwyn ennill y tir?

4. Anfonodd Josua ddau ddyn i wneud gwaith arbennig. Beth oedd e?

5. Sut ddinas oedd Jericho?

6. Pwy helpodd nhw i guddio rhag milwyr Jericho?

7. Sut groesodd y bobl yr afon?

8. Sawl diwrnod y dywedodd Duw y byddai'n ei gymryd iddynt i ennill y frwydr?

9. Beth oedd yn rhaid i'r Israeliaid ei wneud am chwe diwrnod?

10. Beth oedd gorchymyn Duw ar gyfer y seithfed diwrnod?

11. Beth ddigwyddodd wedi i'r Israeliaid weiddi?

12. Pwy gafodd ei hachub gan yr Israeliaid a pham?

Brwydr Jericho

Beth am ddarllen yr hanes yma yn dy Feibl ac yna ceisio dod o hyd i'r geiriau sy'n cuddio yn y grid isod – mae yna 12 gair i ddod o hyd iddynt.

W	D	I	A	F	O	A	O	F	E	D
A	I	L	I	N	R	CH	N	G	A	M
B	A	S	A	N	I	D	J	R	A	N
L	N	N	N	R	O	A	E	D	F	E
W	I	W	E	E	A	T	L	Y	O	N
CH	A	J	F	N	F	H	J	W	E	N
L	A	W	C	M	O	W	A	R	CH	I
H	U	Y	S	I	N	DD	O	B	S	LL
G	S	N	R	A	F	O	R	I	O	Y
S	O	E	B	L	W	W	J	O	J	S
Y	J	B	R	W	Y	Y	S	B	ï	O
W	M	U	R	U	A	I	R	U	M	B

IORDDONEN   ANIALWCH   JERICHO
RAHAB   AFON   JOSUA
YSBÏO   ENNILL   BRWYDR
BLWCH   MURIAU   DINAS

CYNTAF I ATEB!

Gideon yn ymladd dros Dduw

1. Pwy oedd wedi bod yn anufudd i Dduw?

2. Pwy oedd wedi dechrau ysbeilio'r wlad?

3. Ble roedd yr Israeliaid yn cuddio?

4. Beth oedd neges yr angel i Gideon?

5. Beth ddigwyddodd y tro cyntaf roddodd Gideon wlân dafad y tu allan fel prawf?

6. Beth ddigwyddodd yr ail dro iddo roi gwlân allan?

7. Pam roedd Duw wedi dweud bod gan Gideon ormod o ddynion yn ei fyddin?

8. Pa ddynion a anfonwyd adref yn gyntaf?

9. Er bod dros hanner y fyddin wedi gadael, roedd gormod ar ôl o hyd. Sut roedd Gideon i ddewis y gweddill?

10. Faint o ddynion oedd ym myddin Gideon yn y diwedd?

11. Beth oedd milwyr Gideon yn ei gario wrth fynd i ymladd?

12. Beth wnaeth y Midianiaid pan welsant y fflamau a chlywed yr holl sŵn?

Caniatâd Llungopïo   ⓑ *Cyhoeddiadau'r Gair 2009*

CYNTAF I ATEB!

Gideon yn ymladd dros Dduw

Beth am ddarllen yr hanes yma yn dy Feibl ac yna ceisio dod o hyd i'r geiriau sy'n cuddio yn y grid isod – mae yna 12 gair i ddod o hyd iddynt.

A	N	A	R	D	Y	W	R	B	B	G
N	I	N	R	O	G	O	T	Y	I	D
G	DD	N	Â	L	W	G	R	D	W	I
S	Y	B	N	N	T	B	W	A	N	A
O	B	Y	G	A	U	Y	M	R	O	I
A	G	DD	E	I	DD	F	P	W	I	N
N	I	O	L	D	G	G	U	Y	N	A
G	N	S	F	I	O	W	E	DD	Y	I
G	I	D	D	M	G	L	E	G	L	D
L	E	E	F	Y	DD	E	L	C	E	I
W	O	D	E	P	M	W	R	T	G	M
N	D	I	A	E	N	A	I	D	I	N

GIDEON   ANGEL   ANUFUDD
GELYNION   MIDIANIAID   ARWYDD
GWLÂN   OGOF   TRWMPED
CLEDDYF   BYDDIN   BRWYDR

Caniatâd Llungopïo   ℗ *Cyhoeddiadau'r Gair 2009*

CYNTAF I ATEB!

Samson, y dyn cryf

1. Pwy oedd yn rheoli'r wlad lle roedd yr Israeliaid yn byw?
2. Beth oedd neges yr angel i wraig Manoa?
3. Sut roedden nhw i ofalu am y baban?
4. Beth oedd enw plentyn Manoa a'i wraig?
5. Beth wnaeth Samson gyda'r giatiau oedd wedi eu cloi yn Gasa?
6. Pam roedd hi'n anodd dal Samson?
7. Â phwy y syrthiodd Samson mewn cariad?
8. Beth oedd Delila'n ceisio'i ddarganfod?
9. Beth ddywedodd Samson yn gyntaf y dylid ei wneud er mwyn ei ddal?
10. Beth oedd y wir gyfrinach am nerth Samson?
11. Beth ddigwyddodd i wallt Samson pan oedd yn y carchar?
12. Sut gurodd Samson y Philistiaid wrth iddo farw?

Samson, Y dyn cryf

Beth am ddarllen yr hanes yma yn dy Feibl ac yna ceisio dod o hyd i'r geiriau sy'n cuddio yn y grid isod – mae yna 12 gair i ddod o hyd iddynt.

C	A	R	A	CH	R	A	C	P	S	A
C	PH	A	S	M	S	O	TH	R	E	N
G	E	I	M	A	N	L	O	F	DD	M
D	E	TH	L	N	E	P	DD	Y	P	A
E	PH	L	P	I	L	I	N	R	I	N
A	C	R	Y	W	S	I	E	C	I	O
L	D	E	L	N	E	T	A	M	R	A
I	U	I	L	W	I	T	I	T	E	N
L	G	S	R	T	L	O	W	A	L	E
E	S	A	M	S	O	N	N	T	I	R
D	Y	M	T	LL	A	W	G	H	P	D
N	C	S	A	O	S	M	A	S	P	W

SAMSON   CRYF   ARWEINYDD
GELYNION   MANOA   PHILISTIAID
DELILA   GWALLT   NERTH
CARCHAR   CYSGU   PILERI

Teulu newydd Ruth

1. Pam roedd nifer o deuluoedd wedi gorfod symud allan o Israel?

2. Beth oedd enw'r gŵr a'r wraig a aeth i fyw i Foab?

3. Beth oedd enwau'r ddwy ferch a briododd eu meibion?

4. Wedi i'w gŵr a'i meibion farw, pa newyddion da a gafodd Naomi o Fethlehem?

5. Pwy aeth gyda Naomi i Fethlehem?

6. Sut roedd Ruth a Naomi yn cael bwyd i'w fwyta?

7. Beth oedd enw'r dyn a deimlodd dosturi dros Ruth?

8. Beth oedd Boas yn credu y dylai Ruth ei gael i ofalu amdani hi a Naomi?

9. At bwy yr aeth Boas i ofyn iddo a fyddai'n fodlon priodi Ruth?

10. Pwy briododd Ruth?

11. Beth oedd enw baban Boas a Ruth?

12. Pam roedd ef yn faban arbennig?

CYNTAF I ATEB!

Teulu newydd Ruth

Beth am ddarllen yr hanes yma yn dy Feibl ac yna ceisio dod o hyd i'r geiriau sy'n cuddio yn y grid isod – mae yna 12 gair i ddod o hyd iddynt.

E	L	I	M	W	N	U	R	P	E	O
N	B	O	B	E	I	A	D	R	L	B
A	C	O	B	E	D	Ŷ	E	U	I	N
O	A	B	A	D	O	L	W	J	M	E
M	W	E	C	S	I	B	E	TH	E	G
E	L	TH	A	M	R	M	R	U	R	CH
R	U	W	E	W	P	L	O	R	P	A
U	E	L	B	E	TH	N	TH	A	A	B
W	E	H	O	B	N	U	W	U	N	L
CH	B	E	TH	L	M	O	E	A	R	D
E	M	Y	M	E	H	E	L	TH	E	B
M	O	E	R	A	O	B	A	O	M	S

RUTH   MOAB   ELIMELECH
NAOMI   ORPA   BOAS
PRIODI   BETHLEHEM   ŶD
CAE   BACHGEN   OBED

Caniatâd Llungopïo   Ⓟ *Cyhoeddiadau'r Gair 2009*

CYNTAF I ATEB!

Duw yn siarad â Samuel

1. Beth oedd enw'r offeiriad yn y deml?

2. Sut feibion oedd ganddo?

3. Pam roedd Hanna'n drist?

4. I ble'r aeth Hanna ar ôl bwyta'r wledd?

5. Beth addawodd hi i Dduw?

6. Beth ddywedodd Eli wrth Hanna fyddai'n digwydd?

7. Pa enw roddodd Hanna ar ei mab?

8. I ble'r aeth Hanna â Samuel pan oedd yn ddigon hen?

9. Beth wnaeth Samuel pan glywodd rywun yn galw arno?

10. Beth ddywedodd Eli wrth Samuel am ei wneud pan ddeallodd mai Duw oedd wedi bod yn galw?

11. Beth oedd neges Duw i Samuel?

12. Sut ddatblygodd Samuel i fod yn berson arbennig?

Cyntaf i Ateb!

Duw yn siarad â Samuel

Beth am ddarllen yr hanes yma yn dy Feibl ac yna ceisio dod o hyd i'r geiriau sy'n cuddio yn y grid isod – mae yna 12 gair i ddod o hyd iddynt.

S	A	M	W	S	G	J	U	H	I	O
A	F	D	A	L	R	S	F	D	C	FF
M	E	E	N	A	M	F	U	A	I	E
T	N	S	N	G	W	E	DD	I	R	I
R	E	I	A	M	A	T	T	R	D	A
E	L	A	H	M	A	B	E	I	Y	LL
E	A	R	N	LL	U	I	L	E	L	A
L	B	A	L	A	D	E	S	FF	E	W
W	D	D	E	I	W	C	L	O	W	LL
C	L	S	N	S	E	U	O	I	G	E
D	I	D	E	W	Y	L	C	C	N	N
G	W	E	DD	W	Y	S	T	R	A	G

SAMUEL   ELI   OFFEIRIAD
HANNA   MAB   SIARAD
GWEDDI   GWELY   LLAIS
CLYWED   TEML   UFUDD

Caniatâd Llungopïo   ⓑ Cyhoeddiadau'r Gair 2009

Saul – brenin i Israel

1. Sut arweinydd roedd pobl Israel am ei gael i ddilyn yr offeiriad Samuel?

2. Pwy ddywedodd Duw a ddylai fod yn frenin ar y bobl?

3. Pan wrthododd y bobl hynny, pwy gafodd y gwaith o ddewis brenin?

4. Pwy oedd yn chwilio am asynnod ei dad?

5. At bwy yr aethant i ofyn am gyngor?

6. Pa newyddion a roddodd Samuel i Saul?

7. Beth wnaeth Samuel fel arwydd fod Saul wedi ei ddewis?

8. Sut dderbyniodd yr Israeliaid y newyddion am eu brenin cyntaf?

9. Sut newidiodd Saul ymhen amser?

10. Beth wnaeth Saul a'i filwyr ar ôl y frwydr yn erbyn yr Amaleciaid?

11. Beth ddywedodd Samuel wrth Saul?

12. I ble'r aeth Samuel i chwilio am y brenin nesaf?

Saul – brenin i Israel

Beth am ddarllen yr hanes yma yn dy Feibl ac yna ceisio dod o hyd i'r geiriau sy'n cuddio yn y grid isod – mae yna 12 gair i ddod o hyd iddynt.

G	B	L	Y	M	L	S	J	L	N	S
W	J	E	S	S	E	A	E	U	A	S
A	D	S	TH	A	R	D	Y	W	R	B
M	I	A	S	L	U	L	T	N	I	C
I	A	Y	D	A	E	A	M	E	L	T
A	I	M	O	M	S	H	L	U	A	S
R	C	L	N	E	C	E	E	N	A	A
FF	E	A	N	I	E	FF	R	M	A	S
E	L	DD	Y	N	N	T	U	S	S	X
C	A	U	S	E	L	E	A	I	A	W
I	M	M	A	S	L	W	R	M	W	S
S	A	B	E	TH	L	E	H	B	G	M

SAMUEL   BRENIN   SAUL
EFFRAIM   CIS   ASYNNOD
AMALECIAID   BETHLEHEM   JESSE
BRWYDR   GWAS   YMLADD

CYNTAF I ATEB!

Dafydd a Goliath

1. Pwy oedd mab ieuengaf Jesse?

2. Beth oedd Samuel wedi'i ddweud wrth Jesse a'i deulu am Dafydd?

3. Beth oedd gwaith Dafydd?

4. Sut roedd Dafydd yn medru codi calon y Brenin Saul?

5. I ble'r anfonodd Jesse ei fab Dafydd gyda phecyn bwyd?

6. Pwy roddodd her i fyddin yr Israeliaid?

7. Beth gynigiodd Dafydd ei wneud?

8. Beth oedd y brenin am iddo wisgo?

9. Beth oedd yn well gan Dafydd fynd gydag ef?

10. Beth wnaeth Goliath pan welodd Dafydd yn dod i ymladd ag ef?

11. Sut laddodd Dafydd Goliath?

12. Pwy oedd Dafydd yn credu oedd wedi ei helpu?

Caniatâd Llungopïo   ⓑ Cyhoeddiadau'r Gair 2009

Dafydd a Goliath

Beth am ddarllen yr hanes yma yn dy Feibl ac yna ceisio dod o hyd i'r geiriau sy'n cuddio yn y grid isod – mae yna 12 gair i ddod o hyd iddynt.

D	I	A	I	T	S	I	L	I	PH	TH
A	W	I	B	S	G	G	R	U	A	S
F	T	T	U	G	O	R	N	I	O	D
W	N	D	G	L	L	W	L	W	C	L
T	A	S	A	U	L	O	R	A	L	F
T	N	S	I	F	G	P	R	I	I	A
B	U	G	L	T	Y	R	F	T	A	D
R	R	A	PH	DD	E	DD	Y	S	G	N
B	U	E	W	G	N	A	DD	I	U	O
R	L	W	N	F	F	L	E	L	B	FF
A	G	R	U	I	X	M	L	I	C	A
C	A	R	R	W	N	Y	C	PH	A	C

DAFYDD	GOLIATH	BUGAIL
BRENIN	BUGAIL	CARREG
PHILISTIAID	FFON DAFL	NANT
CLEDDYF	YMLADD	SAUL

CYNTAF I ATEB!

Y Brenin Dafydd

1. I ble'r aeth Dafydd i fyw ar ôl curo Goliath?

2. Pwy oedd ffrind gorau Dafydd?

3. Pwy oedd yn genfigennus o Dafydd?

4. Beth oedd rhybudd Jonathan i Dafydd?

5. Sut roedd Dafydd yn gwybod y byddai Duw'n ei gadw'n fyw?

6. I ble'r aeth Dafydd i fyw i ddianc rhag y brenin?

7. Beth wnaeth Dafydd pan gafodd y cyfle wrth geg yr ogof i fynd yn agos at y Brenin Saul?

8. Beth oedd hynny'n ei brofi?

9. Pa bryd arall y cafodd Dafydd gyfle i ladd y Brenin Saul?

10. Gan bwy y cafodd y Brenin Saul a'i fab Jonathan eu lladd?

11. Pa addewid gan Dduw a ddaeth yn wir?

12. Sut frenin oedd Dafydd?

Caniatâd Llungopïo   ⓟ Cyhoeddiadau'r Gair 2009

Cyntaf i Ateb!

Y Brenin Dafydd

Beth am ddarllen yr hanes yma yn dy Feibl ac yna ceisio dod o hyd i'r geiriau sy'n cuddio yn y grid isod – mae yna 12 gair i ddod o hyd iddynt.

D	B	R	E	F	F	W	H	L	N	N
A	R	S	O	B	LL	A	M	E	I	H
S	DD	M	O	S	R	E	O	N	S	D
A	A	Y	E	A	T	W	E	G	O	E
N	LL	Y	F	L	S	R	Y	E	L	A
O	S	S	A	A	B	A	FF	D	O	W
FF	O	O	U	P	D	R	R	L	R	R
W	L	L	A	N	W	W	I	O	G	A
Y	O	O	N	A	TH	A	N	O	J	I
A	M	M	S	O	L	I	D	G	N	W
W	E	O	T	N	Y	N	R	Y	D	R
G	R	N	W	Y	N	O	T	D	O	B

DAFYDD   SAUL   PALAS
JONATHAN   FFRIND   LLADD
BRENIN   GWAYWFFON   BRWYDR
SOLOMON   TEML   ARWAIN

Teml aur Solomon

1. Pa addewid arbennig a roddodd Duw i Dafydd?

2. Beth oedd enw mab Dafydd a ddaeth yn frenin Israel ar ei ôl?

3. Sut benderfynodd Solomon fyw ei fywyd er mwyn bod yn frenin da?

4. Pa anrheg arbennig y gofynnodd Solomon amdani gan Dduw?

5. Pa berson enwog ddaeth i weld pa mor ddoeth oedd Solomon?

6. Beth benderfynodd Solomon roedd angen ei adeiladu?

7. Pwy oedd wedi cynllunio un ond heb ei hadeiladu?

8. Beth fyddai'n cael ei gadw ynddi?

9. Pa goed gafodd eu defnyddio?

10. Sut le oedd y deml?

11. Beth oedd gweddi'r bobl?

12. Sut gwyddai'r bobl fod Duw gyda nhw?

Teml aur Solomon

Beth am ddarllen yr hanes yma yn dy Feibl ac yna ceisio dod o hyd i'r geiriau sy'n cuddio yn y grid isod – mae yna 12 gair i ddod o hyd iddynt.

P	A	DD	Y	F	A	D	U	F	U	I
L	J	E	I	N	W	E	D	S	D	D
FF	O	E	E	W	D	G	O	U	A	A
N	I	T	R	S	I	L	E	R	L	D
O	N	Y	E	W	O	A	TH	Y	I	E
Y	I	R	N	M	S	E	L	T	E	N
N	N	L	O	O	L	A	S	E	D	G
G	E	N	A	ï	A	M	L	I	A	T
H	R	W	A	DD	LL	Y	B	E	P	T
A	B	Y	C	E	R	R	I	G	M	F
R	CH	H	I	W	O	N	O	I	N	O
A	U	R	D	G	L	N	E	S	M	L

TEML   AUR   SOLOMON
JERWSALEM   DOETH   PEBYLL
TYRUS   GWEDDÏO   ADEILADU
CERRIG   BRENIN   DA

Caniatâd Llungopïo   ℗ Cyhoeddiadau'r Gair 2009

CYNTAF I ATEB!

Elias yn gofyn am fara

1. Beth oedd enw brenin yr Israeliaid yn amser Elias?

2. Pwy oedd y brenin hwnnw'n ei addoli?

3. Beth oedd enw'r proffwyd a anfonwyd gan Dduw at yr Israeliaid?

4. Beth ddigwyddodd oherwydd bod y brenin wedi bod yn anufudd i Dduw?

5. Beth oedd enw'r dref y rhedodd Elias i ffwrdd iddi?

6. Gyda phwy roedd Elias i aros yno?

7. Beth oedd y wraig yn ei wneud pan gyrhaeddodd Elias?

8. Pa fwyd oedd gan y wraig yn weddill?

9. Beth ofynnodd Elias iddi ei wneud â'r bwyd?

10. Beth ddywedodd Elias fyddai'n digwydd pe bai hi'n gwneud hyn?

11. Beth ddigwyddodd bob tro y byddai'n gwneud bwyd i Elias?

12. Pa wyrth arall a ddigwyddodd tra oedd Elias yn aros gyda'r wraig?

CYNTAF I ATEB!

Elias yn gofyn am fara

Beth am ddarllen yr hanes yma yn dy Feibl ac yna ceisio dod o hyd i'r geiriau sy'n cuddio yn y grid isod – mae yna 12 gair i ddod o hyd iddynt.

B	A	B	T	E	M	A	S	A	N	G
A	B	A	R	A	E	T	A	S	Y	B
R	Y	W	W	E	E	P	R	W	M	A
S	LL	G	E	L	L	E	E	D	DD	CH
Y	A	T	L	I	B	R	T	Y	I	I
CH	R	O	O	A	H	A	B	W	R	E
D	T	H	A	S	W	S	S	FF	I	M
E	B	L	A	W	D	I	N	O	E	I
R	E	L	I	W	C	A	O	R	D	T
G	L	A	W	T	E	N	W	P	S	T
I	J	O	N	E	G	CH	A	B	C	A
B	L	A	N	E	S	T	A	H	A	R

ELIAS   BAAL   AHAB
PROFFWYD   GLAWIO   SAREPTA
BLAWD   BACHGEN   YMDDIRIED
OLEW   SYCHDER   BARA

Caniatâd Llungopïo   301   ℗ Cyhoeddiadau'r Gair 2009

Elias a phroffwydi Baal

1. Ers sawl blwyddyn roedd Israel wedi bod heb law?

2. Pryd roedd Duw wedi dweud y byddai'n anfon glaw eto?

3. Pwy oedd y Brenin Ahab yn ei addoli?

4. Ble roedd Elias eisiau cyfarfod â phroffwydi Baal?

5. Pa her roddodd Elias i broffwydi Baal?

6. Beth fyddai hynny'n ei brofi?

7. Beth oedd yn rhaid i'r bobl ddewis?

8. Sut geisiodd proffwydi Baal gael eu duw i wrando?

9. Beth wnaeth Elias i'w allor i'w gwneud yn anoddach i dân gynnau arni?

10. Beth ofynnodd Elias i Dduw Israel ei wneud?

11. Beth ddigwyddodd i allor Elias?

12. Beth arall ddaeth oddi wrth Dduw ar ôl i'r bobl benderfynu bod yn ufudd iddo?

Elias a phroffwydi Baal

Beth am ddarllen yr hanes yma yn dy Feibl ac yna ceisio dod o hyd i'r geiriau sy'n cuddio yn y grid isod – mae yna 12 gair i ddod o hyd iddynt.

E	L	I	S	B	A	R	T	D	G	W
L	O	Ï	DD	E	W	G	E	Y	L	T
W	I	B	F	G	A	T	S	W	A	E
O	I	S	N	W	A	D	N	FF	W	C
P	R	O	R	T	C	T	I	O	I	N
C	E	L	I	Â	LL	O	R	R	O	T
W	C	A	R	N	E	L	A	P	S	T
M	E	M	S	C	O	L	F	X	A	L
W	E	T	W	A	T	F	U	O	I	I
L	W	N	A	R	I	B	A	A	L	A
T	A	C	E	R	R	I	G	M	E	D
M	E	L	I	E	A	G	R	I	A	R

ELIAS   BAAL   ISRAEL
CARMEL   ALLOR   PROFFWYD
CERRIG   TÂN   DAWNSIO
GWEDDÏO   GLAWIO   CWMWL

Hanes Naaman

1. Beth oedd gwaith Naaman?

2. Beth oedd cyfrinach Naaman?

3. Beth fyddai'n digwydd pe bai pobl yn dod i wybod am ei gyfrinach?

4. Pwy ddywedodd ei bod yn gwybod am rywun a fedrai wella Naaman?

5. At bwy yr aeth Naaman ar ôl cyrraedd Israel?

6. Pwy anfonodd neges at frenin Israel i ddweud wrtho am anfon Naaman ato?

7. Beth ddigwyddodd pan gyrhaeddodd Naaman y tu allan i dŷ Eliseus?

8. Beth oedd y neges gafodd Naaman gan Eliseus?

9. Beth oedd Naaman yn ei feddwl o hyn?

10. Sut gafodd Naaman ei berswadio i ymolchi yn yr afon?

11. Beth ddigwyddodd ar ôl iddo ymolchi am y seithfed tro?

12. Ar ôl iddo gael ei wella, beth ddywedodd Naaman wrth Eliseus ?

Hanes Naaman

Beth am ddarllen yr hanes yma yn dy Feibl ac yna ceisio dod o hyd i'r geiriau sy'n cuddio yn y grid isod – mae yna 12 gair i ddod o hyd iddynt.

D	E	DD	R	O	I	O	N	E	N	P
W	S	U	E	S	I	L	E	S	S	R
I	O	R	DD	O	N	E	N	A	T	O
U	P	C	E	E	L	U	N	I	S	FF
Á	R	A	Y	A	S	S	A	TH	Y	W
CH	O	D	R	F	A	Y	A	E	R	Y
A	FF	F	S	I	R	R	M	L	T	D
I	S	R	A	E	L	I	A	I	T	N
P	R	I	S	A	I	A	N	S	A	I
W	Y	D	Ŵ	R	D	A	S	A	L	R
C	R	O	E	N	C	R	M	Y	CH	S
C	A	G	C	A	D	O	E	N	R	H

NAAMAN   CYFRINACH   SYRIA
CADFRIDOG ELISEUS   ISRAEL
PROFFWYD   IACHÁU   IORDDONEN
SAITH   CROEN   DŴR

CYNTAF I ATEB!

Hanes Eseia a'r brenin

1. Beth oedd enw brenin Israel yng nghyfnod Eseia?

2. Sut frenin ydoedd?

3. Pwy oedd gelyn peryglus pobl Dduw?

4. Beth oedd pobl Jerwsalem wedi ei glywed am Senacherib a'i fyddin?

5. Sut geision nhw amddiffyn eu dinas?

6. Beth ddywedodd Senacherib wrth dri o ddynion Heseceia?

7. At bwy y trodd Heseceia i ofyn iddo weddïo?

8. Beth ddywedodd Eseia wrth Heseceia?

9. Beth weddïodd Heseceia?

10. Beth oedd neges Eseia i Senacherib?

11. Beth welodd yr Israeliaid pan aethant i edrych dros wal y ddinas?

12. Pa addewid gan Dduw oedd wedi ei chadw?

Hanes Eseia a'r brenin

Beth am ddarllen yr hanes yma yn dy Feibl ac yna ceisio dod o hyd i'r geiriau sy'n cuddio yn y grid isod – mae yna 12 gair i ddod o hyd iddynt.

A	H	E	S	M	I	L	B	A	E	E
T	E	A	R	Y	W	L	I	M	G	S
W	S	H	J	W	T	A	R	N	W	D
N	I	N	E	R	B	S	E	B	E	I
E	M	M	W	S	G	Y	CH	U	DD	A
J	A	I	I	E	E	R	A	CH	Ï	I
E	W	S	L	L	L	C	N	A	O	L
E	S	D	Y	W	Y	J	E	M	L	E
S	E	E	A	R	N	W	S	I	E	A
B	Y	DD	I	N	I	L	R	E	A	R
B	Y	DD	I	A	O	A	S	S	T	S
S	E	N	A	CH	N	R	W	E	N	I

HESECEIA JWDA BRENIN
GELYNION SENACHERIB ASYRIA
MILWYR ESEIA GWEDDÏO
BYDDIN ACHUB ISRAELIAID

Jeremeia a'r trychineb mawr

1. Pwy siaradodd â Jeremeia pan oedd yn ddyn ifanc?

2. Beth oedd neges Duw iddo?

3. Pam nad oedd Jeremeia'n credu y medrai wneud hyn?

4. Beth ddywedodd Duw y byddai'n ei roi i Jeremeia?

5. Pam roedd Duw wedi ei siomi yn y bobl?

6. Beth oedd yn rhaid i Jeremeia ei ddweud wrthyn nhw?

7. A wnaeth y bobl yr hyn roedd Duw am iddynt ei wneud?

8. Pa weithiwr ddangosodd Jeremeia iddynt i ddangos sut y byddai Duw'n eu trin?

9. Beth wnaeth Jeremeia i ddangos beth fyddai Duw'n ei wneud?

10. Beth wnaeth y bobl i Jeremeia am nad oeddynt yn hoffi'r hyn roedd yn ei ddweud?

11. Beth ddigwyddodd i'r ddinas?

12. Pa addewid roddodd Duw i'r bobl?

Cyntaf i Ateb!

Jeremeia a'r trychineb mawr

Beth am ddarllen yr hanes yma yn dy Feibl ac yna ceisio dod o hyd i'r geiriau sy'n cuddio yn y grid isod – mae yna 12 gair i ddod o hyd iddynt.

I	S	S	J	E	T	J	LL	E	S	T
J	E	I	R	P	R	E	P	S	P	P
D	E	A	T	Y	Y	R	R	I	Y	DD
I	B	R	S	D	CH	E	O	A	D	DD
A	A	A	E	E	I	M	FF	T	E	Y
I	B	D	LL	M	N	E	W	E	A	N
L	I	P	Y	D	E	W	Y	N	T	E
E	B	A	B	I	B	I	D	P	P	CH
A	G	L	E	S	F	N	A	Y	X	O
R	E	W	B	A	B	I	L	O	N	R
S	L	W	N	Y	C	E	G	P	X	C
I	Y	C	A	R	CH	A	R	P	Y	D

JEREMEIA   TRYCHINEB   IFANC
SIARAD   PROFFWYD   PYDEW
CROCHENYDD   BABILON   LLESTR
CARCHAR   ISRAELIAID

Caniatâd Llungopïo   309   ⓑ Cyhoeddiadau'r Gair 2009

Delw aur y brenin

1. Ar ba wlad roedd y Brenin Nebuchadnesar yn llywodraethu?

2. Beth wnaeth e ar ôl ennill brwydr yn erbyn yr Israeliaid?

3. Pa rai roedd y brenin yn dymuno'u cael i weithio yn y palas?

4. Beth oedd y pedwar ffrind yn bryderus amdano?

5. Beth ofynnodd Daniel i'r prif was?

6. Pwy fedrodd ddweud beth oedd ystyr breuddwyd ddrwg y brenin?

7. Sut ddiolchodd y brenin i Daniel a'i ffrindiau?

8. Pwy oedd Nebuchadnesar yn credu oedd y person mwyaf pwysig?

9. Beth wnaeth Nebuchadnesar i geisio dangos hyn?

10. Beth wnaeth tri ffrind Daniel?

11. I ble y taflwyd y tri ffrind?

12. Beth ddigwyddodd iddyn nhw yno?

Delw aur y brenin

Beth am ddarllen yr hanes yma yn dy Feibl ac yna ceisio dod o hyd i'r geiriau sy'n cuddio yn y grid isod – mae yna 12 gair i ddod o hyd iddynt.

R	W	N	DD	U	F	U	N	E	P	A
A	N	S	U	G	Y	L	P	U	D	M
S	P	E	L	A	N	T	W	E	G	D
E	A	D	B	A	B	I	L	O	N	Y
N	LL	D	A	U	LL	W	O	S	D	W
D	O	A	R	N	CH	LL	O	B	A	DD
A	S	N	Y	P	I	A	A	R	N	U
CH	G	W	A	P	P	E	D	E	W	E
U	I	L	A	A	F	Y	L	N	E	R
B	A	L	L	G	T	L	W	I	E	B
E	R	A	U	R	A	Â	X	N	S	S
N	S	B	A	B	R	DD	N	W	T	X

NEBUCHADNESAR	BABILON	DANIEL
PALAS	BRENIN	BREUDDWYD
DELW	TÂN	LLOSGI
PLYGU	AUR	UFUDD

Cyntaf i Ateb!

Daniel yn ffau'r llewod

1. Ble roedd Daniel yn byw?

2. Ble roedd e'n gweithio?

3. Sut roedd Daniel yn aros yn ffyddlon i Dduw?

4. Sut roedd Daniel yn medru helpu brenin newydd Babilon?

5. Pwy oedd yn genfigennus o Daniel?

6. Sut dwyllon nhw'r brenin?

7. Pa reol newydd a gynigion nhw i'r brenin?

8. Beth fyddai'n digwydd i unrhyw un a fyddai'n anufudd i'r rheol?

9. Beth wnaeth Daniel ar ôl iddo glywed am y rheol newydd?

10. Beth oedd y dynion cenfigennus yn ei wneud bryd hynny?

11 Beth ddigwyddodd i Daniel yn ffau'r llewod?

12. Pa reol newydd roddodd y brenin i holl bobl y deyrnas?

CYNTAF I ATEB!

Daniel yn ffau'r llewod

Beth am ddarllen yr hanes yma yn dy Feibl ac yna ceisio dod o hyd i'r geiriau sy'n cuddio yn y grid isod – mae yna 12 gair i ddod o hyd iddynt.

FF	A	W	T	G	G	LL	E	P	J	C
E	D	E	FF	W	G	T	E	S	R	E
R	Y	A	E	W	Y	R	E	P	A	N
R	U	DD	N	W	S	N	S	A	CH	F
N	ï	L	E	I	T	LL	C	L	R	I
O	J	E	A	X	E	R	A	A	A	G
LL	R	I	G	W	L	L	W	S	C	E
E	D	U	O	A	RH	E	O	L	F	N
W	Y	D	D	Y	W	F	Y	M	U	G
A	I	J	E	R	W	S	A	L	E	M
L	N	N	I	N	E	R	B	E	I	S
Y	B	Y	DD	DD	E	N	N	A	D	I

DANIEL   FFAU   LLEWOD
PERSIAID   JERWSALEM   GWEDDÏO
CARCHAR   BRENIN   PALAS
RHEOL   CENFIGEN   DANNEDD

Caniatâd Llungopïo   313   ⓑ Cyhoeddiadau'r Gair 2009

CYNTAF I ATEB!

Esther yn achub ei phobl

1. Sut roedd brenin Persia am ddewis brenhines newydd?

2. Pwy gafodd ei dewis yn frenhines?

3. Beth oedd Esther i'w gadw fel cyfrinach?

4. Pwy oedd yn gweithio yn y palas lle roedd Esther yn byw?

5. Sut achubodd Mordecai fywyd y brenin?

6. Beth oedd Haman, y prif weinidog newydd, am i bobl ei wneud?

7. Pam gwrthododd Mordecai wneud hyn?

8. Pa orchymyn y cynghorodd Haman y brenin i'w roi?

9. Beth oedd Mordecai am i Esther ei wneud?

10. Sut ddiolchodd y brenin i Mordecai am achub ei fywyd?

11. Beth oedd ateb Esther pan ofynnodd y brenin pa anrheg y byddai'n hoffi ei chael?

12. Beth ddigwyddodd i Haman a Mordecai pan ddaeth y brenin i wybod y gwir?

Caniatâd Llungopïo   314   ⓑ *Cyhoeddiadau'r Gair 2009*

Esther yn achub ei phobl

Beth am ddarllen yr hanes yma yn dy Feibl ac yna ceisio dod o hyd i'r geiriau sy'n cuddio yn y grid isod – mae yna 12 gair i ddod o hyd iddynt.

P	M	M	E	S	P	L	Y	G	U	P
L	B	O	S	I	N	A	A	D	A	E
S	P	R	TH	A	A	CH	U	B	H	P
U	E	D	E	E	M	G	W	L	E	R
R	R	E	N	N	A	F	R	R	M	LL
E	E	C	D	A	I	G	S	H	L	A
F	N	A	C	H	O	N	N	DD	A	LL
S	E	I	L	A	A	P	N	R	P	H
A	S	B	N	S	B	W	C	E	S	A
H	TH	A	DD	E	L	W	G	T	S	M
A	E	C	Y	F	R	I	N	A	CH	W
M	R	R	D	E	W	B	T	I	B	R

ESTHER   BRENHINES   PERSIA
MORDECAI   HAMAN   BRENIN
AHASFERUS   LLADD   ACHUB
CYFRINACH   GWLEDD   PLYGU

CYNTAF I ATEB!

Hanes Nehemeia

1. Ble roedd Nehemeia'n byw?

2. Beth oedd gwaith Nehemeia?

3. Pwy ddaeth o Jwda i'w weld?

4. Pam roedd meddwl am Jerwsalem yn gwneud Nehemeia'n drist?

5. Beth weddïodd Nehemeia?

6. Sut atebodd Duw weddi Nehemeia?

7. Beth wnaeth Nehemeia a'i ddynion yn fuan ar ôl cyrraedd Jerwsalem?

8. Sut drefnwyd i'r gwaith adeiladu gael ei wneud?

9. Beth fu gelynion pobl Dduw yn ei gynllunio?

10. Sut rwystrodd Nehemeia nhw rhag gwneud hynny?

11. Ar ôl gorffen y mur, pwy ddarllenodd neges arbennig Duw i'r bobl?

12. Beth oedd pobl Dduw am ei ddathlu?

CYNTAF I ATEB!

Hanes Nehemeia

Beth am ddarllen yr hanes yma yn dy Feibl ac yna ceisio dod o hyd i'r geiriau sy'n cuddio yn y grid isod – mae yna 12 gair i ddod o hyd iddynt.

N	E	H	J	E	R	Y	R	G	A	C
E	N	J	W	L	G	A	R	W	O	Y
H	Y	E	S	U	S	R	M	E	I	R
Y	W	R	H	F	Y	S	T	DD	DD	E
S	A	W	O	E	T	E	N	T	E	S
Y	D	S	G	W	M	G	U	S	W	A
R	R	A	N	L	A	E	I	U	G	D
TH	E	L	E	G	W	A	I	TH	N	S
I	F	E	H	N	I	A	S	A	I	U
O	L	M	E	T	R	I	S	T	E	S
Y	M	O	S	O	D	U	DD	F	Y	A
S	U	S	E	R	S	U	R	Y	C	N

NEHEMEIA SUSAN CYRUS
TEML SYRTHIO TRIST
GWEDDIO GWAITH ESRA
ADREF YMOSOD JERWSALEM

Caniatâd Llungopïo   317   ⓑ *Cyhoeddiadau'r Gair 2009*

CYNTAF I ATEB!

Hanes Jona

1. I ble roedd Duw am i Jona fynd?

2. Pa neges roedd Jona i'w rhoi i bobl y ddinas fawr hon?

3. Beth wnaeth Jona yn lle mynd yno?

4. Beth ddigwyddodd tra oedd ar y môr?

5. Beth ofynnodd y capten i Jona ei wneud?

6. Beth ddywedodd Jona wrth y morwyr am ei wneud er mwyn i'r môr dawelu?

7. Beth ddigwyddodd i Jona ar ôl iddo gael ei daflu i'r môr?

8. Beth wnaeth Jona yng nghrombil y pysgodyn?

9. Beth ddywedodd Duw wrth y pysgodyn am ei wneud?

10. Beth wnaeth pobl Ninefe ar ôl i Jona ddweud bod Duw am eu dinistrio?

11. Pam roedd Jona'n flin?

12. Beth ddefnyddiodd Duw i ddangos i Jona fod hawl ganddo i dosturio wrth bobl Ninefe?

Hanes Jona

Beth am ddarllen yr hanes yma yn dy Feibl ac yna ceisio dod o hyd i'r geiriau sy'n cuddio yn y grid isod – mae yna 12 gair i ddod o hyd iddynt.

J	O	C	Y	S	G	O	D	J	X	E
U	C	F	L	J	U	N	G	O	F	W
C	Y	P	R	O	A	I	E	E	B	O
N	S	Y	L	N	DD	N	N	O	O	C
X	G	S	DD	A	T	I	A	F	DD	O
LL	O	G	L	W	N	CH	F	I	W	S
M	R	O	T	S	I	H	J	O	N	B
P	U	D	J	I	N	A	I	C	H	I
Y	L	Y	O	R	E	W	I	G	R	D
S	F	N	N	O	CH	LL	DD	A	Y	R
G	A	A	D	Y	W	FF	O	R	P	N
O	T	J	O	N	C	W	B	H	T	A

JONA PROFFWYD NINEFE
STORM CWCH BODDI
PYSGODYN PLANHIGYN COSBI
CYSGOD TAFLU

Cyntaf i Ateb!

Geni Ioan Fedyddiwr

1. Beth oedd enw gwraig Sachareias?

2. Beth oedd gwaith Sachareias?

3. Sut bobl oedden nhw?

4. Beth fyddent wedi hoffi eu cael ond eu bod bellach wedi mynd yn rhy hen?

5. Pa waith pwysig gafodd Sachareias i'w wneud fel rhan o'i swydd?

6. Pwy wnaeth Sachareias ei gyfarfod yno?

7. Pa neges gafodd Sachareias?

8. Beth fyddai gwaith arbennig eu mab?

9. Beth ddigwyddodd i Sachareias am nad oedd wedi credu'r neges?

10. Pa enw roedd teulu a chymdogion Elisabeth a Sachareias am iddynt ei roi ar eu mab?

11. Pa enw roedd Duw wedi gorchymyn iddynt ei roi ar y babi?

12. Beth ddigwyddodd pan ysgrifennodd Sachareias yr enw ddylai gael ei roi ar eu mab?

CYNTAF I ATEB!

Geni Ioan Fedyddiwr

Beth am ddarllen yr hanes yma yn dy Feibl ac yna ceisio dod o hyd i'r geiriau sy'n cuddio yn y grid isod – mae yna 12 gair i ddod o hyd iddynt.

M	I	O	A	S	A	C	H	D	TH	A
A	E	L	I	S	L	R	E	E	G	R
U	U	L	U	E	T	I	B	M	N	B
N	G	S	I	A	R	A	D	L	A	E
N	O	E	A	L	S	M	W	A	L	N
E	L	B	A	I	B	A	G	N	E	N
F	I	N	L	O	E	S	O	G	N	I
I	L	E	NG	A	T	R	L	W	B	G
R	L	E	G	N	A	H	A	O	A	A
G	D	E	M	Y	A	G	U	CH	B	A
S	N	E	F	I	R	G	S	Y	A	N
Y	S	G	R	I	T	E	U	I	N	S

SACHAREIAS   ELISABETH   IOAN
GOLAU   BABAN   ANGEL
MAIR   DEML   YSGRIFEN
SIARAD   ARBENNIG   TEULU

Caniatâd Llungopïo   321   ⓑ Cyhoeddiadau'r Gair 2009

Y Nadolig cyntaf

1. Ble roedd Mair yn byw?

2. Pwy ddaeth i weld Mair?

3. Beth oedd y neges gafodd Mair?

4. Pa enw roedd Duw am i Mair ei roi ar ei mab?

5. Beth ddywedodd Mair wrth yr angel?

6. Beth oedd enw'r dyn roedd Mair am ei briodi?

7. Sut roedd Joseff yn gwybod mai Mab Duw fyddai babi Mair?

8. Pam roedd yn rhaid i Mair a Joseff deithio i Fethlehem?

9. Ble cafodd Mair a Joseff le i aros?

10. Ble gosodwyd y baban Iesu i gysgu?

11. Sut roedd y bugeiliaid yn gwybod fod baban arbennig wedi ei eni ym Methlehem?

12. Pwy arall gafodd eu harwain i chwilio am y baban arbennig hwn?

CYNTAF I ATEB!

Y Nadolig cyntaf

Beth am ddarllen yr hanes yma yn dy Feibl ac yna ceisio dod o hyd i'r geiriau sy'n cuddio yn y grid isod – mae yna 12 gair i ddod o hyd iddynt.

E	M	S	E	O	I	E	A	W	A	E
D	N	TH	E	R	A	S	A	N	F	N
W	O	R	W	R	J	M	N	P	I	D
M	I	M	X	E	E	O	F	R	O	I
E	TH	DD	A	S	Y	N	S	G	W	A
H	E	E	N	I	E	S	U	E	LL	I
E	O	F	G	E	R	G	O	T	FF	L
L	D	G	E	A	A	R	W	A	I	I
TH	G	O	L	E	U	N	I	F	N	E
E	Y	E	L	B	A	T	S	N	A	G
B	W	A	P	L	E	E	G	U	B	U
I	D	A	C	Y	DD	CH	A	E	W	B

MAIR	JOSEFF	ANGEL
GOLEUNI	NASARETH	BETHLEHEM
ASYN	BUGEILIAID	IESU
STABL	SEREN	DOETHION

Caniatâd Llungopïo   ℗ *Cyhoeddiadau'r Gair 2009*

CYNTAF I ATEB!

Pan oedd Iesu'n ifanc

1. I ba ddinas aeth y doethion yn gyntaf i chwilio am y brenin oedd newydd ei eni?

2. At bwy aethon nhw i holi am y baban?

3. Beth oedd ymateb Herod i'r newyddion?

4. Ble dywedodd cynghorwyr Herod y byddai'r brenin newydd yn cael ei eni?

5. Beth ddywedodd Herod wrth y doethion am ei wneud?

6. Pan sylweddolodd Herod nad oeddent am ddod yn ôl, pa orchymyn roddodd ef?

7. Pa neges gafodd Joseff mewn breuddwyd?

8. Ar ôl iddynt ddod yn ôl i Nasareth beth oedd gwaith Joseff?

9. I ble y byddai Mair a Joseff yn arfer mynd i ddathlu Gŵyl y Pasg?

10. Beth sylweddolodd Mair a Joseff ar eu taith adref y flwyddyn roedd Iesu'n ddeuddeg oed?

11. Ble cawsant hyd i'r bachgen?

12. Beth oedd ateb Iesu i Mair pan ddywedodd hi iddyn nhw fod yn poeni amdano?

Pan oedd Iesu'n ifanc

Beth am ddarllen yr hanes yma yn dy Feibl ac yna ceisio dod o hyd i'r geiriau sy'n cuddio yn y grid isod – mae yna 12 gair i ddod o hyd iddynt.

N	A	S	E	R	A	I	FF	A	DD	O
D	S	A	E	TH	P	O	I	TH	N	T
S	E	D	A	I	A	M	R	R	A	LL
A	G	M	O	H	S	E	W	A	S	O
DD	W	N	L	E	G	DD	M	W	A	G
O	W	T	R	R	TH	W	E	O	R	E
L	S	E	E	O	G	I	T	N	E	D
I	N	I	O	D	Y	W	O	P	TH	Y
N	R	R	P	G	O	G	A	N	Y	S
R	J	E	R	W	S	A	L	E	M	CH
F	DD	A	I	FF	T	D	N	F	I	W
E	Y	S	F	D	A	L	E	Y	F	E

DOETHION HEROD SEREN
NASARETH SYNAGOG AIFFT
SAER PASG JERWSALEM
DEML ATHRAWON ADDOLI

Ffrindiau arbennig Iesu

1. Beth oedd enw cefnder Iesu?

2. Beth oedd ei waith?

3. Pa neges oedd ganddo i'r bobl?

4. Pam roedd pobl yn cael eu bedyddio ganddo?

5. Beth ddigwyddodd pan aeth Iesu i gael ei fedyddio?

6. I ble'r aeth Iesu i baratoi ar gyfer dechrau gwneud gwaith Duw?

7. Pwy oedd eisiau rhwystro Iesu rhag gwneud gwaith Duw?

8. Beth geisiodd Satan ei wneud i Iesu?

9. Pwy oedd y ddau berson cyntaf y galwodd Iesu arnynt i'w helpu?

10. Beth ddywedodd Iesu wrthynt fyddai eu gwaith o hynny ymlaen?

11. Beth ddigwyddodd pan aeth Iesu a'i ffrindiau i briodas yng Nghana?

12. Faint o ddilynwyr a ddewiswyd gan Iesu i fod yn ffrindiau arbennig iddo?

CYNTAF I ATEB!

Ffrindiau arbennig Iesu

Beth am ddarllen yr hanes yma yn dy Feibl ac yna ceisio dod o hyd i'r geiriau sy'n cuddio yn y grid isod – mae yna 12 gair i ddod o hyd iddynt.

S	I	M	P	E	T	O	N	B	S	O
S	S	U	E	D	A	TH	T	A	S	G
U	I	I	G	O	N	A	E	D	O	A
E	M	M	TH	J	W	R	E	C	N	I
M	O	A	O	W	D	H	L	M	R	P
O	N	TH	M	N	G	J	W	D	A	S
L	T	E	A	F	P	S	I	M	T	W
O	H	W	S	U	E	E	W	A	C	C
TH	A	A	TH	P	O	S	D	L	F	CH
R	I	M	G	G	N	B	R	R	D	E
A	A	O	A	H	O	C	T	B	S	A
B	G	I	L	M	P	I	L	I	H	P

SIMON PEDR	IAGO	IOAN
ANDREAS	BARTHOLOMEUS	PHILIP
THOMAS	MATHEW	IAGO
THADEUS	SIMON	JWDAS

Caniatâd Llungopïo   Ⓙ *Cyhoeddiadau'r Gair 2009*

Cyntaf i Ateb!

Y Bregeth ar y Mynydd

1. Pam roedd Iesu am i ni fod fel dinas ar ben bryn a channwyll ar ganhwyllbren?

2. Beth ddywedodd Iesu y dylem ei wneud i'r bobl sy'n ein brifo?

3. Beth ddysgodd Iesu ni i alw Duw pan ydym yn gweddïo?

4. Ble dywedodd Iesu y dylem geisio gwir drysor?

5. Beth ddefnyddiodd Iesu yn arwydd bod Duw yn darparu digon o fwyd a diod ac nad oes angen poeni amdanynt?

6. Beth ddywedodd Iesu fydd yn digwydd pan fydd rhywun yn gweld bai ar rywun arall?

7. Yn nameg Iesu, sut aeth y dyn call ati i adeiladu ei dŷ?

8. Beth ddigwyddodd i'r tŷ pan ddaeth storm?

9. Sut aeth y dyn ffôl ati i adeiladu ei dŷ?

10. Beth ddigwyddodd i'r tŷ pan ddaeth storm?

11. Yn ôl Iesu, pwy sy'n debyg i'r dyn call?

12. Pwy sy'n debyg i'r dyn ffôl?

Caniatâd Llungopïo © *Cyhoeddiadau'r Gair 2009*

CYNTAF I ATEB!

Y Bregeth ar y Mynydd

Beth am ddarllen yr hanes yma yn dy Feibl ac yna ceisio dod o hyd i'r geiriau sy'n cuddio yn y grid isod – mae yna 12 gair i ddod o hyd iddynt.

I	A	C	Y	LL	C	F	E	Y	B	S
E	R	D	G	I	A	R	C	DD	W	X
T	O	I	T	D	M	E	R	D	U	R
E	M	LL	E	W	P	Y	E	I	N	O
Y	R	A	Y	S	A	D	Y	N	I	S
B	L	D	R	A	U	Y	L	C	L	Y
D	O	O	N	C	A	N	D	A	D	R
I	D	I	A	G	R	E	TH	R	E	T
N	E	F	S	A	Y	R	N	U	U	D
A	E	N	Y	D	O	L	B	G	Y	W
S	F	A	FF	O	L	DD	O	B	O	N
A	C	O	ï	DD	E	W	G	H	Y	D

IESU   ATHRO   GWEDDÏO
TEYRNAS   CARU   DILLAD
BLODYN   CAMPAU   CRAIG
DINAS   TRYSOR   NEF

Caniatâd Llungopïo   329   ⓑ *Cyhoeddiadau'r Gair 2009*

Porthi'r pum mil

1. Beth ddigwyddodd ar ôl i Iesu a'i ddisgyblion adael y dorf a chroesi'r llyn?

2. Beth oedd Iesu am ei wneud pan welodd y dorf?

3. Pam nad oedd y disgyblion mewn sefyllfa i brynu bwyd iddynt?

4. Pa fwyd gafodd y disgyblion gan y bachgen?

5. Beth ddywedodd Iesu wrth ei ddisgyblion am ofyn i'r bobl ei wneud?

6. Beth wnaeth Iesu cyn rhannu'r bwyd?

7. Faint o bobl oedd yno?

8. Faint o fwyd gafodd pawb?

9. Faint o dameidiau oedd yn weddill?

10. Ble dywedodd Iesu fod gwell bara na hyn i'w gael?

11. Pam mae'r bara hwn yn well?

12. Beth alwodd Iesu ei hun?

CYNTAF I ATEB!

Porthi'r pum mil

Beth am ddarllen yr hanes yma yn dy Feibl ac yna ceisio dod o hyd i'r geiriau sy'n cuddio yn y grid isod – mae yna 12 gair i ddod o hyd iddynt.

A	T	C	F	E	A	C	LL	D	C	W
W	R	T	G	R	A	A	W	G	L	CH
A	R	I	W	A	R	B	Y	N	DD	Y
H	O	LL	Y	F	L	N	W	A	D	I
DD	N	N	R	B	A	I	R	I	E	D
T	O	R	TH	E	W	T	L	D	G	I
E	G	E	I	A	R	Y	H	E	S	A
A	I	N	A	S	N	R	D	A	A	O
C	D	E	U	W	W	F	F	DD	B	R
M	W	L	M	T	E	A	S	C	F	E
B	A	CH	G	E	N	P	R	Y	W	N
N	O	N	Y	D	O	G	S	Y	P	A

GALILEA　　GWYRTHIAU　　DILYN
DIGON　　　TYRFA　　　　CWCH
BWYD　　　 BACHGEN　　 TORTH
PYSGODYN　BASGED

Caniatâd Llungopïo　　331　　ⓗ Cyhoeddiadau'r Gair 2009

Cyfrinachau'r Deyrnas

1. Sut hedyn yw'r hedyn mwstard?

2. Sut blanhigyn ddaw ohono?

3. Pam mae teyrnas Dduw yn debyg i'r hedyn mwstard?

4. Pam mae lefain mor bwysig wrth goginio?

5. Pan welodd dyn drysor wedi ei guddio mewn maes, beth wnaeth e?

6. Beth wnaeth y wraig pan gollodd un o'i deg darn arian?

7. Beth wnaeth hi ar ôl dod o hyd iddo?

8. Pam mae hyn yn debyg i deyrnas Dduw?

9. Sut mae rhywun yn gallu adnabod coeden dda?

10. Sut mae rhywun yn gallu adnabod person da?

11. Beth oedd y meistr yn disgwyl i'w weision ei wneud â'r arian a roddodd iddynt?

12. Pa fath o ffordd sy'n arwain i fywyd?

Cyfrinachau'r Deyrnas

Beth am ddarllen yr hanes yma yn dy Feibl ac yna ceisio dod o hyd i'r geiriau sy'n cuddio yn y grid isod – mae yna 12 gair i ddod o hyd iddynt.

G	A	L	I	T	R	Y	R	Y	E	T
A	E	L	A	G	R	G	W	A	LL	T
C	W	CH	T	Y	A	E	D	C	W	A
C	W	N	A	R	LL	L	A	M	A	N
S	S	P	I	W	Y	N	I	N	A	I
A	T	A	B	A	N	S	W	L	D	G
N	N	R	N	E	D	E	O	L	E	W
R	E	I	C	T	S	P	S	R	R	A
Y	D	A	C	F	E	A	R	D	Y	LL
E	E	N	B	U	R	U	M	O	N	T
T	O	C	W	N	E	A	D	E	T	Y
N	C	DD	R	O	FF	D	E	S	A	N

GALILEA   CWCH   LLYN
TEYRNAS   BURUM   TRYSOR
ARIAN   ADERYN   GWALLT
COEDEN   FFORDD

CYNTAF I ATEB!

Y Samariad Trugarog

1. Pwy ofynnodd gwestiwn i geisio rhoi prawf ar Iesu?

2. Beth oedd ei gwestiwn?

3. Beth ofynnodd Iesu yn ôl iddo?

4. Beth oedd yr ateb i gwestiwn Iesu?

5. Yn y stori a adroddodd Iesu, i ble roedd y dyn yn teithio?

6. Beth ddigwyddodd i'r dyn ar ei daith?

7. Pwy oedd y person cyntaf i ddod heibio ar y ffordd?

8. Beth wnaeth y person hwnnw?

9. Pwy arall wnaeth yr un peth?

10. Beth wnaeth y Samariad a ddaeth heibio?

11. Pa un o'r tri dyn oedd yn gymydog i'r un gafodd ei glwyfo?

12. Beth oedd Iesu am i athro'r Gyfraith ei wneud?

CYNTAF I ATEB!

Y Samariad Trugarog

Beth am ddarllen yr hanes yma yn dy Feibl ac yna ceisio dod o hyd i'r geiriau sy'n cuddio yn y grid isod – mae yna 12 gair i ddod o hyd iddynt.

S	A	M	T	R	U	A	TH	Y	O	R
S	U	L	G	Y	R	E	P	T	N	LL
E	S	D	O	D	C	U	R	O	T	A
FF	Y	A	A	P	O	U	S	R	A	D
O	G	A	M	R	G	F	U	C	E	R
R	E	I	I	A	R	G	Y	D	O	O
DD	Y	R	R	TH	R	E	R	H	CH	N
G	R	O	G	R	U	I	U	G	I	A
W	G	C	U	O	B	A	A	T	R	I
E	O	G	L	E	F	I	A	D	E	L
LL	M	E	L	A	S	U	R	E	J	M
T	D	A	I	R	I	E	FF	O	A	S

SAMARIAD   TRUGAROG   ATHRO
LEFIAD   JERUSALEM   JERICHO
FFORDD   LLADRON   OFFEIRIAD
CURO   PERYGLUS

Caniatâd Llungopïo   335   ⓑ *Cyhoeddiadau'r Gair 2009*

Dameg yr Heuwr

1. Sut roedd pobl yn hau hadau yn amser Iesu Grist?

2. Sut hadau oedd gan y dyn yn stori'r heuwr?

3. Beth ddigwyddodd i'r had a ddisgynnodd ar y llwybr?

4. Beth ddigwyddodd i'r had a ddisgynnodd ar y graig?

5. Beth ddigwyddodd i'r had a ddisgynnodd lle roedd y drain?

6. Beth ddigwyddodd i'r had a ddisgynnodd ar dir da?

7. Beth ofynnodd y disgyblion i Iesu ar ôl clywed y stori hon?

8. Beth ddywedodd Iesu oedd yn debyg i'r had da?

9. Pwy sy'n debyg i'r llwybr caled?

10. Pwy sy'n debyg i'r tir lle roedd y graig?

11. Pwy sy'n debyg i'r tir lle roedd y drain?

12. Pwy sy'n debyg i'r tir da?

CYNTAF I ATEB!

Dameg yr Heuwr

Beth am ddarllen yr hanes yma yn dy Feibl ac yna ceisio dod o hyd i'r geiriau sy'n cuddio yn y grid isod – mae yna 12 gair i ddod o hyd iddynt.

T	Y	G	R	B	Y	W	LL	W	H	N
G	A	R	A	C	W	I	R	M	E	I
A	FF	M	A	O	D	I	R	T	W	D
D	E	E	M	P	A	R	O	Y	D	H
G	I	A	R	C	R	U	P	F	E	T
W	U	H	N	M	Y	I	F	U	G	E
E	E	F	A	R	W	B	W	DD	S	Y
S	I	D	I	D	C	R	W	P	A	A
R	I	R	O	N	A	L	FF	E	B	N
A	H	A	D	A	U	U	LL	G	A	N
D	R	I	Y	B	L	L	N	W	W	Y
A	A	N	G	U	R	B	DD	I	R	P

FFERMWR   HEUWR   CAE
BASGED   HADAU   PRIDD
DRAIN   TYFU   CRAIG
ADAR   LLWYBR   GAIR

Caniatâd Llungopïo   ⓑ *Cyhoeddiadau'r Gair 2009*

Cyntaf i Ateb!

Y Mab Colledig

1. Sawl mab oedd gan y ffermwr cyfoethog?

2. Beth ofynnodd y mab ieuengaf amdano gan ei dad?

3. Beth wnaeth y mab ar ôl derbyn ei eiddo?

4. Beth wnaeth y mab hynaf?

5. Beth wnaeth y mab ieuengaf â'i arian?

6. Beth wnaeth e er mwyn cael bwyd i fyw?

7. Beth sylweddolodd y mab wrth fwydo'r moch?

8. Beth benderfynodd ei wneud?

9. Beth wnaeth y tad pan welodd ei fab yn dod adref?

10. Beth roddodd y tad yn anrhegion i'r mab oedd wedi bod ar goll?

11. Beth wnaeth y mab hynaf pan ddeallodd fod ei frawd yn cael parti?

12. Beth ddywedodd y tad wrth y mab hynaf?

Caniatâd Llungopïo　　338　　ⓑ Cyhoeddiadau'r Gair 2009

Y Mab Colledig

Beth am ddarllen yr hanes yma yn dy Feibl ac yna ceisio dod o hyd i'r geiriau sy'n cuddio yn y grid isod – mae yna 12 gair i ddod o hyd iddynt.

S	M	R	U	G	B	B	L	N	D	I
A	A	I	C	A	W	Y	L	U	G	W
A	FF	D	N	Y	M	W	A	N	W	I
T	R	E	D	A	F	C	L	E	A	O
R	O	G	R	E	R	O	A	U	R	D
M	O	CH	C	M	D	S	E	L	I	N
F	E	A	O	E	W	I	A	TH	O	R
E	T	CH	U	I	O	R	C	A	O	H
H	C	O	S	B	I	E	N	D	F	G
P	A	R	T	I	G	W	E	R	TH	U
H	W	E	M	O	D	R	W	Y	E	A
A	U	R	G	N	A	I	R	A	D	U

FFERMWR   CYFOETHOG   MEIBION
ARIAN   GWERTHU   GWARIO
MOCH   PARTI   DATHLU
MODRWY   BWYD   COSBI

Dameg y Wledd Fawr

1. Yn y ddameg, beth oedd y dyn cyfoethog yn ei drefnu?

2. Beth oedd neges y gweision i'r rhai oedd wedi eu gwahodd?

3. Pam cafodd y gweision syndod?

4. Beth oedd esgus y person cyntaf?

5. Beth oedd esgus yr ail berson?

6. Beth oedd esgus y trydydd person?

7. Sut roedd meistr y gwas yn teimlo pan glywodd nad oedd neb am ddod i'w wledd?

8. Pa orchymyn roddodd y meistr i'w was?

9. Beth sylwodd y gwas ar ôl dod â phobl y dref i'r wledd?

10. Beth ddywedodd y meistr wrtho am ei wneud?

11. A gafodd y rhai oedd wedi eu gwahodd yn gyntaf gyfle i newid eu meddyliau?

12. Beth feddyliwch chi oedd neges Iesu wrth adrodd y stori hon?

CYNTAF I ATEB!

Dameg y Wledd Fawr

Beth am ddarllen yr hanes yma yn dy Feibl ac yna ceisio dod o hyd i'r geiriau sy'n cuddio yn y grid isod – mae yna 12 gair i ddod o hyd iddynt.

E	D	D	H	O	S	G	N	U	G	S
A	G	D	I	Y	C	W	W	A	I	F
S	A	W	M	H	A	W	R	D	D	G
U	B	F	A	Y	C	C	Y	D	W	W
G	Y	F	W	H	Y	A	CH	L	D	A
S	R	G	R	O	O	L	E	C	H	S
E	DD	R	U	B	N	DD	N	F	F	I
L	A	P	R	I	O	D	I	A	E	N
Y	U	W	A	G	Y	N	S	A	R	E
G	O	TH	E	O	F	Y	C	I	T	D
D	Y	N	A	A	G	F	A	I	E	L
A	L	B	R	G	D	U	G	A	R	A

GWAHODDIAD   GWLEDD   MAWR
CAE   GWAS   PRIODI
DYN   CYFOETHOG   TREF
YCHEN   BYRDDAU   ESGUS

Caniatâd Llungopïo   ⓑ *Cyhoeddiadau'r Gair 2009*

CYNTAF I ATEB!

Y Ddafad Golledig

1. Pam roedd yr arweinwyr crefyddol yn grwgnach am Iesu?
2. Sut atebodd Iesu eu cwynion?
3. Faint o ddefaid oedd gan y dyn yn y stori?
4. Beth oedd y bugail yn ei wneud fel rhan o'i waith?
5. Beth sylwodd y dyn un diwrnod?
6. Beth wnaeth y dyn?
7. Beth wnaeth y dyn ar ôl dod o hyd i'r ddafad?
8. Faint o ddefaid oedd ganddo nawr?
9. Sut roedd e'n teimlo?
10. Beth wnaeth y dyn ar ôl gadael ei ddefaid mewn man diogel?
11. Pryd ddywedodd Iesu y bydd yr angylion yn y nefoedd yn dathlu?
12. Pam mae Iesu'n debyg i'r bugail yn yr hanes?

CYNTAF I ATEB!

Y Ddafad Golledig

Beth am ddarllen yr hanes yma yn dy Feibl ac yna ceisio dod o hyd i'r geiriau sy'n cuddio yn y grid isod – mae yna 12 gair i ddod o hyd iddynt.

A	R	T	E	Y	R	N	A	S	B	A
S	A	M	D	C	C	I	Y	U	N	R
C	CH	T	A	O	R	G	G	T	W	D
R	C	W	D	R	E	A	A	S	P	A
U	O	G	I	A	I	N	L	A	C	TH
Y	R	S	O	L	G	D	I	O	G	L
D	L	F	G	S	I	E	L	P	O	U
N	A	M	E	Y	A	O	E	D	F	W
C	N	F	L	LL	U	A	A	C	A	N
W	A	U	A	I	N	Y	R	B	L	I
R	O	T	L	D	D	B	W	U	U	N
R	Y	O	G	DD	Y	A	R	G	O	LL

DAFAD GALILEA BUGAIL
CHWILIO AR GOLL BRYNIAU
DIOGEL GOFALU CORLAN
TEYRNAS DATHLU CREIGIAU

Caniatâd Llungopïo   343   ℗ *Cyhoeddiadau'r Gair 2009*

CYNTAF I ATEB!

Hanes Sacheus

1. Beth oedd enw'r dref y daeth Iesu iddi?

2. Beth oedd gwaith Sacheus?

3. Pam roedd Sacheus yn gyfoethog?

4. Pam nad oedd Sacheus yn medru gweld Iesu?

5. Beth benderfynodd Sacheus ei wneud i'w alluogi i weld Iesu?

6. Pa fath o goeden ddringodd Sacheus?

7. Beth wnaeth Iesu pan ddaeth yn agos at Sacheus?

8. Beth oedd Iesu am ei wneud nesaf?

9. Sut wnaeth Sacheus ymateb?

10. Beth oedd pobl eraill yn grwgnach amdano?

11. Beth addawodd Sacheus ei wneud?

12. Beth ddywedodd Iesu am Sacheus?

Caniatâd Llungopïo   344   ⓑ Cyhoeddiadau'r Gair 2009

Hanes Sacheus

Beth am ddarllen yr hanes yma yn dy Feibl ac yna ceisio dod o hyd i'r geiriau sy'n cuddio yn y grid isod – mae yna 12 gair i ddod o hyd iddynt.

T	S	A	CH	T	R	E	I	N	I	L
C	W	E	O	F	R	A	E	P	S	F
O	B	Y	CH	A	N	D	Y	S	C	E
N	W	N	LL	L	E	R	A	A	H	R
S	Y	E	R	O	A	CH	H	N	S	T
E	T	P	L	C	E	A	T	R	W	N
I	A	I	D	U	S	E	I	Y	O	E
TH	N	O	S	P	B	S	E	E	S	P
E	I	D	T	N	U	C	I	T	N	O
R	G	I	A	L	CH	T	D	A	D	M
T	T	S	L	N	A	I	R	A	W	E
G	I	U	A	I	D	N	I	R	FF	R

SACHEUS   TWYLLO   TRETHI
COEDEN   IESU   BYCHAN
ARIAN   ACHUB   TEYRNAS
FFRINDIAU   BWYTA   PENTREF

Mair, Martha a Lasarus

1. Beth oedd enw'r dyn oedd yn wael?
2. Beth oedd enwau ei ddwy chwaer?
3. Ble roedden nhw'n byw?
4. Pa neges anfonodd y chwiorydd at Iesu?
5. A aeth Iesu i Fethania ar unwaith?
6. Beth oedd wedi digwydd erbyn i Iesu gyrraedd Bethania?
7. Pwy ddaeth i gyfarfod â Iesu wrth iddo gyrraedd?
8. Beth ddywedodd Martha wrth Iesu?
9. Beth ddywedodd Iesu amdano'i hun?
10. Beth wnaeth Iesu pan aethpwyd ag ef at fedd Lasarus?
11. Pa orchymyn roddodd Iesu i'r bobl oedd gyda nhw?
12. Pa wyrth wnaeth Iesu?

CYNTAF I ATEB!

Mair, Martha a Lasarus

Beth am ddarllen yr hanes yma yn dy Feibl ac yna ceisio dod o hyd i'r geiriau sy'n cuddio yn y grid isod – mae yna 12 gair i ddod o hyd iddynt.

B	W	R	G	S	A	C	W	I	O	A
L	I	N	W	TH	A	R	E	D	W	LL
Y	M	U	R	T	L	R	L	E	G	E
A	N	A	O	E	A	A	R	S	L	W
B	M	U	I	B	S	W	P	I	E	G
DD	E	L	R	R	A	P	F	O	G	O
E	E	TH	A	C	R	M	A	R	W	E
D	W	A	A	L	U	F	E	L	Y	T
N	E	D	R	N	S	F	W	I	R	L
A	A	P	S	I	I	A	CH	N	TH	G
E	R	E	T	U	DD	A	L	C	T	W
D	I	A	I	R	I	E	FF	O	N	Y

MAIR   MARTHA   LASARUS
BETHANIA   GWYRTH   MARW
OGOF   IACH   DATHLU
CLADDU   OFFEIRIAID   GWELLA

Caniatâd Llungopïo   347   ⓗ *Cyhoeddiadau'r Gair 2009*

Y Pasg – Iesu'r Brenin

1. I ba ddinas daeth Iesu ar gefn asyn?

2. Beth wnaeth y dyrfa i ddangos croeso i Iesu?

3. Pam roedd y dyrfa'n falch o weld Iesu?

4. Beth welodd Iesu pan aeth i'r deml?

5. Sut roedd Iesu'n teimlo ynglŷn â hyn?

6. Sut le dywedodd Iesu oedd y deml i fod?

7. Pa wledd y gofynnodd Iesu i'w ddisgyblion ei pharatoi?

8. Beth ddywedodd Iesu roedd un o'i ddisgyblion yn mynd i'w wneud?

9. Beth wnaeth Iesu ar ôl cymryd darn o fara?

10. Beth ddywedodd Iesu ar ôl rhannu'r gwin?

11. Beth ddywedodd Iesu y byddai ei ddisgyblion yn ei wneud?

12. Beth fu Iesu'n ei wneud yng Ngardd Gethsemane?

Y Pasg – Iesu'r Brenin

Beth am ddarllen yr hanes yma yn dy Feibl ac yna ceisio dod o hyd i'r geiriau sy'n cuddio yn y grid isod – mae yna 12 gair i ddod o hyd iddynt.

R	D	A	I	R	I	E	FF	O	H	Y
N	G	F	F	G	E	D	A	E	D	M
O	L	E	Y	W	T	N	D	N	I	A
I	R	G	TH	N	R	N	I	A	S	R
L	G	E	E	S	A	N	M	D	G	E
B	O	D	T	W	E	H	E	S	Y	O
Y	FF	B	I	R	D	M	S	O	L	I
G	D	R	B	A	L	W	A	T	T	N
S	N	E	A	M	I	N	N	N	R	I
I	L	R	R	O	L	A	W	R	E	W
D	FF	E	A	J	W	D	A	S	A	G
L	M	E	T	S	E	N	U	I	S	T

IESU BRENIN JERWSALEM
TEML OFFEIRIAD TRAED
JWDAS GETHSEMANE MARW
DISGYBLION BARA GWIN

CYNTAF I ATEB!

Y Pasg – Iesu ar brawf

1. Beth oedd gweddi Iesu yng Ngardd Gethsemane?

2. Beth oedd y disgyblion yn ei wneud tra oedd Iesu'n gweddïo?

3. Pwy ddaeth atynt yn cario cleddyfau a golau?

4. Pwy oedd yn arwain y milwyr?

5. Beth wnaeth Jwdas i ddangos pa un oedd Iesu?

6. Beth wnaeth y disgyblion ar ôl i Iesu gael ei ddal?

7. Beth oedd y cyhuddiad a wnaeth yr archoffeiriad yn erbyn Iesu?

8. Beth wnaeth Pedr cyn i'r ceiliog ganu?

9. Beth oedd y dyrfa'n ei weiddi pan oedd Pilat wrthi'n penderfynu beth i'w wneud â Iesu?

10. Beth oedd yn rhaid i Iesu ei gario i fyny'r allt?

11. Beth ofynnodd Iesu i Dduw ei wneud i'r bobl oedd yn ei ladd?

12. Beth ddywedodd un o'r milwyr am Iesu?

Cyntaf i Ateb!

Y Pasg – Iesu ar brawf

Beth am ddarllen yr hanes yma yn dy Feibl ac yna ceisio dod o hyd i'r geiriau sy'n cuddio yn y grid isod – mae yna 12 gair i ddod o hyd iddynt.

A	J	W	P	F	M	I	L	W	Y	R
A	R	R	S	E	E	H	M	G	J	N
L	E	CH	M	G	D	E	E	W	L	O
E	C	D	O	T	G	R	L	E	M	I
N	N	DD	C	FF	W	P	A	S	G	L
A	I	I	N	O	E	N	S	P	M	B
M	N	E	R	W	DD	I	W	E	I	Y
E	E	A	S	I	ï	N	R	D	L	G
S	R	Y	N	U	O	E	E	I	F	S
TH	B	A	R	CH	B	R	J	P	A	I
E	S	P	I	L	A	T	L	R	S	D
G	E	L	C	W	T	W	R	A	M	E

JERWSALEM   PASG   GWEDDÏO
GETHSEMANE   DISGYBLION   IESU
PEDR   PILAT   MILWYR
ARCHOFFEIRIAD   BRENIN   MARW

Caniatâd Llungopïo   ℗ *Cyhoeddiadau'r Gair 2009*

CYNTAF I ATEB!

Y Pasg – atgyfodiad

1. Wedi i Iesu farw, lle rhoddwyd ei gorff i'w gladdu?

2. Sut roedd y disgyblion yn teimlo ar ôl i Iesu farw?

3. Ar ba ddiwrnod aeth rhai o'r merched ag olew a sbeisys i'w rhoi ar gorff Iesu?

4. Beth welodd y merched wrth ddod at yr ogof?

5. Beth ddywedodd yr angylion wrthynt?

6. Am beth roedd dau ffrind i Iesu yn sôn ar eu taith adref i Emaus?

7. Beth ddywedodd y dyn oedd yn teithio gyda nhw am Iesu?

8. Beth sylweddolodd y ddau pan gymerodd y dyn y bara a'i rannu?

9. Pwy ddaeth at y disgyblion pan oeddynt yn trafod yr hanesion am bobl yn gweld Iesu'n fyw?

10. Pa ddisgybl oedd heb weld Iesu ac nad oedd am gredu nes iddo weld drosto'i hun?

11. Wrth ba ddisgybl y dywedodd Iesu fod ganddo waith arbennig ar ei gyfer?

12. Cyn i Iesu fynd yn ôl i'r nefoedd, beth oedd ei orchymyn i'r disgyblion?

Caniatâd Llungopïo   ⓟ *Cyhoeddiadau'r Gair 2009*

CYNTAF I ATEB!

Y Pasg – atgyfodiad

Beth am ddarllen yr hanes yma yn dy Feibl ac yna ceisio dod o hyd i'r geiriau sy'n cuddio yn y grid isod – mae yna 12 gair i ddod o hyd iddynt.

C	S	A	L	B	Y	G	S	I	D	W
L	R	L	Y	W	G	S	I	D	I	TH
A	O	O	J	H	LL	A	N	O	S	O
DD	Y	B	E	DD	S	B	M	P	G	M
U	T	R	S	S	W	P	E	R	F	A
R	E	R	M	O	H	E	L	S	P	S
C	M	Y	M	P	CH	O	G	O	F	G
A	A	U	T	P	Y	G	E	G	S	Y
D	U	R	L	R	TH	F	Y	L	S	U
R	S	I	R	A	R	Y	W	L	I	M
Y	W	L	W	E	T	I	O	W	C	O
S	D	P	Y	S	G	O	T	A	LL	I

CROESHOELIO   CLADDU   BEDD
OGOF   MILWYR   CARREG
EMAUS   SWPER   THOMAS
PYSGOTA   DISGYBL   DISGWYL

Caniatâd Llungopïo   Ⓟ *Cyhoeddiadau'r Gair 2009*

Newyddion da i bawb

1. I ble y dywedodd Iesu wrth y disgyblion am fynd i ddisgwyl help gan Dduw?

2. Beth ddigwyddodd iddynt tra oeddent yn gweddïo un diwrnod?

3. Beth oedden nhw'n gallu ei wneud ar unwaith?

4. Pam roedd y disgyblion wedi denu tyrfa fawr?

5. Beth ddywedodd Pedr wrth y dyrfa?

6. Sut roedd Pedr wedi newid er croeshoeliad Iesu?

7. Pam roedd Pedr ac Ioan yn mynd i'r deml?

8. Pwy welodd Pedr ac Ioan wrth borth y deml?

9. Beth wnaeth Pedr yn lle rhoi arian i'r dyn?

10. Yn ôl Pedr, pwy oedd wedi iacháu'r dyn?

11. Beth ddywedodd Pedr wrth y bobl am ei wneud?

12. Pwy oedd Duw wedi ei anfon i roi help arbennig i ddilynwyr Iesu?

Newyddion da i bawb

Beth am ddarllen yr hanes yma yn dy Feibl ac yna ceisio dod o hyd i'r geiriau sy'n cuddio yn y grid isod – mae yna 12 gair i ddod o hyd iddynt.

C	N	O	G	I	N	Y	P	D	W	I
P	R	J	F	R	O	N	S	O	B	Y
E	W	E	E	Y	C	A	B	A	R	E
N	L	Y	D	R	G	H	N	D	G	TH
T	P	U	E	U	W	D	E	M	A	O
E	E	E	T	H	E	S	T	U	L	Y
C	A	S	D	C	DD	Y	Â	R	I	B
O	A	M	F	R	ï	E	N	L	L	T
S	A	W	U	S	O	N	W	D	E	S
T	N	T	D	E	DD	R	E	C	A	M
N	O	I	L	B	Y	G	S	I	D	I
R	S	N	D	Y	R	B	S	Y	W	L

JERWSALEM   DISGYBLION   TÂN
PENTECOST   GWEDDÏO   GALILEA
PEDR   IOAN   CREDU
PORTH   CERDDED   YSBRYD

CYNTAF I ATEB!

Paul yn Namascus

1. Beth oedd enw'r arweinydd crefyddol oedd yn erlid dilynwyr Iesu?

2. Beth oedd yn ei wneud i ddilynwyr Iesu?

3. I ba ddinas aeth Paul i chwilio am ddilynwyr Iesu?

4. Beth ddigwyddodd iddo ar ei daith?

5. Beth ddywedodd y llais wrtho?

6. Pam roedd yn rhaid i'w gyd-deithwyr arwain Paul i Ddamascus?

7. Pwy oedd Duw am ei ddefnyddio i helpu Paul?

8. Beth oedd Duw am i Ananias ei wneud?

9. Sut roedd Ananias yn teimlo am hyn?

10. Beth ddywedodd Duw wrth Ananias fyddai gwaith arbennig Paul?

11. Beth ddigwyddodd pan roddodd Ananias ei ddwylo ar ysgwyddau Paul?

12. Sut newidiodd Paul?

CYNTAF I ATEB!

Paul yn Namascus

Beth am ddarllen yr hanes yma yn dy Feibl ac yna ceisio dod o hyd i'r geiriau sy'n cuddio yn y grid isod – mae yna 12 gair i ddod o hyd iddynt.

D	R	H	Y	FF	A	N	W	E	O	R
E	C	E	Y	D	C	B	D	J	D	D
R	M	E	D	I	L	R	E	D	I	A
N	E	W	I	D	R	R	L	L	A	M
P	A	U	L	A	W	S	Y	LL	T	A
W	D	N	O	S	Y	N	N	A	Y	S
A	G	L	Â	N	W	B	E	I	S	C
N	R	L	S	N	A	W	W	S	B	U
DD	E	B	P	A	I	D	A	M	R	S
M	I	P	G	O	L	A	U	A	Y	C
N	O	I	L	B	Y	G	S	I	D	S
P	A	U	S	T	D	A	D	I	L	U

PAUL   DAMASCUS   DISGYBLION
GLÂN   JERWSALEM   YSBRYD
GOLAU   ANANIAS   LLAIS
ERLID   DILYN   NEWID

Caniatâd Llungopïo   357   ℗ Cyhoeddiadau'r Gair 2009

Paul a'i ffrindiau

1. Pam roedd Iddewon Damascus am ladd Paul?

2. Sut helpodd dilynwyr Iesu Paul i ddianc?

3. Beth oedd yr enw newydd a roddwyd ar ddilynwyr Iesu?

4. Pwy aeth o'r eglwys yn Jerwsalem i helpu dysgu'r bobl yn Antiochia am Iesu?

5. Am bwy y gofynnodd i weithio gydag ef?

6. Tra oeddent yn Antiochia, beth yr anfonwyd Paul a Barnabas i'w wneud?

7. Beth ddigwyddodd i'r dyn cloff yn Lystra?

8. Pwy oedd y bobl yn ei feddwl oedd Paul a Barnabus?

9. Beth ddywedodd Paul wrth y bobl roedd ef a Barnabus wedi dod i'w wneud?

10. Beth gytunodd yr apostolion a'r arweinwyr yn y cyfarfod pwysig yn Jerwsalem?

11. Beth ddigwyddodd i Paul a Silas tra oeddent yn canu ac yn moli Duw yn y carchar?

12. Beth ddigwyddodd i geidwad y carchar a'i deulu ar ôl y wyrth hon?

CYNTAF I ATEB!

Paul a'i ffrindiau

Beth am ddarllen yr hanes yma yn dy Feibl ac yna ceisio dod o hyd i'r geiriau sy'n cuddio yn y grid isod – mae yna 12 gair i ddod o hyd iddynt.

S	S	P	R	T	A	C	W	C	H	A
E	I	N	U	TH	E	G	E	R	P	N
B	A	L	R	O	R	A	O	O	R	T
A	N	T	A	W	S	R	S	E	L	I
R	A	F	E	S	D	T	F	C	P	O
N	T	A	I	TH	O	S	O	A	S	CH
A	P	A	U	L	C	Y	N	R	T	I
B	H	B	I	T	C	L	B	CH	T	A
A	J	O	O	TH	O	A	N	A	TH	W
S	N	M	N	W	S	R	N	R	E	D
PH	I	L	I	P	I	L	B	U	P	N
P	S	U	C	S	A	M	A	D	C	A

PAUL	ANTIOCHIA	DAMASCUS
BARNABAS	LYSTRA	CARCHAR
PREGETHU	TAITH	SILAS
CANU	PHILIPI	APOSTOLION

Caniatâd Llungopïo   359   ℗ Cyhoeddiadau'r Gair 2009

CYNTAF I ATEB!

Paul y carcharor

1. Ble roedd Paul yn cael ei gadw'n garcharor?

2. Gan bwy roedd Paul yn credu y dylai gael ei brofi?

3. I ble'r anfonwyd Paul i gael ei brofi?

4. Sut roedden nhw i deithio yno?

5. Beth ddigwyddodd ar y daith?

6. Sut gafodd pawb eu hachub?

7. Pam cafodd pobl yr ynys eu synnu pan frathwyd Paul gan neidr?

8. Wedi cyrraedd Rhufain, ble cafodd Paul ei gadw?

9. Pam roedd pobl yn mynd i weld Paul?

10. Beth arall fu Paul yn ei wneud â'i amser tra oedd yn garcharor?

11. Ysgrifennodd Paul lythyrau at eglwysi mewn mannau arbennig – enwa un ohonynt.

12. Ysgrifennodd lythyrau at ffrindiau arbennig hefyd – enwa un ohonynt.

Paul y carcharor

Beth am ddarllen yr hanes yma yn dy Feibl ac yna ceisio dod o hyd i'r geiriau sy'n cuddio yn y grid isod – mae yna 12 gair i ddod o hyd iddynt.

C	F	S	Y	TH	N	I	R	O	C	E
N	E	LL	Y	TH	Y	R	W	M	R	B
A	Y	I	F	A	RH	N	I	Y	N	LL
A	E	M	N	E	U	G	A	C	B	O
E	I	D	E	L	F	W	E	A	Y	N
R	C	A	I	R	P	S	O	R	I	G
A	L	L	D	C	A	D	L	CH	W	A
S	R	O	R	R	U	W	P	A	A	C
E	D	Y	E	T	L	L	D	R	L	I
C	W	A	L	U	L	O	D	W	H	E
O	B	R	H	Y	L	D	E	F	R	L
I	DD	E	W	G	A	L	A	T	I	A

PAUL   CARCHAR   GALATIA
YMERAWDWR   IDDEW   CESAREA
LUC   LLONG   NEIDR
LLYTHYR   CORINTH

ATEBION

Tudalen 9: Cyntaf i ateb! (1)
1. Mair Magdalen; 2. Jericho; 3. Ar ffurf colomen; 4. Rahab; 5. Aaron; 6. Sadrach, Mesach ac Abednego (*rhaid enwi'r tri!*); 7. Nathan; 8. Defaid; 9. Solomon; 10. 8.

Tudalen 10: Cyntaf i ateb! (2)
1. Merch Pharo; 2. Dail palmwydd; 3. Bu farw; 4. Andreas; 5. Troi'r dŵr yn win; 6. Tro'r llall ato hefyd; 7. Cesar Awgwstus; 8. Mynd allan o'r cyntedd gan wylo'n chwerw; 9. Trefnu parti neu wledd; 10. Tafodau o dân.

Tudalen 11: Cyntaf i ateb! (3)
1. Baal; 2. Haman; 3. ti dy hun; 4. Rhoi coron ddrain ar ei ben/clogyn piws ar ei gefn/teyrnwialen yn ei law (*gellir derbyn unrhyw un o'r rhain*); 5. Philip/Andreas; 6. Ei unig Fab; 7. 7 mlynedd o newyn; 8. Dafydd; 9. Mêl; 10. Llywydd neu arweinydd y synagog.

Tudalen 12: Cyntaf i ateb! (4)
1. Dy gymydog; 2. Anfonodd sychder mawr ar y wlad; 3. I wlad Midian; 4. Pechaduriaid; 5. Marwolaeth y cyntaf-anedig – yn bobl ac anifeiliaid; 6. Jerwsalem; 7. Pŵer neu nerth; 8. Barnwr a phroffwyd (*gellir derbyn un o'r ddau*); 9. Am nad oeddent wedi dod â digon o olew ar gyfer eu lampau; 10. Ei daflu i bydew/ei werthu (*gellir derbyn y naill neu'r llall*).

Tudalen 13: Cyntaf i ateb! (5)
1. Bywyd tragwyddol/Maddeuant (*neu ateb sy'n gyfystyr*); 2. Babilon; 3. Mab a mam; 4. Simon o Cyrene; 5. Adda ac Efa, neu bobl; 6. Saul; 7. Pilat; 8. Bethlehem, Israel; 9. Israel; 10. Cleopas.

Tudalen 14: Cyntaf i ateb! (6)
1. Capernaum; 2. Jericho; 3. Yr offeiriad ac yna'r Lefiad; 4. Gardd Gethsemane; 5. Ahab; 6. 8; 7. Iesu; 8. Solomon; 9. Joseff; 10. Sodom a Gomorra.

Tudalen 15: Cyntaf i ateb! (7)
1. Jesse; 2. Boas; 3. Am nad oedd y rhai a gafodd wahoddiad yn dymuno mynd i'r wledd; 4. Blaidd; 5. Dydd Sadwrn; 6. Dweud wrtho fod ei bechodau wedi eu maddau; 7. Boas; 8. Iesu; 9. Y bugeiliaid; 10. I westy.

Tudalen 16: Cyntaf i ateb! (8)
1. Agorir; 2. 'Rhywun sy'n achub' neu 'Gwaredwr'; 3. Babilon; 4. 'Yr Arglwydd yw fy mugail'; 5. Pedr, Andreas, Iago ac Ioan (*unrhyw 3 o'r rhain*); 6. Am fod gennym ddigon o feiau ein hunain; 7. Ioan; 8. Am iddo ei iacháu ar y dydd Saboth; 9. Ninefe; 10. Caiff ei gloi neu ei gau'n dynn.

Tudalen 17: Cyntaf i ateb! (9)
1. Samuel; 2. Jesebel; 3. Sŵn tebyg i wynt nerthol; 4. Addoli'r diafol; 5. 300; 6. Wrth fedd Lasarus a thros ddinas Jerwsalem, ac yng Ngardd Gethsemane; 7. Bethania; 8. Y pum geneth ffôl; 9. Gwaed Iesu; 10. Ymolchi mewn pwll o ddŵr.

Tudalen 18: Cyntaf i ateb! (10)
1. Y Philistiaid; 2. Gweithio; 3. Exodus; 4. Jairus; 5. Casglu'r briwsion oedd yn weddill; 6. Dychwelyd at eu defaid; 7. Mêl; 8. Dafydd; 9. Sycamorwydden; 10. Gofyn i'w dad am arian (ei ran ef o'r etifeddiaeth).

Tudalen 19: Cyntaf i ateb! (11)
1. 1; 2. Yr oruwchystafell; 3. A wyt ti'n fy ngharu i?; 4. Mab Duw; 5. Gwisg neu fantell Iesu; 6. Dafydd; 7. 4; 8. Saul; 9. Newyn; 10. Job.

Tudalen 20: Cyntaf i ateb! (12)
1. Delila; 2. Jerwsalem; 3. Gwisg, sandalau a modrwy; 4. Duw yn unig; 5. Nicodemus; 6. Nebuchadnesar; 7. Trodd yn sarff; 8. 600 oed; 9. Emaus; 10. Josua, Job, Jona, Jeremeia, neu Joel.

Tudalen 21: Cyntaf i ateb! (13)
1. Duwiau estron; 2. Yr Un Drwg/Diafol/Satan; 3. Bywyd; 4. Angel yr Arglwydd (wrth y bugeiliaid); 5. Torri ei glust i ffwrdd â chleddyf; 6. Llawn; 7. Pedr, Iago ac Ioan; 8. Dwyflwydd neu iau; 9. Sachareias ac Elisabeth; 10. Merch Jairus.

Tudalen 22: Cyntaf i ateb! (14)
1. Duw gyda ni; 2. Pobl, neu Adda ac Efa; 3. Addoli duwiau dieithr; 4. Pedr; 5. Y Samariad Trugarog; 6. Esther neu Ruth; 7. Moses ac Elias; 8. Naomi; 9. Pobl, neu Adda ac Efa; 10. Mynydd Carmel.

Tudalen 23: Cyntaf i ateb! (15)
1. Y Philistiaid; 2. Casglu trethi/eistedd wrth y dollfa; 3. nghymydog; 4. Maddau iddynt; 5. 3 mis; 6. Pobl Israel; 7. 7 mlynedd o gnydau da a 7 mlynedd o newyn i ddilyn; 8. Dameg y Mab Colledig; 9. Pam yr wyt wedi fy

ngadael?'; 10. Dim addoli duwiau eraill; dim delwau; dim cymryd enw'r Arglwydd yn ofer; cadw'r Saboth yn sanctaidd; parchu rhieni; dim lladd; dim cymryd gŵr/gwraig sy'n briod; dim lladrata; dim celwyddau; dim cenfigen.

Tudalen 24: Pwy yw'r person? (1)
Person 1: **Jwdas Iscariot**
Person 2: **Daniel**
Person 3: **Samuel**

Tudalen 25: Pwy yw'r person? (2)
Person 1: **Gideon**
Person 2: **Jona**
Person 3: **Lasarus**

Tudalen 26: Pwy yw'r person? (3)
Person 1: **Sacheus**
Person 2: **Lot**
Person 3: **Miriam**

Tudalen 27: Pwy yw'r person? (4)
Person 1: **Y Mab Colledig**
Person 2: **Adda**
Person 3: **Thomas**

Tudalen 28: Pwy yw'r person? (5)
Person 1: **Paul neu Saul**
Person 2: **Joseff**
Person 3: **Ioan Fedyddiwr**

Tudalen 29: Pwy yw'r person? (6)
Person 1: **Y Samariad Trugarog**
Person 2: **Pilat**
Person 3: **Josua**

Tudalen 30: Pwy yw'r person? (7)
Person 1: **Ioan Fedyddiwr**
Person 2: **Ruth**
Person 3: **Jona**

Tudalen 31: Pwy yw'r person? (8)
Person 1: **Pedr**

Person 2: **Herod**
Person 3: **Joseff**

Tudalen 32: Pa un o'r tri? (1)
1. i) cael ei lyncu gan bysgodyn mawr; 2. i) Genesis; 3. i) y Diafol, sef Satan; 4. i) cigfran; 5. iii) Pedr.

Tudalen 33: Pa un o'r tri? (2)
1. ii) 2; 2. i) Barabbas; 3. iii) Thomas; 4. ii) Ioan Fedyddiwr; 5. i) Casglwr trethi.

Tudalen 34: Pa un o'r tri? (3)
1. ii) Cysgu; 2. iii) Brenhines; 3. ii) Adda; 4. ii) Pysgota; 5. i) Simon.

Tudalen 35: Pa un o'r tri? (4)
1. ii) Tywod; 2. i) Gardd Gethsemane; 3. ii) Boas; 4. iii) Samuel; 5. iii) 40 dydd a nos.

Tudalen 36: Pa un o'r tri? (5)
1. iii) Ffon dafl a charreg; 2. iii) Samuel; 3. ii) Reuben; 4. iii) Rebeca; 5. ii) Ioan Fedyddiwr.

Tudalen 37: Pa un o'r tri? (6)
1. ii) Steffan; 2. i) Am iddo addoli'r gwir Dduw; 3: iii) Bod syched arno; 4: i) Duw'n creu'r byd; 5: ii) Lasarus.

Tudalen 38: Pa un o'r tri? (7)
1. ii) Yr Ysbryd Glân ar ffurf colomen; 2. iii) Craig; 3. iii) Duw; 4. iii) Yr enfys; 5. iii) Bethlehem.

Tudalen 39: Pa un o'r tri? (8)
1. ii) 12 oed; 2. i) Ruth; 3. i) Ar ôl i Iesu gael ei fedyddio; 4. ii) brenin; 5. ii) Byr.

Tudalen 40: Pa un o'r tri? (9)
1. ii) Pobl; 2. i) Nasareth; 3. i) Sem, Cham a Jaffeth; 4. i) Elisabeth; 5. iii) Stori a chanddi neges am deyrnas Dduw.

Tudalen 41: Pa un o'r tri? (10)
1. i) Emaus; 2. ii) Casglwr trethi; 3. iii) Samson; 4. iii) Sachareias; 5. ii) Saul.

Tudalen 42: Pa un o'r tri? (11)
1. ii) Y Môr Coch; 2. i) 6; 3. ii) Moses; 4. iii) Pobl Israel; 5. i) Sacheus.

Tudalen 43: Pa un o'r tri? (12)
1. i) Andreas; 2. iii) 3 diwrnod; 3. ii) Aaron; 4. iii) Pren gwybodaeth da a drwg; 5. iii) 20 darn arian.

Tudalen 44: Pa un o'r tri? (13)
1. i) Jwdas Iscariot; 2. iii) Josua; 3. ii) Noa; 4. ii) Ioan Fedyddiwr; 5. i) 10.

Tudalen 45: Pa un o'r tri? (14)
1. i) Noa; 2. ii) 11; 3. ii) Hwrdd; 4. i) Gwraig Lot; 5. iii) Jona.

Tudalen 46: Pa un o'r tri? (15)
1. i) mugail; 2. ii) Joseff; 3. i) Brenin; 4. i) 300; 5. i) Potiffar.

Tudalen 47: Pa un o'r tri? (16)
1. i) Nicodemus; 2. iii) Jericho; 3. i) Sadrach, Mesach ac Abednego; 4. i) Efa; 5. ii) Bethlehem.

Tudalen 48: Pa un o'r tri? (17)
1. ii) Samson; 2. ii) Ar gefn ebol asyn; 3. iii) 10; 4. i) Y Brenin Herod; 5. ii) Hanna.

Tudalen 49: Pa un o'r tri? (18)
1. i) Solomon; 2. i) 1; 3. i) Ei fwyta; 4. iii) Mair Magdalen; 5. iii) Iesu.

Tudalen 50: Pa un o'r tri? (19)
1. i) Trwy ymolchi saith gwaith yn afon Iorddonen; 2. iii) Cymryd bara a gwin; 3. i) Boddwyd hwy oll; 4. iii) Cysgu; 5. iii) Duw gyda ni.

Tudalen 51: Pa un o'r tri? (20)
1. iii) Jacob ac Esau; 2. iii) Pontius Pilat; 3. iii) 66; 4. i) Miriam; 5. iii) Ei grogi ei hun.

Tudalen 52: Pa un o'r tri? (21)
1. i) Newyn; 2. iii) Yr Aifft; 3. iii) Peraroglau; 4. i) Jacob; 5. i) Martha.

Tudalen 53: Pa un o'r tri? (22)
1. iii) Lasarus; 2. i) 1; 3. i) Paul; 4. i) Abel; 5. ii) Joseff.

Tudalen 54: Pa un o'r tri? (23)
1. i) Joseff; 2. i) Pregethwr; 3. i) Paul; 4. ii) Ioan Fedyddiwr; 5. i) Pysgotwyr.

Tudalen 55: Pa un o'r tri? (24)
1. ii) Ararat; 2. iii) 12; 3. iii) Ffrind; 4. ii) 7; 5. ii) Elias.

Tudalen 56: Pa un o'r tri? (25)
1. i) Sŵn tebyg i wynt nerthol; 2. iii) 2; 3. ii) 12; 4. ii) Benjamin; 5. ii) Paul.

Tudalen 57: Pa un o'r tri? (26)
1. iii) Dameg y Samariad Trugarog; 2. iii) Satan; 3. ii) Abel; 4. ii) Bu farw'r plentyn cyntaf ym mhob teulu; 5. ii) Yr Aifft.

Tudalen 58: Pwy yw'r bugail?
1. Abel; 2. Abraham; 3. Lot; 4. Isaac; 5. Jacob; 6. Laban; 7. Joseff; 8. Jwda; 9. Reuel; 10. Moses; 11. Dafydd; 12. Nabal.

Tudalen 59: Pwy yw'r wraig?
1. Efa; 2. Ada a Sila; 3. Rebeca; 4. Judith; 5. Sara; 6. Asnath; 7. Seffora; 8. Ruth; 9. Jesebel; 10. Esther.

Tudalen 60: Pwy sy'n cusanu?
1. Jacob ac Isaac; 2. Jacob a Rachel; 3. Esau a Jacob; 4. Benjamin a Joseff; 5. Moses a Jethro; 6. Naomi – Orpa a Ruth; 7. Jonathan a Dafydd; 8. Jwdas ac Iesu; 9. Joab ac Amasa; 10. Absalom a gwŷr Israel; 11. Samuel a Saul; 12. Y tad a'i fab colledig.

Tudalen 61: Pwy sy'n briod â phwy?
1. Adda ac Efa; 2. Abraham a Sara; 3. Boas a Ruth; 4. Moses a Seffora; 5. Acwila a Priscila; 6. Jacob a Rachel; 7. Joseff a Mair; 8. Hosea a Gomer; 9. Dafydd a Bathseba; 10. Elcana a Hanna a Pheninna; 11. Elisabeth a Sachareias; 12. Ahasferus ac Esther.

Tudalen 62: Pwy sy'n dweud celwydd?
1. Y sarff; 2. Abraham; 3. Abraham; 4. Sara; 5. Jacob; 6. Isaac; 7. Laban; 8. Brodyr Joseff; 9. Saul; 10. Michal; 11. Ananias.

Tudalen 63: Pwy sy'n garcharor?
1. Joseff; 2. Simeon; 3. Samson; 4. Hanani; 5. Manasse; 6. Daniel; 7. Jeremeia; 8. Paul; 9. Pedr; 10. Barabbas; 11. Ioan Fedyddiwr; 12. Jehoiachin.

Tudalen 64: Enwau gwahanol ar Iesu
1. Bara'r Bywyd; 2. Priodfab; 3. Saer; 4. Crist; 5. Drws; 6. Drws y Defaid; 7. Bugail Da; 8. Oen Duw; 9. Goleuni'r Byd; 10. Unig-anedig Fab; 11. Y Wir Winwydden; 12. Y Ffordd.

Tudalen 65: Pwy sy wedi newid ei enw?
1. Abraham; 2. Israel; 3. Josua; 4. Solomon; 5. Pedr; 6. Paul; 7. Mara; 8. Saffnath – Panea; 9. Beltesassar; 10. Jeremeia; 11. Sedeceia.

Tudalen 71: Dŵr, dŵr, dŵr
1. Afon Cerith; 2. Llyn Bethesda; 3. Llochesau dŵr; 4. Ffynnon Harod; 5. Afon Iorddonen; 6. Y Môr Coch; 7. Afon Nîl; 8. Afon Ahafa; 9. Cronfa ddŵr; 10. Afon Cison.

Tudalen 72: Pwy 'di pwy? (1)
A. Abraham; B. Benjamin; C. Caiaffas; CH. Cham; D. Dafydd; E. Efa; F. Fasti; G. Gabriel; H. Heseceia; I. Isaac.

Tudalen 73: Pwy 'di pwy? (2)
J. Jeremeia; L. Lasarus; M. Miriam; N. Nehemeia; O. Onesimus; PH. Philemon; R. Reuben; S. Salome; T. Timotheus; U. Ureia.

Tudalen 74: Ble yn y byd? (1)
A. Armagedon; B. Bethlehem; C. Cyprus; CH. Chebar; D. Damascus; E. Emaus; G. Galilea; H. Horeb; I. Iconium.

Tudalen 75: Ble yn y byd? (2)
J. Jericho; L. Lystra; M. Midian; N. Nasareth; P. Persia; RH. Rhufain; S. Samaria; T. Tarsus; U. Ur.

Tudalen 76: Llanast yn y llyfrgell! (1)
Genesis; Barnwyr; Esther; Salmau; Eseia; Amos; Obadeia; Marc; Luc; Actau, Titus, Datguddiad.

Tudalen 77: Llanast yn y llyfrgell! (2)
Genesis; Exodus; Esther; Salmau; Galarnad; Daniel; Hosea; Joel; Amos; Jona; Haggai; Malachi.

Tudalen 78: Llanast yn y llyfrgell! (3)
Mathew; Marc; Luc; Ioan; Actau; Galatiaid; Effesiaid; Colosiaid; Titus; Philemon; Hebreaid; Datguddiad.

Tudalen 79: Enwi 3 (1)
H. = Hebron, Horeb, Hammon; B. = Bethlehem, Bethesda, Bethsaida;
J. = Jericho, Jerwsalem, Jwdea; G. = Galilea, Gomorra, Golgotha;
E. = Effesus, Emaus, Elim.

Tudalen 80: Enwi 3 (2)
S. = Samaria, Siloam, Smyrna; C. = Caersalem, Cesarea, Capernaum;
A. = Arimathea, Antiochia, Abel-Meholab; T. = Tarsis, Thesalonica, Tyrus;
N. = Nasareth, Ninefe, Nain.

Tudalen 81: Enwi 3 (3)
L. = Lasarus, Lydia, Luc; C. = Caiaffas, Cain, Cleopas; M. = Mair, Martha, Methwsela; G. = Gomer, Goliath, Gog; I. = Iago, Ioan, Iesu.

Tudalen 82: Enwi 3 (4)
E. = Elisabeth, Esau, Effraim; N. = Nehemeia, Nahum, Nathan;
A. = Abraham, Aaron, Andreas; D. = Dafydd, Daniel, Debora;
B. = Barnabas, Barabbas, Bartholomeus.

Tudalen 83: Pobl yr Eglwys Fore
1. Steffan; 2. Paul; 3. Barnabas; 4. Silas; 5. Timotheus; 6. Lydia;
7. Cornelius; 8. Tabitha; 9. Ioan Marc; 10. Priscila; 11. Acwila;
12. Eutychus.

Tudalen 84: Y deg pla
Locustiaid; Lladd anifeiliaid; Babanod marw; Gwaed; Llau; Tywyllwch; Llyffaint; Pryfed; Cenllysg; Cornwydydd.

Tudalen 85: Lliwiau llachar
Genesis 1:30 – **Glas;** Exodus 39:2 - **Glas/Porffor/Ysgarlad;** Genesis 30:32 - **Coch-ddu;** Genesis 25:30 – **Coch;** Actau 16:14 – **Porffor;** Lefiticus 13:32 – **Melyn;** Diarhebion – **Gwyn;** Marc 6:38-39 – **Glas;** Exodus 15:22 – **Coch;** Numeri 4:12 – **Glas;** Actau 1:10 – **Gwyn.**

Tudalen 86: Gorffen Gweddi'r Arglwydd
'Ein **Tad** yn y nefoedd, sancteiddier dy **enw**, deled dy **deyrnas**, gwneler dy **ewyllys** ar y ddaear fel yn y nef. Dyro i ni heddiw ein **bara** beunyddiol a maddau i ni ein **troseddau**, fel yr ŷm ni wedi **maddau** i'r rhai a droseddodd yn ein herbyn; a phaid â'n dwyn i **brawf** ond gwared ni rhag yr un **drwg**, oherwydd eiddot ti yw'r **Deyrnas**, a'r **nerth**, a'r **gogoniant** am **byth**. Amen.'

Tudalen 87: Yr Arglwydd yw fy mugail
'Yr Arglwydd yw fy **mugail** ni bydd eisiau **arnaf**. Gwna i mi orwedd mewn **porfeydd** breision a thywys fi gerllaw y **dyfroedd** tawel ac y mae ef yn fy adfywio.
Fe'm harwain ar hyd llwybrau **cyfiawnder** er mwyn ei enw.
Er imi gerdded trwy **ddyffryn** tywyll du nid ofnaf unrhyw niwed oherwydd yr wyt ti gyda mi a'th **wialen** a'th ffon yn fy nghysuro.
Yr wyt yn arlwyo **bwrdd** o'm blaen yng ngŵydd fy ngelynion.
Yr wyt yn eneinio fy mhen ag **olew**.
Y mae fy **nghwpan** yn llawn.
Yn sicr bydd daioni a thrugaredd yn fy nilyn bob **dydd** o'm bywyd a byddaf yn byw yn nhŷ'r **Arglwydd** weddill fy nyddiau.'

Tudalen 88: Rheolau Pwysig
Anrhydedda dy **dad** a'th **fam**; Na **ladd**; Na **odineba**; Na **ladrata**; Na ddwg gamdystiolaeth yn erbyn dy **gymydog**; Na chwennych **dŷ** dy gymydog na'i wraig na'i eiddo; Na chymer **dduwiau** eraill ar wahân i mi; Na wna i ti **ddelw** cerfiedig; Na chymer enw'r **Arglwydd** dy Dduw yn ofer; Cofia'r dydd **Saboth** i'w gadw'n gysegredig.

Tudalen 89: Gwyn eu byd...
Gwyn eu byd y rhai sy'n **dlodion** yn yr ysbryd, oherwydd eiddynt hwy yw **teyrnas** nefoedd. Gwyn eu byd y rhai sy'n galaru oherwydd cânt hwy eu **cysuro**. Gwyn eu byd y rhai **addfwyn** oherwydd cânt hwy etifeddu'r **ddaear**. Gwyn eu byd y rhai sy'n newynu a **sychedu** am gyfiawnder oherwydd cânt hwy eu **digon**. Gwyn eu byd y rhai **trugarog** oherwydd cânt hwy dderbyn trugaredd. Gwyn eu byd y rhai pur eu **calon** oherwydd cânt hwy weld **Duw**. Gwyn eu byd y tangnefeddwyr oherwydd cânt hwy eu galw'n **feibion** Duw. Gwyn eu byd y rhai a **erlidiwyd** yn achos cyfiawnder oherwydd eiddynt hwy yw teyrnas **nefoedd**.

Tudalen 90: Pwy yw'r Llofrudd?
1. Cain; 2. Lamech; 3. Moses; 4. Ehud; 5. Joab; 6. Herod;
7. Herodiad/dienyddiwr; 8. Nebuchadnesar; 9. Absalom; 10. Simri;
11. Jesebel; 12. Hosea.

Tudalen 91: Pwy mae Duw yn ei alw?
1. Samuel; 2. Dafydd; 3. Dareius; 4. Mathew; 5. Sacheus; 6. Abraham; 7. Jacob; 8. Naaman; 9. Manasse; 10. Nicodemus; 11. Saul; 12. Lydia.

Tudalen 92: Am ddyn arbennig!
Y dyn cynharaf: Adda; Y dyn hynaf: Methwsela; Y dyn cryfaf: Samson; Y dyn doethaf: Solomon; Y dyn talaf: Goliath; Y dyn byrraf: Sacheus; Y dyn creulonaf: Manasse; Y dyn cyflymaf: Asahel; Y dyn tewaf: Eglon; Y dyn balchaf: Nebuchadnesar.

Tudalen 93: Pethau Diddorol
Gideon: **Cnu gwlân**; Benjamin: **Cwpan arian yn y sach**; Dafydd: **Telyn**; Moses: **Fflam dân o ganol perth**; Ioan: **Bwyd- locustiaid a mêl gwyllt**; Doethion: **Anrhegion – aur, thus a myrr**; Gwraig Lot: **Colofn halen**; Iesu: **Hedyn mwstard**; Joseff: **Gwisg laes**; Bachgen bach: **Pum torth a dau bysgodyn**; Iesu: **Llenwi llestri dŵr**; Ioan Fedyddiwr: **Dillad – blew camel**.

Tudalen 95: Mynyddoedd Mawr!
Carmel; Ararat; Olewydd; Sinai; Ebal; Garisim; Gilboa; Hermon; Moreia; Tabor.

Tudalen 96: Deuddeg disgybl
Iago; Ioan; Mathew; Simon Pedr; Thomas; Philip; Bartholomeus; Thadeus; Iago; Jwdas; Andreas; Simon.

Tudalen 97: Pwy sy'n gwneud beth?
Brenin – Herod; Proffwyd – Eseia; Disgybl – Ioan; Pysgotwr – Ioan; Meddyg – Luc; Ffermwr – Boas; Casglwr trethi – Sacheus; Bugail – Dafydd; Brenhines – Esther; Offeiriad – Caiaffas; Canwriad – Cornelius; Cerddor – Dafydd.

Tudalen 98: Coed yn y Beibl
1. Acasia; 2. Almon; 3. Gwinwydden/ffigysbren/pomgranad/palmwydd/afal; 4. Miaren; 5. Casia; 6. Sinamon; 7. Ffigys; 8. Derwen; 9. Olewydd; 10. Palmwydd; 11. Sycamorwydden; 12. Helygen.

Tudalen 99: Afonydd yn y Beibl
1. Pison; 2. Ewffrates; 3. Nîl; 4. Iorddonen ac Arnon; 5. Cana; 6. Cison; 7. Ahafa; 8. Chebar; 9. Abana a Pharphar; 10. Iorddonen.

Tudalen 100: Mynyddoedd yn y Beibl
1. Ararat; 2. Carmel; 3. Garisim; 4. Ebal; 5. Gilboa; 6. Olewydd; 7. Sinai; 8. Tabor; 9. Arnon; 10. Pisga; 11. Moreia; 12. Horeb.

Tudalen 101: Dinasoedd yn y Beibl
1. Effesus ac Alecsandria; 2. Athen; 3. Babilon; 4. Bethlehem; 5. Cana; 6. Capernaum; 7. Corinth; 8. Damascus; 9. Jericho; 10. Ninefe; 11. Samaria; 12. Sodom.

Tudalen 102: Planhigion yn y Beibl
1. Mathew 23:23 – Anis; 2. Ruth 1:12 – Haidd; 3. Exodus 16:31 – Coriander; 4. Eseia 28:27 – Cwmin; 5. Numeri 11:5 – Garlleg; 6. Salm 23:2 – Porfa; 7. Salm 51:7 – Isop; 8. Numeri 11:5 – Cennin; 9. Mathew 23:23 – Mintys; 10. Mathew 17:20 – Mwstard; 11. Eseia 35:2 – Saffrwn; 12. Jeremeia 23:15 – Wermod.

Tudalen 103: Anifeiliaid yn y Beibl
1. Mathew 3:4 – Camel; 2. 1 Bren. 10:22 – Epaod a Pheunod; 3. Nehemeia 4:3 – Llwynog; 4. 2 Bren. 2:11 – Meirch; 5. Daniel 6:7 – Llewod; 6. Ioan 10:7 – Defaid; 7. Eseia 1:3 – Ych; 8. Mathew 7:15 – Bleiddiaid; 9. 1 Bren. 10:22 – Epa; 10. Genesis 15:9 – Gafr.

Tudalen 104: Pwy sy'n canu?
1. Exodus 15:1-19 – Moses; 2. Barnwyr 5:1-31 – Debora a Barac; 3. 1 Samuel 2:1-10 – Hanna; 4. 2 Cronicl 20:20-23 – Pobl Jwda a Jerwsalem; 5. Luc 1:46-55 – Mair; 6. Luc 1:68-79 – Sachareias; 7. Mathew 26:30 – disgyblion; 8. Actau 16:21-25 – Paul a Silas; 9. Deuter. 32:1-4 – Moses; 10. Datguddiad 14:1-3 – 144,000 o bobl.

Tudalen 105: Bwyd yn y Beibl
1. Genesis 43:11 – Cnau; 2. Numeri 11:5 – Cennin; 3. Deut. 23:24 – Grawnwin; 4. Eseia 7:15 – Menyn; 5. 1 Samuel 17:18 – Caws – cosyn gwyn; 6. Luc 11:12 – wy; 7. Mathew 3:4 – Mêl; 8. Genesis 18:8 – Caws a llaeth; 9. Mathew 23:23 – Mintys; 10. Eseciel 4:9 – Ffa; 11. Jeremeia 24:1-3 – Ffigys; 12. Amos 7:14 – Coed sycamor.

Tudalen 106: Gwaith yn y Beibl
1. Eseciel 5:1 – Torri gwellt; 1 Bren. 9:26 – Adeiladu llynges; 3. 2 Samuel 5:11 – Saer; 4. 1 Samuel 8:13 – Cogydd; 5. Jeremeia 29:5 – Garddwr; 6. Eseia 64:8 – Crochenydd; 7. Mathew 9:9 – Casglwr trethi; 8. Exodus 31:5 – Saer Maen; 9. Exodus 39:1 – Gwnïo; 10. Actau 18:3 – Gwneuthurwyr pebyll; 11. 2 Samuel 6:5 – Cerddor; 12. Mathew 4:18 – Pysgotwr.

Tudalen 107: Geiriau dieithr
1. Boanerges – Meibion y Daran; 2. Immanuel – Duw gyda ni; 3. Golgotha – Lle'r benglog; 4. Rabboni – Athro (fy athro); 5. Tabitha – Fy ngeneth; 6. Barnabas – Mab anogaeth; 7. Eph-phatha – Agorer di; 8. Siloam – Anfonedig; 9. Eloï Eloï lema sabachthani – Fy Nuw, fy Nuw, paham y'm gadewaist; 10. Lo-ammi – Nid fy mhobl.

Tudalen 108: Allorau yn y Beibl
1. Genesis 8:20 – Noa; 2. Barnwyr 6:24 – Gideon; 3. Exodus 17:15 – Moses; 4. Genesis 12:7-8 – Abraham; 5. Genesis 26:25 – Isaac; 6. 1 Bren. 18:31-32 – Eleias; 7. 1 Samuel 7:15 – Samuel; 8. 2 Bren. 21:3 – Manasse; 9. Genesis 33:20 – Jacob; 10. 1 Bren. 16:32 – Ahab; 11. 1 Samuel 14:35 – Saul; 12. Esra 3:2 – Sorobabel.

Tudalen 109: Duwiau ffug yn y Beibl
1. Barnwyr 6:24-32 – Asera; 2. 1 Bren. 18:17-40 – Baal; 3. Mathew 10:25 – Beelsebwl; 4. Actau 19:27 – Diana; 5. 1 Samuel 5:1-7 – Dagon; 6. Actau 14:12 – Hermes; 7. 1 Bren. 11:7 – Melech; 8. Exodus 32 – Llo aur; 9. 2 Bren. 5:15-19 – Rimmon; 10. Josua 24:1 – Nanna.

Tudalen 110: Gwleddoedd y Beibl
1. Genesis 21:18 – Abraham i Isaac; 2. Luc 24:42 – Iesu a'i ddisgyblion; 3. Genesis 43:16-34 – Joseff i'w frodyr; 4. 2 Samuel 3:20 – Dafydd i Abner; 5. Esther 7:1-10 – Esther i Haman; 6. Luc 15:23 – Tad i'w fab colledig; 7. Job 1:13 – Job i'w blant; 8. Barnwyr 14:10-18 – Samson i'w westeion 9. Marc 14:13 – Simon i Iesu; 10. Mathew 14:15-21 – Iesu i Ioan.

Tudalen 111: Pwy fu yma?
1. Mynydd Carmel – Eleias; 2. Arimathea – Joseff; 3. Mynydd Ararat – Noa; 4. Cyrene – Simon; 5. Tarsus – Saul; 6. Calfaria – Iesu; 7. Mynydd Sinai – Moses; 8. Bethania – Mair, Martha a Lasarus; 9. Ur y Caldeaid – Abraham; 10. Y Môr Coch – Moses; 11. Mynydd Bethel – Jacob; 12. Ffynnon Jacob – Y wraig o Samaria.

Tudalen 112: Ateb 8 (1)
1. Eden; 2. Lasarus; 3. Ioan; 4. Saul; 5. Abednego; 6. Benjamin; 7. Ebol; 8. Thus. Enw'r person: **Elisabeth**.

Tudalen 113: Ateb 8 (2)
1. Nerth; 2. Eleias; 3. Herod; 4. Esau; 5. Mwstard; 6. Elisabeth; 7. Iorddonen; 8. Andreas. Enw'r Person: **Nehemeia**.

Tudalen 114: Ateb 8 (3)
1. Bethania; 2. Efengylau; 3. Ninefe; 4. Jesebel; 5. Abraham; 6. Mêl;
7. Iorddonen; 8. Nadolig. Enw'r Person: **Benjamin.**

Tudalen 115: Rhifau a Ffigyrau (1)
1. 7; 2. 12; 3. 11; 4. 40; 5. 66; 6. 27; 7. 39; 8. 450; 9. 10; 10. 3.

Tudalen 116: Rhifau a Ffigyrau (2)
1. 30; 2. 40; 3. 3; 4. 5; 5. 5; 6. 3; 7.12; 8. 10; 9. 100; 10. 6.

Tudalen 117: Cywir neu anghywir? (1)
1. Ganwyd Jeremeia yn Anathoth – **Cywir**; 2. Roedd Jacob ac Esau yn efeilliaid – **Cywir**; 3. Cafodd Jona ei fwyta gan lew – **Anghywir**; 4. Roedd Saul ar ei ffordd i Samaria pan gafodd ei droedigaeth – **Anghywir**; 5. Daeth Joseia yn frenin ar y wlad pan oedd yn 8 oed – **Cywir;** 6. Cafodd Iesu ei Swper Olaf yn y deml – **Anghywir**; 7. Y mae'r Môr Marw yn llawn o bysgod – **Anghywir**; 8. Roedd Solomon yn ddyn doeth iawn – **Cywir**; 9. Roedd Manasse yn frenin creulon iawn – **Cywir**; 10. Roedd Jesebel yn frenhines garedig iawn – **Anghywir**; 11. Ar ôl iddo gael ei eni bu'n rhaid i Iesu a'i deulu ffoi i'r Aifft – **Cywir**; 12. Bu Moses yn gyfrifol am adeiladu'r deml – **Anghywir**.

Tudalen 118: Cywir neu Anghywir? (2)
1. Cafodd Ioan Fedyddiwr ei fedyddio gan Iesu – **Anghywir**; 2. Derbyniodd Moses y Deg Gorchymyn ar Fynydd Sinai – **Cywir**; 3. Enw tad Jacob oedd Esau – **Anghywir**; 4. Bu Iesu yn yr anialwch am 40 mlynedd – **Anghywir**; 5. Cafodd Iesu ei eni ym Methlehem – **Cywir**; 6. Roedd gan Iesu 12 disgybl yn ei helpu – **Cywir**; 7. Mair Magdalen oedd enw mam Iesu – **Anghywir**; 8. Enw gwraig Adda oedd Efa – **Cywir**; 9. Aeth Noa ag un o bob anifail i mewn i'r arch – **Anghywir**; 10. Cafodd Daniel ei fwyta gan lewod – **Anghywir**; 11. Cafodd Sadrach, Mesach ac Abednego eu taflu i'r ffwrnais ond ni chawsant eu llosgi – **Cywir**; 12. Cafodd Iesu ei arestio yng Ngardd Gethsemane – **Cywir**.

Tudalen 119: Pwy yw'r fam?
1. Obed – Ruth; 2. Ismael – Hagar; 3. Solomon – Bathseba; 4. Eliahas – Ada; 5. Samuel – Hanna; 6. Adanijah – Haggith; 7. Joseff – Rachel; 8. Jonathan – Ahinoam; 9. Athaleia – Athalich; 10. Jwda – Lea.

Tudalen 120: Ble yn y Beibl?
1. Genesis; 2. Actau; 3. Brenhinoedd; 4. Barnwyr; 5. Genesis; 6. Mathew; 7. Daniel; 8. Genesis; 9. Diarhebion; 10. Salmau.

Tudalen 121: Pryd ddigwyddodd hyn?
1. 3 gwaith y dydd; 2. 100 oed; 3. Pan gafodd ei ailuno â Jacob; 4. Pan ddywedodd Iesu, 'Dilyn fi'; 5. Yn ystod y nos; 6. Pan oedd yn fugail.

Tudalen 122: Pa anifail? (1)
1. asyn; 2. colomen; 3. arth; 4. ceffylau; 5. moch; 6. dafad

Tudalen 123: Pa anifail? (2)
1. pysgodyn; 2. gwartheg; 3. sarff; 4. llewod; 5. ychen; 6. llo

Tudalen 124: Pa swydd? (1)
1. pysgotwr; 2. proffwyd; 3. milwr; 4. bugail; 5. pobydd

Tudalen 125: Pa swydd? (2)
1. brenin; 2. casglwr trethi; 3. adeiladwyr; 4. ffermwr; 5. brenin

Tudalen 126: Fi oedd y cyntaf!
1. Steffan; 2. Cain; 3. Saul; 4. Othniel; 5. Cain ac Abel; 6. Samuel; 7. Jacob ac Esau; 8. Abel; 9. Cain; 10. Simon Pedr ac Andreas; 11. Pedr

Tudalen 127: Pwy, tybed? (1)
1. Salome; 2. Tad y Mab Colledig; 3. Elias; 4. Joseff; 5. Jeremeia; 6. Noa; 7. Rebecca; 8. Potiffar; 9. Moses; 10. Aaron

Tudalen 128: Pwy, tybed? (2)
1. Hosea; 2. Isaac; 3. Y gwŷr doeth; 4. Mathias; 5. Philip; 6. Seth; 7. Berri; 8. merch Pharo; 9. Dafydd; 10. Elisabeth; 11. Miriam; 12. Jesrel

Tudalen 129: Pwy, tybed? (3)
1. Samuel; 2. Pilat; 3. Barabbas; 4. Simon o Gyrene; 5. Joseff o Arimathea; 6. Ioan Fedyddiwr; 7. Simon Pedr; 8. Gabriel; 9. Prif offeiriad; 10. Mair Magdalen; 11. Jonathan; 12. Amos

Tudalen 130: Pwy, tybed? (4)
1. Saul; 2. Solomon; 3. Samson; 4. proffwydi Baal; 5. Nehemeia; 6. Steffan; 7. Ananias; 8. Mathias; 9. Tabitha; 10. Josua

Tudalen 131: Pwy, tybed? (5)
1. Mair; 2. Elisabeth; 3. Miriam; 4. Lasarus; 5. Andreas; 6. Samson; 7. Isaac; 8. Benjamin; 9. Isaac; 10. Abel

Tudalen 132: Pwy, tybed? (6)
1. Moses; 2. Joseff; 3. Samson; 4. Daniel; 5. Sadrach, Mesach ac Abednego; 6. Jacob; 7. Abraham; 8. Noa; 9. Goliath; 10. Paul

Tudalen 133: Pwy, tybed? (7)
1. Ioan Fedyddiwr; 2. Herod; 3. merch Pharo; 4. Jwdas Iscaroit; 5. Simon Pedr; 6. Thomas; 7. Moses; 8. Jona; 9. Saul; 10. Sacheus

Tudalen 134: Pwy, tybed? (8)
1. gwraig Lot; 2. Moses; 3. Herod; 4. Mair; 5. Lasarus; 6. Moses; 7. Mair Magdalen; 8. y gwŷr doeth

Tudalen 135: Ble yn y byd? (1)
1. Anathoth; 2. Bethel; 3. pentref wrth ymyl Jerwsalem; 4. Ur; 5. Cana; 6. Carmel; 7. Cyrene; 8. Gardd Eden; 9. Iorddonen; 10. Jopa; 11. Effesus; 12. Ninefe

Tudalen 136: Ble yn y byd? (2)
1. Bethlehem; 2. Nasareth; 3. Jerwsalem; 4. Galilea; 5. Ararat; 6. Sinai; 7. Aifft; 8. Damascus; 9. Bethania; 10. Gardd Gethsemane; 11. ar ben coeden; 12. Carmel

Tudalen 137: Tybed pwy fedr ateb? (1)
1. Wyth; 2. 12; 3. Finegr a bustl; 4. Dŵr; 5. Bethlehem; 6. Potiffar; 7. Cesar Awgwstus; 8. 12 oed; 9. Dau lofrudd; 10. Jesse.

Tudalen 138: Tybed pwy fedr ateb? (2)
1. Canaan; 2. Seth; 3. Thomas; 4. Cyn y Swper Olaf; 5. 8; 6. Y Môr Coch; 7. Llewod; 8. Sarff; 9. Llechen; 10. 4.

Tudalen 139: Tybed pwy fedr ateb? (3)
1. Simon o Cyrene; 2. Mwstard; 3. Ceiliog; 4. Gabriel; 5. Locustiaid a mêl; 6. Pilat; 7. Torri ei glust; 8. Iago ac Ioan; 9. 30; 10. Ffigysbren.

Tudalen 140: Tybed pwy fedr ateb? (4)
1. Rhufain; 2. Gorffwys; 3. Sheba; 4. 6ed diwrnod; 5. Esgyrn sychion; 6. Thomas; 7. Disgyn; 8. Rhoi golwg iddo; 9. Yn y deml; 10. Eu troi'n fara.

Tudalen 141: Tybed pwy fedr ateb? (5)
1. Lladd; 2. Cain; 3. Saul; 4. Croeshoelio Iesu; 5. 'Pawb'; 6. Malachi;
7. Joseff; 8. Nebuchadnesar; 9. Barabbas; 10. Gwnïo.

Tudalen 142: Tybed pwy fedr ateb? (6)
1. Saith; 2. Y graig; 3. Y gwragedd/ Pedr ac Ioan; 4. Llo; 5. Rebeca;
6. Jairus; 7. Llwynog; 8. Un; 9. Horeb; 10. Utgyrn.

Tudalen 143: Tybed pwy fedr ateb? (7)
1. Eifftiwr; 2. 5; 3. 12; 4. Andreas; 5. Ioan; 6. 7fed; 7. Palmwydden Debora;
8. Ninefe; 9. Archoffeiriad; 10. Joseff.

Tudalen 144: Tybed pwy fedr ateb? (8)
1. Cyfnewidwyr arian; 2. 4; 3. 100; 4. 33; 5. Carreg fawr; 6. Iorddonen;
7. Gwraig Lot; 8. Eliseus; 9. Miriam; 10. Obadeia

Tudalen 145: Tybed pwy fedr ateb? (9)
1. Solomon; 2. Pen Ioan Fedyddiwr; 3. Colomen; 4. Gweddïo; 5. 12;
6. Troi'n waed; 7. 2; 8. Llo; 9. Dros y mur mewn basged; 10. Jerwsalem.

Tudalen 146: Tybed pwy fedr ateb? (10)
1. Y Testament Newydd a'r Hen Destament; 2. Côt liwgar; 3. Nid oedd lle arall; 4. Colomen; 5. Bugail; 6. Seren; 7. Yr Aifft; 8. Babel; 9. Ararat;
10. Y Môr Coch.

Tudalen 147: Tybed pwy fedr ateb? (11)
1. Telyn; 2. Goleuni; 3. Meibion Noa; 4. Proffwydo; 5. Methwsela; 6. O Jerwsalem i Jericho; 7. Colomen; 8. Sycamorwydden; 9. Enfys; 10. Moch.

Tudalen 148: Tybed pwy fedr ateb? (12)
1. 10 pla; 2. Dwyrain; 3. 'Craig'; 4. Gethsemane; 5. 30 darn arian; 6. Dyn a dynes; 7. Josua; 8. 150 diwrnod; 9. Nerth Duw ar ôl i Josua a'i filwyr ufuddhau; 10. Coron o ddrain.

Tudalen 149: Tybed pwy fedr ateb? (13)
1. Pedr; 2. Haul, lleuad a'r sêr; 3. Benjamin; 4. Trin y tir; 5. Olew ychwanegol; 6. sycamorwydden; 7. Balaam; 8. Dau; 9. Joseff; 10. Jacob.

Tudalen 150: Pwy yw'r dieithryn? (1)
1. Nebuchadnesar; 2. Marc; 3. Cain; 4. Lot; 5. Eliacim.

Tudalen 151: Pwy yw'r dieithryn? (2)
1. Timotheus; 2. Jwdas; 3. Daniel; 4. Magdalen; 5. Esau.

Tudalen 152: Gwŷr a gwragedd
1. Jesebel (1 Brenhinoedd 21:4-5); 2. Sara (Genesis 17:15); 3. Brenin Dafydd (1 Samuel 19:11); 4. Pilat (Mathew 27:17-19); 5. Lea a Rachel (Genesis 29:16-28); 6. Isaac (Genesis 24:67); 7. Priscila (Actau 18:2); 8. Potiffar (Genesis 39:1, 7-20); 9. Saffeira (Actau 5:1); 10. Boas (Ruth 4:13).

Tudalen 153: Tadau a meibion
1. Abraham (Genesis 22:1-2); 2. Saul (1 Samuel 14:49); 3. Adda (Genesis 4:1-2, 25); 4. Jacob (Genesis 35:23-26); 5. Solomon (1 Brenhinoedd 2:1); 6. Isaac (Genesis 25:21-26); 7. Noa (Genesis 5:32); 8. Joseff (Mathew 1:20); 9. Isaac (Genesis 25:23-26); 10. Abraham (Ioan 8:39; Galatiaid 3:7).

Tudalen 154: Pobl yn y Beibl (1)
1. a) Anna (Luc 2:36-38); 2. b) Jehoas (2 Brenhinoedd 11:21; 12:1-14); 3. b) Samuel (1 Samuel 1:20); 4. c) Meffiboseth (2 Samuel 4:4); 5. a) Timotheus (2 Timotheus 1:5).

Tudalen 155: Pobl yn y Beibl (2)
1. b) Samson (Barnwyr 13:3, 20, 24); 2. a) Obed (Ruth 4:17); 3. a) Samuel (1 Samuel 1:12-30); 4. b) Ismael (Genesis 16:15; 21:14-21); 5. c) Jeremeia (Jeremeia 1:5).

Tudalen 156: Brodyr a chwiorydd
1. Cain a Seth (Genesis 4:1, 25); 2. Aaron (Exodus 4:14); 3. Benjamin (Genesis 46:19); 4. Sem, Jaffeth (Genesis 9:18); 5. Andreas (Ioan 1:40); 6. Iago ac Ioan (Marc 3;17); 7. Rachel (Genesis 29:16); 8. Pwy bynnag sy'n gwneud ewyllys fy Nhad (Mathew 12:50); 9. Ismael (Genesis 25:9,12); 10. Esau (Genesis 25:25-26).

Tudalen 157: Meibion a merched (1)
1. b) Hanna (1 Samuel 2:19); 2. a) Jairus (Marc 5:22-43); 3. ch) Un ferch (Luc 8:41-43); 4. b) Tisian saith gwaith (2 Brenhinoedd 4:35); 5. c) Ismael (Genesis 16:7-12).

Tudalen 158: Meibion a merched (2)
6. c) Solomon (1 Brenhinoedd 3:16-27); 7. ch) Nain (Luc 7:11-16); 8. ch) Timotheus (1 Timotheus 1;2); 9. b) Sara (Genesis 21:1-7); 10. b) 100 (Genesis 21:5).

Tudalen 159: Tadau yn y Beibl (1)
1. c) Dafydd (2 Samuel 13:37); 2. b) Simon o Cyrene (Marc 15:21);
3. a) Jonathan (2 Samuel 4:4); 4. b) Saul (1 Samuel 18:20); 5. ch) Joseff (Genesis 48:1).

Tudalen 160: Tadau yn y Beibl (2)
1. a) Annas (Ioan 18:13); 2. b) Jacob (Genesis 34:1); 3. b) Saul (2 Samuel 9:6); 4. ch) Nun (Josua 1:1); 5. c) Joseff (Galatiaid 1:19).

Tudalen 161: Gorchymyn yw gorchymyn!
1. Noa (Genesis 6:13-14); 2. Naaman (2 Brenhinoedd 5:9-10); 3. Jona (Jona 1:1-2); 4. Adda ac Efa (Genesis 3:23); 5. Abram (Genesis 11:31 – 12:3); 6. Lot (Genesis 19:1, 12-15); 7. Josua (Josua 6:2-3); 8. Lasarus (Ioan 11:43); 9. Nicodemus (Ioan 3: 1, 7); 10. Sacheus (Luc 19:5).

Tudalen 162: Y cwis gwyrdd (1)
1. c) Cig (Genesis 1:29-30); 2. ch) Gweddillion bwyd (Ioan 6:12); 3. Gau: roedd yn dda iawn (Genesis 1:31); 4. b) Llawer o wartheg (Jona 4:11); 5. c) Y greadigaeth gyfan (Rhufeiniaid 8:21-22).

Tudalen 163: Y cwis gwyrdd (2)
1. ch) Plentyn bychan (Eseia 11:6); 2. c) Coed ffrwythau (Deuteronomium 20:19); 3. b) Garddwr (Genesis 2:15); 4. Gau (Lefiticus 19:9-10); 5. a) Iesu (Ioan 15:1).

Tudalen 164: Ffrindiau Iesu
1. Iago ac Ioan (Mathew 4:21); 2. Mathew (Lefi) (Mathew 9:9); 3. Nathaniel (Ioan 1:43-50); 4. Mair, chwaer Martha (Ioan 12:3); 5. Ioan Fedyddiwr (Mathew 3:13-15); 6. Lasarus (Ioan 11:1-2); 7. Sacheus (Luc 19:1-10); 8. Bartimeus (Marc 10:46-52); 9. Pedr (Marc 8:33); 10. Mair Magdalen (Ioan 20:15).

Tudalen 165: Plant y Beibl
1. Samuel (1 Samuel 3:3-8); 2. Cain (Genesis 4:1); 3. Pum torth a dau bysgodyn (Ioan 6:9); 4. Dywedodd wrtho am roi rhywbeth iddi i'w fwyta; 5. Yn y deml (Luc 2:46); 6. Ym mhalas Pharo (Exodus 2:10); 7. Ioan Fedyddiwr (Luc 1:26, 36); 8. Dyma nhw'n dweud wrthynt am fynd i ffwrdd (Marc 10:13); 9. Esau (Genesis 25:25, 28); 10. Joseff (Genesis 37:7).

Tudalen 166: Mynyddoedd y Beibl
1. Sinai (Horeb) (Exodus 19:18 – 20:17); 2. Ararat (Genesis 8:4); 3. Tabor (Barnwyr 4:6-7); 4. Nebo (Deuteronomium 34:1); 5. Mynydd yr Olewydd (Luc 22:39; Marc 14:26, 32); 6. Carmel (1 Brenhinoedd 18:19); 7. Moreia (Genesis 22:2-12); 8. Gilboa (2 Samuel 1:21); 9. Seion (Moreia) (2 Samuel 5:7; 2 Cronicl 3:1); 10. Mynydd yr Olewydd (Actau 1:12).

Tudalen 167: Anifeiliaid
1. Cigfrain (1 Brenhinoedd 17:6); 2. Sarff (Genesis 3:1); 3. Mul (Numeri 22:21); 4. Defaid (1 Samuel 16:11); 5. Asyn (Mathew 21:2); 6. Neidr (gwiber) (Actau 28:3); 7. Llewod (Daniel 6:16); 8. Hwrdd (Genesis 22:13); 9. Moch (Luc 15:15); 10. Morfil mawr (Jona 1:17).

Tudalen 168: Gwyrthiau
1. 6 (Ioan 2:6); 2. Aethant i mewn i genfaint o foch (Marc 5:11-13); 3. 1 (Luc 17:15); 4. coed (Marc 8:24); 5. Mantell Iesu (Mathew 9:20-21); 6. Ei fatras (Marc 2:11); 7. Y gwynt a'r tonnau (Marc 4:39); 8. Josua (Josua 3:7-16); 9. Taflu eu rhwydi i ochr dde y cwch (Ioan 21:6); 10. Mair Magdalen (Ioan 20:1, 15).

Tudalen 169: Creaduriaid y Beibl (1)
1. c) 10 (Genesis 24:10); 2. a) Pysgod (Luc 24:42-43); 3. ch) 5ed (Genesis 1:20-23); 4. ch) Dim o'r rhain (Jona 1:17 – morfil mawr); 5. c) Soflieir (Exodus 16:13).

Tudalen 170: Creaduriaid y Beibl (2)
1. b) Asynnod (1 Samuel 9:3); 2. a) Blew camel (Marc 1:6); 3. c) Ewig (Salm 42:1); 4. ch) Pob un o'r rhain (Datguddiad 12:9); 5. a) Cadno (Luc 13:32).

Tudalen 171: Breuddwydion a gweledigaethau
1. Jacob (Genesis 28:12); 2. Joseff (Genesis 37:5-7); 3. Pharo (Genesis 41:1-4); 4. Y Dynion Doeth (Mathew 2:12); 5. Joseff (Mathew 2:13); 6. Pedr (Actau 10:11); 7. Paul (Actau 16:9); 8. Joseff (Genesis 40:9-13); 9. Saul (Paul) (Actau 9:1-5); 10. Steffan (Actau 7:55).

Tudalen 172: Brenhinoedd a breninesau
1. Solomon (1 Brenhinoedd 4:30); 2. Dafydd (1 Samuel 17); 3. Herod (Mathew 2:8); 4. Solomon (1 Brenhinoedd 6:2); 5. Saul (1 Samuel 19:1); 6. Gwir (Esther 2:17); 7. Brenhines Sheba (1 Brenhinoedd 10:1-13); 8. Pharo; 9. Herod (Mathew 14:1-10); 10. Iesu.

Tudalen 173: Cyfarfod ag angylion
1. Mair (Luc 1:26-38); 2. Jacob (Genesis 28:10-12); 3. Daniel (Daniel 6:21-22); 4. preseb (Luc 2:12); 5. Gwir; 6. Gwir (Numeri 22:21-23); 7. Adda ac Efa (Genesis 3:24); 8. Joseff (Mathew 2:13); 9. Gwyn (Mathew 28:3); 10. Iesu (Hebreaid 1:4).

Tudalen 174: Chwaraeon a gêmau
1. Rhedeg yr yrfa o'n blaen heb ddiffygio (Hebreaid 12:1); 2. wobr (1 Corinthiaid 9:24); 3. Priodasau ac angladdau (Luc 7:32); 4. Cwffio (1 Corinthiaid 9:26-27); 5. Samson (Barnwyr 14:12); 6. Coelbren (Ioan 19:24); 7. Saethu (1 Samuel 20:20, 36-37); 8. Yr ail (Exodus 20:4); 9. Jacob (Genesis 32:24-29); 10. Brenhines Sheba (1 Brenhinoedd 10:1-10).

Tudalen 175: Bwyd, hyfryd fwyd! (1)
1. b) Samson (Barnwyr 14:5-9); 2. b) Grawn gwyllt (2 Brenhinoedd 4:38-41); 3. c) Croyw (Lefiticus 23:4-6); 4. ch) Esau (Genesis 25:29-34); 5. ch) Locustiaid (Mathew 3:4).

Tudalen 176: Bwyd, hyfryd fwyd! (2)
1. b) Bara (1 Brenhinoedd 17:10-14); 2. c) Bara a physgod (Ioan 21:9); 3. a) Manna (Exodus 16:31); 4. b) Mêl (Numeri 13:23); 5. a) Ffigysbren (Mathew 21:19).

Tudalen 177: Storïau caru
1. Jacob (Genesis 29:20); 2. Ruth (Ruth 1:16); 3. Rebeca ac Isaac (Genesis 24:67); 4. Hosea (Hosea 3:1); 5. Samson (Barnwyr 16:1-21); 6. Dafydd (2 Samuel 1:26); 7. Hanna (1 Samuel 1:8); 8. Caniad Solomon (2:4); 9. 1 Ioan (3:14); 10. Paul (1 Corinthiaid 13:1).

Tudalen 178: Heb ei debyg (1)
1. b) Sacheus (Luc 19:2-4); 2. c) Saul (1 Samuel 9:2); 3. b) Job (Iago 5:11); 4. b) Canwriad Rhufeinig (Luc 7:9); 5. b) Solomon (1 Brenhinoedd 3:10-13).

Tudalen 179: Heb ei debyg (2)
1. ch) Iesu (Ioan 7:46); 2. Moses (Numeri 12:3); 3. c) Sarff (Genesis 3:1); 4. b) Oen (2 Samuel 12:1-3); 5. c) cariad (1 Corinthiaid 13:13).

Tudalen 180: Prynu a gwerthu (1)
1. b) Ananias (Actau 5:1-2); 2. b) Amos (Amos 8:5); 3. b) Simon y swynwr (Actau 8:18-19); 4. a) Philistiaid (Barnwyr 16:5); 5. b) 20 (Genesis 37:28).

Tudalen 181: Prynu a gwerthu (2)
1. c) Y Pen Offeiriaid (Mathew 28:11-15); 2. c) Aceldama (Actau 1:15-19); 3. c) Jwda (Genesis 37:26-27); 4. a) Ffelix (Actau 24:24-26); 5. c) Ioan Fedyddiwr (Luc 3:13).

Tudalen 182: Cychod yn y Beibl (1)
1. c) 450 troedfedd (Genesis 6:15); 2. b) 3 (Genesis 6:16); 3. a) Tarsis (Jona 1:3); 4. b) Cysgu (Mathew 8:23-27); 5. a) 1 (Genesis 6:16).

Tudalen 183: Cychod yn y Beibl (2)
1. ch) Grawn (Actau 27:38); 2. b) Bwyta ychydig o fwyd (Actau 27:33-34); 3. ch) Dim (Actau 27:44); 4. c) Salm 107; 5. b) Cysgu (Jona 1:5-6).

Tudalen 184: Y Cristnogion cyntaf (1)
1. a) Jerwsalem (Luc 24:49); 2. b) Gwin (1 Timotheus 5:23); 3. ch) Paul (Actau 14:19-20); 4. b) Pentecost (Actau 2:1-3); 5. b) Antiochia (Actau 11:26).

Tudalen 185: Y Cristnogion cyntaf (2)
1. ch) 3,000 (Actau 2:41); 2. c) Ethiopia (Actau 8:27); 3. c) I dderbyn pobl o bob cenedl (Actau 10:9-28); 4. b) Iago (Galatiaid 1:19); 5. c) Simon y barcer (Actau 10:32).

Tudalen 186: Rhyfeloedd y Beibl (1)
1. c) Codi ei law (Exodus 17:8-13); 2. c) Disgyn ar ei gleddyf (1 Samuel 31:4); 3. a) Cael ei saethu gan saethwr (1 Brenhinoedd 22:34); 4. b) Angel yr Arglwydd (2 Brenhinoedd 19:35); 5. b) Safodd yr haul yn stond (Josua 10:13).

Tudalen 187: Rhyfeloedd y Beibl (2)
1. a) Arch y Cyfamod (1 Samuel 4:10-11); 2. b) Cerbydau rhyfel a cheffylau (2 Brenhinoedd 7:6-7); 3. a) Midian (Barnwyr 7:15-22); 4. c) Armagedon (Datguddiad 16:16); 5. b) Y gyfrinach o greu arfau haearn (1 Samuel 13:19-21).

Tudalen 188: Ysbïwyr a chynllwynion! (1)
1. ch) I weld gwrach yn gyfrinachol (1 Samuel 28:7-8); 2. b) Jericho (Josua 2:6); 3. b) Yn byw yn rhy bell i ffwrdd (Joshua 9); 4. b) Bendith gan ei dad (Genesis 27); 5. c) Mewn basged wedi ei gostwng o wal (Actau 9:25).

Tudalen 189: Ysbïwyr a chynllwynion! (2)
1. c) Nai Paul (Actau 23:12-16); 2. c) Dyn a chanddo jar o ddŵr (Luc 22:8-10); 3. b) Husai (2 Samuel 15:32-37); 4. a) Ahab (1 Brenhinoedd 22:29-36); 5. b) Michal (1 Samuel 19:11-16).

Tudalen 190: Cerddoriaeth yn y Beibl (1)
1. a) Telyn (1 Samuel 16:23); 2. ch) Y rhain i gyd (1 Cronicl 15:28); 3. b) Tympan (Exodus 15:20); 4. b) Utgorn (Amos 3:6); 5. b) Midianiaid (Barnwyr 7:20-23).

Tudalen 191: Cerddoriaeth yn y Beibl (2)
1. ch) Jwbal (Genesis 4:21); 2. a) Dafydd (1 Cronicl 15:16); 3. b) Utgyrn (Datguddiad 8:6); 4. a) Ffliwt (Luc 7:32); 5. ch) Cantorion a chantoresau (Pregethwr 2:8).

Tudalen 192: Adar a bwystfilod (1)
1. a) Gwartheg (Genesis 41:2); 2. b) Geifr (Mathew 25:32); c) 3. Morgrugyn (Diarhebion 6:6); 4. c) Llo (Exodus 32:4); 5. b) Seirff (Numeri 21:6).

Tudalen 193: Adar a bwystfilod (2)
1. b) Hwrdd (Genesis 22:13); 2. c) Deilen Olewydd (Genesis 8:11); 3. ch) Gwenyn (Exodus 7-12); 4. a) Cigfrain (1 Brenhinoedd 17:4-6); 5. c) 7 (Genesis 7:2-3).

Tudalen 194: Ble mae'r camgymeriad? (1)
1. '... daeth seryddion o'r dwyrain i **Jerwsalem** a holi, 'Ble mae'r hwn a anwyd yn frenin yr Iddewon?' (Mathew 2:1b, 2); 2. 'Ystyriwch lili'r maes ... nid oedd gan hyd yn oed **Solomon** yn ei holl ogoniant wisg i'w chymharu ag un o'r rhain.' (Mathew 6:28b, 29); 3. 'Wrth fynd heibio oddi yno gwelodd Iesu ddyn a elwid **Mathew** yn eistedd wrth y dollfa, ...' (Mathew 9:9a); 4. 'Gwyn eu byd y rhai sy'n newynu a sychedu am **gyfiawnder**, oherwydd cânt hwy eu digon.' (Mathew 5:6); 5. '... y mae'n haws i **gamel** fynd trwy grau nodwydd nag i rywun cyfoethog fynd i mewn i deyrnas Dduw.' (Mathew 19:24);

Tudalen 195: Ble mae'r camgymeriad? (2)
1. 'Yr oedd Ioan wedi ei wisgo mewn dillad o flew camel a gwregys o groen am ei **ganol**, a locustiaid a mêl gwyllt oedd ei fwyd.' (Marc 1:6); 2. 'Yn wir, rwy'n dweud wrthyt y bydd i ti heno nesaf, cyn i'r ceiliog ganu ddwywaith, fy ngwadu i **deirgwaith**.' (Marc 14:30); 3. 'Yn y dyddiau hynny aeth gorchymyn allan oddi wrth Cesar **Awgwstus** i gofrestru'r holl Ymerodraeth.'

(Luc 2:1); 4. '... dechreuodd y bugeiliaid ddweud wrth ei gilydd, 'Gadewch inni fynd i **Fethlehem** a gweld yr hyn sydd wedi digwydd, y peth yr hysbysodd yr Arglwydd ni amdano.' (Luc 2:15b); 5. '... a chododd i ddarllen. Rhoddwyd iddo lyfr y proffwyd **Eseia** ...' (Luc 4:1b, 17a).

Tudalen 196: Pwy 'di pwy? (1)
1. b. Jesebel; 2. c. Abraham; 3. a. Methwsela; 4. b. Steffan; 5. c. Joseff o Arimathea.

Tudalen 197: Pwy 'di pwy? (2)
1. b. Lasarus; 2. b. Miriam; 3. a. Esau; 4. c. Tabitha; 5. a. Jonathan.

Tudalen 198: Be 'di be? (1)
1. b. Perth; 2. c. Aur, thus a myrr; 3. b. Cnu gwlân; 4. c. Dail ffigys; 5. b. Damhegion.

Tudalen 199: Be 'di be? (2)
1. b. Seren; 2. c. Y Gwynfydau; 3. a. Bara a gwin; 4. a. Ffon dafl; 5. b. Dŵr.

Tudalen 200: Be 'di be? (3)
1. c. Tŵr Babel; 2. b. Ymolchi yn yr afon; 3. b. Cigfrain; 4. c. Carreg; 5. a. Grawn.

Tudalen 201: Be 'di be? (4)
1. c. Cafodd ei ollwng mewn basged; 2. a. Tynnu blewyn cwta; 3. c. Cael ei fedyddio; 4. b. Bu mewn llongddrylliad; 5. c. Colofn halen.

Tudalen 202: Be 'di be? (5)
1. b. Perth ar dân; 2. b. Arch; 3. c. Cwpan aur; 4. a. Sycamorwydden; 5. b. Ei gwallt.

Tudalen 203: Be 'di be? (6)
1. c. Bara; 2. a. Y deml; 3. c. Carreg; 4. a. Telyn; 5. b. Seren.

Tudalen 204: Hud anifeiliaid (1)
1. **b.** 'Daethant â'r ebol at Iesu a bwrw eu mentyll arno, ac eisteddodd yntau ar ei gefn.' (Marc 11:7); 2. **c.** 'Yn y bore, ar doriad gwawr, cododd y brenin a mynd ar frys at ffau'r llewod.' (Daniel 6:19); 3. **a.** 'Bydd y llyffaint yn dringo drosot ti ...' (Exodus 8:4); 4. **a.** 'Yr oedd Ioan wedi ei wisgo mewn dillad o flew camel ...' (Marc 1:6); 5. **b.** '... a bydd ef yn eu didoli oddi wrth ei gilydd, fel y mae bugail yn didoli'r defaid oddi wrth y geifr.' (Mathew 25:32);

Tudalen 205: Hud anifeiliaid (2)
1. **c.** 'Ti ddiogyn, dos at y morgrugyn, a sylwa ar ei ffordd a bydd ddoeth.' (Diarhebion 6:6); 2. **b.** 'Fe drig y blaidd gyda'r oen ...' (Eseia 11:6); 3. **a.** 'Dewch â'r llo sydd wedi ei besgi, a lladdwch ef. Gadewch inni wledda a llawenhau ...' (Luc 15:23); 4. **c.** '... y mae hyd yn oed y cun o dan y bwrdd yn bwyta o friwsion y plant.' (Marc 7:28); 5. **c.** 'Meddai Iesu wrtho, "Y mae gan y llwynogod ffeuau, a chan adar yr awyr nythod ...' (Luc 9:58).

Tudalen 206: Arian, arian, arian! (1)
1. **b.** Bradychodd Jwdas Iesu am dri deg darn o arian; 2. **c.** Yn ôl Iesu, gwerthwyd pump o adar y to am ddwy geiniog; 3. **a.** Roedd y gwas didrugaredd mewn dyled o ddeg mil o dalentau; 4. **b.** Rhoddodd y wraig dlawd ddau ddarn arian copr yn nhrysorlys y deml; 5. **b.** Dywedodd Iesu wrth y llywodraethwr cyfoethog am roi ei arian i'r tlawd.

Tudalen 207: Arian, arian, arian! (2)
1. **b.** Siaradodd Iesu am dalu trethi i Gesar; 2. **c.** Adroddodd Iesu ddameg am ddarn arian coll; 3. **a.** Dymchwelodd Iesu fyrddau'r cyfnewidwyr arian; 4. **c.** Addawodd Sacheus ad-dalu pedair gwaith y swm i'r bobl a dwyllodd; 5. **a.** Rhoddodd y Samariad Trugarog ddau ddenarius i ŵr y llety.

Tudalen 208: Gwir neu Gau?
1. **Gau:** Nid oedd Marc yn un o'r deuddeg apostol.
2. **Gau:** Nid oedd Paul yn un o'r deuddeg apostol.
3. **Gwir:** Roedd Pedr yn un o'r deuddeg apostol.
4. **Gwir:** Roedd Ioan yn un o'r deuddeg apostol.
5. **Gwir:** Roedd Iago yn un o'r deuddeg apostol.
6. **Gau:** Nid oedd Lasarus yn un o'r deuddeg apostol.
7. **Gau:** Nid oedd Nicodemus yn un o'r deuddeg apostol.
8. **Gwir:** Roedd Thomas yn un o'r deuddeg apostol.
9. **Gau:** Nid oedd Barnabas yn un o'r deuddeg apostol.
10. **Gwir:** Roedd Andreas yn un o'r deuddeg apostol.

Tudalen 209: Beth ydw i?
1. Cafodd Jacob ei dwyllo i briodi Lea.
2. Cafodd Paul ei hun mewn llongddrylliad ar ei ffordd i Rufain.
3. Gofynnodd y dynion doeth i Herod ble roedd y brenin newydd wedi ei eni.
4. Philip gyfarfu â theithiwr Ethiopaidd a'i fedyddio.
5. Mair sychodd draed Iesu â'i gwallt.
6. Noa a oroesodd ddilyw mawr.
7. Elias gafodd ei fwydo gan gigfrain.

8. Jona a achubwyd gan bysgodyn.
9. Nebuchadnesar a daflodd dri dyn i ffwrnais.
10. Dafydd oedd yn fugail cyn dod yn frenin.

Tudalen 210: Dewis o 4 (1)
1. Adda; 2. Jwdas; 3. Lasarus; 4. Aaron; 5. 40; 6. Isaac.

Tudalen 211: Dewis o 4 (2)
1. Noa; 2. Bethlehem; 3. Moses; 4. Pilat; 5. 5,000; 6. Joseff o Arimathea.

Tudalen 212: Dewis o 4 (3)
1. Dafydd; 2. Samuel; 3. Samson; 4. Ararat; 5. 11; 6. Job.

Tudalen 213: Dewis o 4 (4)
1. Mair; 2. Mathew; 3. Paul; 4. Jairus; 5. Lasarus; 6. 30.

Tudalen 214: Dewis o 4 (5)
1. Cwch; 2. Côt; 3. Aaron; 4. 11; 5. Yr Aifft; 6. Colomen.

Tudalen 215: Dewis o 4 (6)
1. Joseff; 2. Saul; 3. Salm y Bugail; 4. Thomas; 5. 66; 6. Cain.

Tudalen 216: Dewis o 4 (7)
1. Deg Gorchymyn; 2. Josua; 3. Simon o Cyrene; 4. Moses; 5. 39; 6. Jeremeia.

Tudalen 217: Dewis o 4 (8)
1. Efa; 2. Saer; 3. Eleias; 4. Simon Pedr; 5. 40; 6. Lot.

Tudalen 218: Dewis o 4 (9)
1. Jona; 2. Cain; 3. Nasareth; 4. 2; 5. Cwpan arian; 6. Jericho.

Tudalen 219: Dewis o 4 (10)
1. Moses; 2. Gardd Eden; 3. Babel; 4. Simon Pedr; 5. 6; 6. Gwneuthurwr pebyll.

Tudalen 220: Dewis o 4 (11)
1. Eu taflu i'r ffwrnais dân; 2. Gorffwys; 3. Enfys; 4. Ceiliog yn canu; 5. 99; 6. Sinai.

Tudalen 221: Dewis o 4 (12)
1. Sacheus; 2. Ffon dafl; 3. Joseff; 4. Dau Leidr; 5. 1; 6. Jacob ac Esau.

Tudalen 222: Dewis o 4 (13)
1. Bethlehem; 2. Delila; 3. Sara; 4. 2; 5. Colomen; 6. 700

Tudalen 223: Dewis o 4 (14)
1. Seren; 2. Llo; 3. Telyn; 4. Newyn; 5. Deilen; 6. Emaus.

Tudalen 224: Dewis o 4 (15)
1. Gabriel; 2. Pysgotwyr; 3. Gwraig Lot; 4. Palmwydd; 5. 5; 6. Blew camel.

Tudalen 225: Dewis o 4 (16)
1. Sarff; 2. Arian; 3. Carreg; 4. Omega; 5. 12; 6. Iago ac Ioan.

Tudalen 226: Dewis o 4 (17)
1. Cusan; 2. Moses; 3. Cannwyll; 4. Eseciel; 5. 3; 6. Nehemeia.

Tudalen 227: Cyntaf i ateb! Pa A…?
1. Aur; 2. Amos; 3. Aaron; 4. Andreas; 5. Adda; 6. Yr Aifft; 7. Ahab;
8. Angel; 9. Abednego; 10. Abraham.

Tudalen 228: Cyntaf i ateb! Pa B…?
1. Benjamin; 2. Bethlehem; 3. Bartholomeus; 4. Bethania; 5. Barabbas;
6. Bedydd; 7. Beibl; 8. Brenin; 9. Bugail; 10. Bara.

Tudalen 229: Cyntaf i ateb! Pa C…?
1. Cwpan; 2. Cain; 3. Croes; 4. Cigfran; 5. Colomen; 6. Coron; 7. Cawell;
8. Coch; 9. Corinth; 10. Cesar.

Tudalen 230: Cyntaf i ateb! Pa D…?
1. Deuteronomium; 2. Dafydd; 3. Delila; 4. Damascus; 5. Dawnsio;
6. Datguddiad; 7. Daniel; 8. Disgyblion; 9. Dilyw; 10. Diarhebion.

Tudalen 231: Cyntaf i ateb! Pa E…?
1. Efengyl; 2. Eleias; 3. Esau; 4. Erledigaeth; 5. Enfys; 6. Elisabeth;
7. Eden; 8. Epistol; 9. Emyn; 10. Ebol asyn.

Tudalen 232: Cyntaf i ateb! Pa F/Ff…?
1. Finegr; 2. Ffau; 3. Ffôl; 4. Ffydd; 5. **???**; 6. Ffoi; 7. Fflamau;
8. Ffigysbren; 9. Ffoi; 10. Ffestus.

Tudalen 233: Cyntaf i ateb! Pa G...?
1. Gardd; 2. Gomer; 3. Goliath; 4. Groeg; 5. Gwynfydau; 6. Galatiaid;
7. Goleuni; 8. Gwin; 9. Gabriel; 10. Gideon.

Tudalen 234: Cyntaf i ateb! Pa H...?
1. Herod; 2. Hosea; 3. Herodias; 4. Hebraeg; 5. Heuwr; 6. Halen;
7. Hebreaid; 8. Heseceia; 9. Hanna; 10. Hagar.

Tudalen 235: Cyntaf i ateb! Pa I...?
1. Isaac; 2. Iago; 3. Ioan; 4. Iorddonen; 5. Israel; 6. Iesu; 7. Ismael; 8. Ioan;
9. Ioan; 10. Ioan.

Tudalen 236: Cyntaf i ateb! Pa J...?
1. Jerwsalem; 2. Jesebel; 3. Jona; 4. Josua; 5. Job; 6. Jeremeia; 7. Jericho; 8. Joseia; 9. Jwdas; 10. Joseff.

Tudalen 237: Cyntaf i ateb! Pa L...?
1. Lasarus; 2. Luc; 3. Lefiticus; 4. Locustiaid; 5. Lydia; 6. Lefi; 7. Lot; 8. Laban; 9. Lamp; 10. Lystra.

Tudalen 238: Cyntaf i ateb! Pa Ll...?
1. Llyfrau; 2. Llyn; 3. Llawysgrifau; 4. Llosgi; 5. Llong; 6. Llestr pridd;
7. Lleng; 8. Llawenydd; 9. Llaw.

Tudalen 239: Cyntaf i ateb! Pa M...?
1. Marc; 2. Mêl gwyllt; 3. Malachi; 4. Moses; 5. Mwstard; 6. Miriam;
7. Mathias; 8. Manasse; 9. Mair; 10. Mesach.

Tudalen 240: Cyntaf i ateb! Pa N...?
1. Numeri; 2. Nicodemus; 3. Ninefe; 4. Nehemeia; 5. Nerth; 6. Nadolig;
7. Naboth; 8. Naomi; 9. Nebuchadnesar; 10. Naaman.

Tudalen 241: Cyntaf i ateb! Pa O...?
1. Obadeia; 2. Offeiriad; 3. Omega; 4. Obed; 5. Omri; 6. Orpa; 7. Olewydd;
8. Olaf; 9. Offeiriad; 10. Olew.

Tudalen 242: Cyntaf i ateb! Pa P...?
1. Pregethwr; 2. Pilat; 3. Proffwyd; 4. Phariseaid; 5. Paul; 6. Pedr; 7. Pysgota; 8. Potiffar; 9. Pasg; 10. Pla.

Tudalen 243: Cyntaf i ateb! Pa R/Rh…?
1. Rhagfyr; 2. Rhieni; 3. Rhufain; 4. Rhyddid; 5. Ruth; 6. Rabi; 7. Rebeca; 8. Rachel; 9. Reuben; 10. Rehoboam.

Tudalen 244: Cyntaf i ateb! Pa S…?
1. Solomon; 2. Sacheus; 3. Sebedeus; 4. Sadwceaid; 5. Saboth; 6. Solomon; 7. Salome; 8. Sadrach; 9. Samaria; 10. Sodom.

Tudalen 245: Cyntaf i ateb! Pa T…?
1. Timotheus; 2. Thomas; 3. Tywysennau ŷd; 4. Thomas; 5. Tad; 6. Tân; 7. Trethi; 8. Tarsus; 9. Tiberias; 10. Tera.

Tudalen 257: Pwy ydw i?
Fy enw i yw: **Pedr.**

Tudalen 259: Cael y stori'n glir
1. a) 2 fab; 2. c) i wlad bell; 3. b) yn wirion; 4. c) bwyd; 5. b) gofalu am foch; 6. a) mynd adref at ei dad; 7. b) yn disgwyl amdano; 8. c) hapus; 9. a) wledd; 10. b) flin.

Tudalen 260: Yn y dechreuad – hanes y creu
1. Duw; 2. Tywyll a gwag; 3. Goleuni; 4. Ei wahanu gan roi peth dŵr yn y cymylau a pheth ar wyneb y ddaear; 5. Ffrwyth, cnau, hadau a dail; 6. Y lleuad a'r sêr; 7. Adar; 8. Anifeiliaid; 9. Pobl; 10. Gofalu am y ddaear; 11. Da iawn; 12. Gorffwys.

Tudalen 262: Adda ac Efa
1. Adda ac Efa; 2. Gardd; 3. I beidio â bwyta ffrwyth un goeden yng nghanol yr ardd; 4. Byddent yn marw; 5. Sarff; 6. Na fyddai'n marw ac y byddai mor glyfar â Duw; 7. Efa, ac yna Adda; 8. Eu bod yn noeth a'u bod wedi gwneud rhywbeth drwg; 9. Duw; 10. Cuddio rhag Duw; 11. Trist a blin; 12. Cawsant eu hanfon o'r ardd. Roedd rhaid iddynt dyfu eu bwyd eu hunain a byddent yn profi poen a gwaith caled. Byddent hefyd yn marw ymhen amser.

Tudalen 264: Noa a'r Dilyw Mawr
1. Roedd pobl yn ddrwg ac yn anufudd i Dduw; 2. Cosbi'r bobl ddrwg a dechrau eto; 3. Noa a'i deulu; 4. Adeiladu arch i fynd ar y dŵr; 5. Rhoddodd Duw orchmynion iddo; 6. Noa a'i deulu a dau o bob anifail ac aderyn; 7. Anfon glaw am amser hir; 8. Cigfran yn gyntaf ac wedyn colomen; 9. Daeth y golomen â deilen yn ôl ato; 10. Addoli Duw; 11. Na fyddai'n anfon llif mawr fel hyn eto; 12. Enfys yn yr awyr.

Tudalen 266: Abraham, ffrind Duw
1. Gadael ei wlad a mynd i wlad newydd; 2. Gwlad newydd i'w deulu;
3. Sara; 4. I ddweud y byddai ei deulu mor niferus â nhw ryw ddydd; 5. Bod Sara am gael mab bach; 6. Chwerthin am ei bod yn rhy hen; 7. Isaac;
8. Mynd ag Isaac i fyny'r mynydd i gael ei aberthu; 9. Nid oedd yn medru gweld anifail i'w aberthu; 10. Byddai Duw yn darparu rhywbeth i'w aberthu; 11. Clywodd lais Duw yn ei rwystro a gwelodd anifail i'w aberthu; 12. Ei aberthu i addoli Duw.

Tudalen 268: Dewis gwraig i Isaac
1. Canaan; 2. Byddai ei deulu yn byw yn y wlad hon; 3. Isaac yn cael gwraig; 4. Anfonodd was i'r dref lle cafodd ei eni; 5. Wrth ochr ffynnon;
6. Byddai merch yn cynnig diod iddo ef ac i'w gamelod; 7. Rebeca;
8. Modrwyau aur; 9. Teulu Rebeca; 10. Mynd gyda'r gwas; 11. Isaac;
12. Priododd Isaac a Rebeca.

Tudalen 270: Jacob ac Esau
1. Dau fab; 2. Esau a Jacob; 3. Jacob; 4. Esau; 5. Bendithion arbennig gan y tad; 6. Gwneud i Isaac roi'r fendith i Jacob yn lle Esau; 7. Rhoi croen gafr am freichiau Jacob i'w gwneud yn flewog fel rhai Esau; 8. Sylweddolodd Isaac ei fod wedi rhoi'r fendith i Jacob a bod Esau'n rhy hwyr; 9. Lladd Jacob; 10. I'r man lle roedd teulu Rebeca'n byw; 11. Ei fod gydag ef ac am ddod ag ef yn ôl yn ddiogel. Byddai hefyd yn cadw at ei addewid o fendithio teulu Abraham; 12. Cafodd groeso a maddeuant ganddo.

Tudalen 272: Joseff y breuddwydiwr
1. Deuddeg; 2. Joseff; 3. Côt arbennig; 4. Plygu o flaen ysgub Joseff;
5. Roeddent yn ei gasáu; 6. Bugeilio defaid a geifr Jacob;
7. Y Breuddwydiwr; 8. Ei ladd; 9. Ei daflu i'r pydew, yna ei werthu i'r dynion oedd yn mynd i'r Aifft; 10. Ugain darn; 11. I'r Aifft; 12. Ei fod wedi ei ladd.

Tudalen 274: Joseff a Brenin yr Aifft
1. Canaan; 2. Yr Aifft; 3. Am ei fod yn dod o wlad ddieithr; 4. Dehongli eu breuddwydion; 5. Ymhen dwy flynedd pan gafodd y brenin freuddwyd ryfedd; 6. Daeth saith o wartheg tew allan o'r afon a dechrau bwyta'r borfa. Yna daeth saith o wartheg tenau a dechrau bwyta'r gwartheg tew, ond roedden nhw'n denau o hyd; 7. Bod Duw yn dweud y byddai saith mlynedd o ddigonedd ac yna saith mlynedd o newyn; 8. Trefnu storio bwyd; 9. Brodyr Joseff; 10. Roedd am wybod a oeddent wedi newid; 11. Cywilydd; 12. Nôl eu tad a dod i fyw ato i'r Aifft.

Tudalen 276: Moses – y dywysoges a'r baban
1. Israeliaid; 2. Am fod cymaint ohonynt; 3. Gwneud iddynt weithio'n galed iawn; 4. Lladd pob bachgen bach; 5. Ei roi mewn crud ar lan yr afon; 6. Gwylio dros y baban yn ei grud; 7. Merch y brenin; 8. Teimlo trueni drosto; 9. Ei gadw; 10. Ei bod yn gwybod am rywun fedrai ofalu amdano; 11. Moses; 12. Trueni na fedrai eu helpu.

Tudalen 278: Moses yn yr Aifft
1. Yr Israeliaid; 2. Moses; 3. Ei daro a'i ladd; 4. Bugail; 5. Am fod y dail yn aros yn wyrdd; 6. Ei fod i arwain ei bobl allan o'r Aifft; 7. Brenin yr Aifft; 8. Cafodd ei throi yn waed; 9. Llyffantod, gwybed/llau, pryfed, locustiaid; 10. Plentyn hynaf pob teulu; 11. Trwy roi gwaed anifail ar ddrysau eu tai; 12. Colofn o niwl yn y dydd a cholofn o dân yn y nos.

Tudalen 280: Y daith i Wlad yr Addewid
1. Moses; 2. Cododd Moses ei wialen ac fe symudodd y gwynt y dŵr o'r ffordd; 3. Manna a soflieir i'w bwyta, a dŵr o'r graig i'w yfed; 4. Ar Fynydd Sinai; 5. Y Deg Gorchymyn; 6. Gwnaethant lo aur i'w addoli; 7. Mewn blwch hardd yng nghanol pabell arbennig; 8. Canaan; 9. Nad oedden nhw am fynd i mewn i'r wlad i'w hymladd; 10. Roeddynt i aros am bedwar deg o flynyddoedd eto a daeth nadroedd i'w gwersyll; 11. Sarff bres ar bolyn hir; 12. Josua.

Tudalen 282: Brwydr Jericho
1. Yr Iorddonen; 2. Josua; 3. Ymladd yn erbyn y bobl oedd yn byw yno; 4. Ysbïo ar Jericho; 5. Roedd ganddi waliau uchel o'i chwmpas a giatiau cryf i fynd i mewn iddi; 6. Rahab; 7. Peidiodd y llif pan safodd dynion oedd yn cario blwch y gorchmynion; 8. Saith; 9. Cerdded unwaith o amgylch y ddinas gyda'r offeiriaid yn chwythu'r trwmpedau; 10. Cerdded o amgylch y ddinas saith gwaith, yna wedi chwythu'r trwmpedau roedd pawb i weiddi'n uchel; 11. Disgynnodd waliau Jericho ac enillodd yr Israeliaid y ddinas; 12. Rahab, am iddi guddio'r ddau ysbïwr.

Tudalen 284: Gideon yn ymladd dros Dduw
1. Yr Israeliaid; 2. Y Midianiaid; 3. Mewn ogofâu yn y mynyddoedd; 4. Bod Duw am iddo arwain byddin Israel i ymladd yn erbyn y Midianiaid; 5. Roedd y gwlân yn wlyb gan wlith ond y ddaear yn sych; 6. Roedd y gwlân yn sych ond y ddaear yn wlyb gan wlith; 7. Roedd am i Gideon a'i bobl ddeall mai Duw oedd am ennill y frwydr; 8. Y rhai oedd ag ofn arnynt; 9. Roedd i edrych sut roedd y dynion yn yfed y dŵr o'r afon. Y rhai oedd yn codi dŵr i'w ceg oedd i aros yn y fyddin; 10. Tri chant; 11. Jar, fflam o dân a

thrwmped; 12. Dychryn a dechrau ymladd yn erbyn ei gilydd, yna rhedeg i ffwrdd.

Tudalen 286: Samson, y dyn cryf
1. Y Philistiaid; 2. Ei bod am gael mab arbennig a byddai Duw'n ei ddefnyddio i ymladd y Philistiaid; 3. Roedd rhaid gadael ei wallt yn hir fel arwydd ei fod yn perthyn i Dduw; 4. Samson; 5. Gafael ynddynt a'u cario i fyny'r rhiw; 6. Am ei fod mor gryf; 7. Delila; 8. Cyfrinach nerth Samson; 9. Ei glymu â chortyn saeth bwa newydd; 10. Ei wallt hir a oedd yn arwydd o fod yn perthyn i Dduw; 11. Tyfodd yn ôl; 12. Gwthiodd ddau biler gan ddymchwel yr adeilad yr oedd arweinwyr y Philistiaid ac yntau ynddo.

Tudalen 288: Teulu newydd Ruth
1. Roedd newyn a sychder yn y wlad a doedd dim bwyd i'w fwyta; 2. Elimelech a Naomi; 3. Orpa a Ruth; 4. Bod digon o fwyd yno; 5. Ruth; 6. Roedd Ruth yn mynd o amgylch y caeau yn casglu'r ŷd oedd wedi ei adael ar ôl; 7. Boas; 8. Gŵr; 9. Ei gefnder; 10. Boas; 11. Obed; 12. Ef fyddai taid Dafydd, ac o deulu Dafydd cafodd Iesu ei eni.

Tudalen 290: Duw yn siarad â Samuel
1. Eli; 2. Meibion drwg; 3. Am nad oedd ganddi blant; 4. I'r deml; 5. Y byddai'n rhoi ei mab i weithio yn nheml Dduw; 6. Y byddai Duw'n gwrando ar ei gweddi; 7. Samuel; 8. I'r deml; 9. Mynd at Eli; 10. I fynd yn ôl a dweud wrth Dduw i siarad gan ei fod yn gwrando; 11. Bod meibion Eli'n ddrwg a'i fod am eu cosbi; 12. Clywodd Duw'n siarad yn aml ac roedd yn ufudd i Dduw ac yn dysgu eraill y ffordd iawn i fyw.

Tudalen 292: Saul – brenin i Israel
1. Brenin; 2. Duw ei hun; 3. Samuel; 4. Saul a'i was; 5. Samuel; 6. Fod Duw wedi ei ddewis i fod yn frenin ar Israel; 7. Tywallt olew ar ben Saul; 8. Roedden nhw'n falch; 9. Roedd yn frenin da i ddechrau ond yna aeth yn hunanol ac yn anufudd i Dduw; 10. Dwyn llawer o eiddo'r Amaleciaid; 11. Fod Duw wedi difaru ei wneud yn frenin a'i fod am ddewis brenin arall; 12. Bethlehem.

Tudalen 294: Dafydd a Goliath
1. Dafydd; 2. Mai Dafydd fyddai brenin nesaf Israel; 3. Bugail; 4. Trwy ganu ei ganeuon iddo; 5. At ei frodyr oedd yn ymladd y Philistiaid; 6. Y cawr Goliath; roedd e eisiau i un o'r Israeliaid ymladd yn ei erbyn; 7. Cynigiodd fynd i ymladd Goliath; 8. Ei helmed a'i gleddyf; 9. Ei ffon dafl a cherrig y byddai'n eu defnyddio fel bugail; 10. Chwerthin am ei ben; 11. Rhoddodd

garreg yn ei ffon dafl, ei chwyrlïo a'i hyrddio at Goliath gan ei daro yn ei dalcen; 12. Y Duw byw.

Tudalen 296: Y Brenin Dafydd
1. Palas y Brenin Saul; 2. Jonathan, mab y Brenin Saul; 3. Y Brenin Saul; 4. Fod Saul yn ceisio'i ladd; 5. Am ei fod wedi addo y byddai Dafydd yn frenin Israel un dydd; 6. I'r ogofâu yn y bryniau; 7. Sleifio ato a thorri darn o fantell y brenin; 8. Er iddo gael y cyfle nid oedd Dafydd am ei ladd; 9. Pan aeth Dafydd i wersyll y brenin a dwyn y waywffon oedd yn y ddaear wrth ochr pen y brenin; 10. Y Philistiaid; 11. Coronwyd Dafydd yn frenin Israel; 12. Roedd yn arweinydd da a gorchfygodd ddinas Jerwsalem.

Tudalen 298: Teml aur Solomon
1. Na fyddai'r llinach o frenhinoedd a oedd yn dechrau gyda Dafydd byth yn dod i ben; 2. Solomon; 3. Bod yn ufudd i Dduw; 4. Cael bod yn ddoeth; 5. Brenhines Seba; 6. Teml i Dduw; 7. Dafydd, tad Solomon; 8. Y blwch yn cynnwys cyfreithiau Duw; 9. Cedrwydd; 10. Hardd iawn, yr orau bosibl; 11. Diolch am y deml a gofyn i Dduw ei gwneud yn lle arbennig; 12. Llanwodd y deml â golau llachar.

Tudalen 300: Elias yn gofyn am fara
1. Ahab; 2. Duw o'r enw Baal; 3. Elias; 4. Peidiodd y glaw; 5. Sarepta; 6. Gwraig weddw a'i mab; 7. Casglu brigau i wneud tân; 8. Dyrnaid o flawd a llwyaid o olew; 9. Defnyddio'r blawd a'r olew i wneud bwyd iddo; 10. Y byddai Duw yn gofalu amdani; 11. Roedd dyrnaid o flawd ar ôl yn y bowlen a llwyaid o olew yn y jar; 12. Gwnaeth Duw i fab y wraig ddod yn fyw eto.

Tudalen 302: Elias a phroffwydi Baal
1. Dwy flynedd; 2. Pan fyddai'r Brenin Ahab yn ufudd i Dduw; 3. Duw o'r enw Baal; 4. Mynydd Carmel; 5. I weddïo ar eu duwiau i anfon tân ar eu hallorau; 6. Pa dduw fyddai'r gwir Dduw; 7. Pa dduw oedd y gwir un/pa dduw i'w ddilyn; 8. Gweiddi, curo dwylo a dawnsio; 9. Tywallt dŵr dros yr allor nes ei fod yn wlyb diferol; 10. Iddo ddangos mai ef oedd Duw Israel, y Duw byw; 11. Daeth tân arno gan losgi'r aberth a sychu'r dŵr; 12. Glaw.

Tudalen 304: Hanes Naaman
1. Cadfridog neu gapten ym myddin Syria; 2. Roedd afiechyd drwg, y gwahanglwyf, ar ei groen; 3. Byddai'n cael ei anfon i ffwrdd; 4. Y ferch o Israel oedd yn gweithio i'w wraig; 5. Brenin Israel; 6. Eliseus; 7. Daeth gwas Eliseus â neges iddo; 8. Iddo fynd i ymolchi yn afon Iorddonen saith gwaith; 9. Roedd yn flin am ei fod wedi disgwyl i Eliseus ddod allan i weddïo ar ei Dduw; 10. Dywedodd ei weision ei fod yn beth digon hawdd i'w wneud;

11. Daeth ei groen yn iach; 12. Mai Duw Israel yw'r unig wir Dduw.

Tudalen 306: Hanes Eseia a'r brenin
1. Heseceia; 2. Brenin da ac ufudd i Dduw; 3. Senacherib, brenin Asyria; 4. Eu bod yn llosgi dinasoedd ac yn ennill pob brwydr; 5. Rhoi bariau ar y gatiau a'u cloi; 6. Bod byddin Asyria yn gryfach nag un Israel a bod y Brenin Heseceia yn gwneud ffyliaid o bobl Jerwsalem; 7. Eseia; 8. I beidio ag ofni gan y byddai Duw yn anfon yr Asyriaid adref; 9. Ar i Dduw ddangos mai ef oedd y Duw byw; 10. Bod pobl Israel yn chwerthin am ei ben a bod Duw am ei rwystro rhag dod i'r ddinas; 11. Bod pob milwr ym myddin Asyria yn farw ar lawr a'r Brenin Senacherib yn dianc; 12. Na fyddai byddin Asyria yn dod i mewn i ddinas Jerwsalem.

Tudalen 308: Jeremeia a'r trychineb mawr
1. Duw; 2. Bod Jeremeia wedi ei ddewis cyn iddo gael ei eni i fod yn broffwyd iddo; 3. Dywedodd ei fod yn rhy ifanc ac na fyddai'n gwybod beth i'w ddweud; 4. Y byddai'n rhoi'r geiriau i Jeremeia eu dweud; 5. Am fod y bobl yn dweud eu bod yn ei garu ond yna'n addoli duwiau eraill; 6. Bod rhaid iddynt newid eu ffordd o fyw; 7. Naddo, roedden nhw'n gwrando ond ddim yn gwneud beth roedd Duw am iddynt ei wneud; 8. Crochenydd; 9. Chwalu llestr pridd yn deilchion i ddangos bod Duw am eu cosbi; 10. Cafodd ei gymryd a'i daflu i bydew sych; 11. Torrodd y gelyn i mewn a mynd â'r Israeliaid i Fabilon fel caethion; 12. Y byddai'n dod â nhw'n ôl i Jerwsalem.

Tudalen 310: Delw aur y brenin
1. Babilon; 2. Cymryd llawer o Israeliaid yn garcharorion i Fabilon; 3. Y rhai golygus, galluog a chryf; 4. Y byddai'n rhaid iddynt fwyta bwyd yr oedd cyfraith Duw yn dweud wrthynt am beidio â'i fwyta; 5. Am lysiau a dŵr am ddeg diwrnod er mwyn bod yn ufudd i Dduw; 6. Daniel; 7. Rhoddodd swyddi pwysig iddynt; 8. Ef ei hun; 9. Gwneud delw fawr o aur a gorchymyn i'r bobl blygu iddi; 10. Gwrthod plygu i'r ddelw; 11. I mewn i'r tân poeth;
12. Roedden nhw'n cerdded yno gyda phedwerydd person. Daethant allan heb eu llosgi ac nid oedd arogl tân arnynt.

Tudalen 312: Daniel yn ffau'r llewod
1. Babilon; 2. Ym mhalas y brenin; 3. Roedd yn gweddïo dair gwaith bob dydd; 4. Roedd yn rhoi cyngor iddo gyda help Duw; 5. Dynion doeth eraill ym Mabilon; 6. Trwy ddweud wrtho mai ef oedd y gorau erioed; 7. Nid oedd unrhyw un i ofyn am ddim gan neb arall ond y brenin am dri deg o ddyddiau; 8. Byddai'n cael ei daflu i ffau'r llewod; 9. Gweddïo ar Dduw yn ôl ei arfer; 10. Roedden nhw'n cuddio wrth ei ffenestr er mwyn ei ddal yn gofyn i'w

Dduw am bethau; 11. Daeth allan heb gael niwed; 12. Bod pawb i barchu Duw Daniel am ei fod yn Dduw byw.

Tudalen 314: Esther yn achub ei phobl
1. Cafodd merched tlysaf y wlad eu paratoi a'u hanfon i'r palas; 2. Esther; 3. y ffaith ei bod yn Iddewes; 4. Ei hewythr, Mordecai; 5. Trwy anfon neges i'w rybuddio o gynllun dau ddyn i'w ladd; 6. Plygu iddo ef; 7. Am mai dim ond i'r Duw byw y byddai'n plygu; 8. Cael gwared ar yr holl Iddewon; 9. Mynd at y brenin a gofyn iddo achub eu bywydau; 10. Ei wisgo mewn dillad hardd a'i roi i farchogaeth ei geffyl ei hun gyda Haman yn arwain; 11. Newid y gorchymyn oedd yn dweud fod pob Iddew i gael ei ladd; 12. Daliwyd Haman, a chafodd Mordecai ei wneud yn brif weinidog yn ei le.

Tudalen 316: Hanes Nehemeia
1. Babilon; 2. Mynd â gwin i'r brenin; 3. Ei frawd Hanani gyda dynion eraill; 4. Am fod ei muriau a'i phyrth wedi eu dymchwel; 5. Gweddïodd dros ei bobl gan gyffesu iddynt fod yn anufudd i Dduw; 6. Gwnaeth i'r brenin sylwi ei fod yn drist a chaniatáu iddo fynd yn ôl i adeiladu'r muriau; 7. Aethant i archwilio'r mur yn y nos; 8. Roedd pawb yn gweithio mewn grwpiau bychain yn gyfrifol am ran o'r wal; 9. Roeddynt am ddymchwel y wal; 10. Trefnodd fod rhai o'i ddynion yn codi'r wal ac eraill gydag arfau yn gwylio; 11. Esra; 12. Bod Duw wedi cadw ei addewid a dod â'i bobl yn ôl i Jerwsalem.

Tudalen 318: Hanes Jona
1. Ninefe; 2. Bod Duw yn flin gyda'u drygioni; 3. Aeth i Jopa a dal llong i Darsis; 4. Cododd storm; 5. Gweddïo ar ei dduw i dawelu'r storm; 6. Ei daflu i mewn i'r môr; 7. Llyncwyd ef gan bysgodyn; 8. Gweddïo ar Dduw; 9. Chwydu Jona ar y lan; 10. Edifarhau a newid eu ffyrdd; 11. Am fod Duw wedi newid ei feddwl a pheidio â dinistrio Ninefe; 12. Planhigyn.

Tudalen 320: Geni Ioan Fedyddiwr
1. Elisabeth; 2. Offeiriad yn y deml; 3. Roedden nhw'n caru Duw ac yn cadw ei orchmynion; 4. Plant; 5. Mynd i mewn i'r cysegr i offrymu'r arogldarth/gweddïo dros Israel; 6. Yr angel Gabriel; 7. Y byddai ef ac Elisabeth yn cael mab; 8. Byddai'n dweud wrth y bobl am baratoi ar gyfer Mab Duw; 9. Ni fedrodd siarad nes i'w fab gael ei eni; 10. Sachareias; 11. Ioan; 12. Dechreuodd Sachareias siarad unwaith eto.

Tudalen 322: Y Nadolig Cyntaf
1. Nasareth; 2. Angel; 3. Ei bod yn mynd i gael mab, sef Mab Duw; 4. Iesu; 5. Y byddai'n gwneud beth bynnag roedd Duw'n ei ddymuno; 6. Joseff;

7. Dywedodd Duw wrtho mewn breuddwyd mai'r babi fyddai'r person arbennig oedd wedi ei addo i achub y byd; 8. I gael eu cofrestru yn y dref yr oedd teulu Joseff yn hanu ohoni; 9. Mewn stabl; 10. Mewn preseb;
11. Roedd angylion wedi ymweld â nhw a dweud wrthynt fod y Gwaredwr wedi ei eni; 12. Gwŷr doeth/sêr-ddewiniaid o'r dwyrain.

Tudalen 324: Pan oedd Iesu'n ifanc
1. Jerwsalem; 2. Y Brenin Herod; 3. Roedd e'n flin; 4. Bethlehem; 5. Mynd i chwilio am y baban ym Methlehem ac yna dod yn ôl i ddweud wrth y brenin ble roedd e; 6. Fod pob bachgen dwyflwydd neu iau ym Methlehem a'r ardal i'w ladd; 7. I fynd gyda Mair a'u plentyn i'r Aifft i ddianc rhag milwyr Herod; 8. Saer; 9. Jerwsalem; 10. Nad oedd Iesu ymhlith y teithwyr; 11. Yn y deml, yn siarad â'r athrawon; 12. Bod yn rhaid iddo fod yn nhŷ ei Dad.

Tudalen 326: Ffrindiau arbennig Iesu
1. Ioan (Fedyddiwr); 2. Pregethu a bedyddio; 3. Bod Duw yn anfon ei Fab i fod yn frenin ar y bobl; 4. Achos ei bod yn ddrwg ganddynt am eu drygioni a'u bod am gael maddeuant; 5. Disgynnodd yr Ysbryd Glân fel colomen a dywedodd Duw wrtho mai Iesu oedd ei Fab a'i fod yn falch ohono;
6. I'r anialwch i weddïo; 7. Satan; 8. Ei gael i fod yn ufudd iddo ef yn lle i Dduw; 9. Simon Pedr ac Andreas; 10. Pysgota pobl; 11. Gwnaeth Iesu ei wyrth gyntaf a throi'r dŵr yn win; 12. Deuddeg.

Tudalen 328: Y Bregeth ar y Mynydd
1. Er mwyn bod fel goleuni y gall pawb ei weld ac yna gogoneddu Duw;
2. Eu caru; 3. Ein Tad; 4. Yn y nefoedd; 5. Adar yr awyr; 6. Bydd pobl yn gweld bai arnyn nhw; 7. Gwnaeth sylfaen iddo yn y graig; 8. Arhosodd y tŷ'n gadarn ar y graig; 9. Adeiladodd ar y tywod; 10. Syrthiodd i'r llawr; 11. Pawb sy'n gwrando ar eiriau Iesu ac yn eu gwneud; 12. Pawb sy'n gwrando ar eiriau Iesu ond heb eu gwneud.

Tudalen 330: Porthi'r pum mil
1. Dilynodd y dorf ar lan y llyn; 2. Rhoi bwyd i bawb i'w fwyta; 3. Roedden nhw mewn lle unig, a hithau'n hwyr, a doedd ganddyn nhw ddim digon o arian i brynu bwyd i bawb; 4. Pum torth fechan a dau bysgodyn; 5. Eistedd ar y glaswellt; 6. Diolch amdano; 7. Pum mil; 8. Digon; 9. Deuddeg basgedaid; 10. Yn y nefoedd; 11. Am ei fod yn para am byth; 12. Bara'r Bywyd.

Tudalen 332: Cyfrinachau'r Deyrnas
1. Un bychan iawn; 2. Coeden fawr â nifer o ganghennau; 3. Am ei bod yn dechrau'n fach ac yn tyfu'n fawr; 4. Mae'n gwneud i'r toes godi; 5. Ei guddio ac yna gwerthu'r cwbl oedd ganddo a phrynu'r maes; 6. Cynnau cannwyll, ysgubo'r tŷ a chwilio'n ddyfal; 7. Gwahodd ei ffrindiau i ddathlu gyda hi; 8. Mae'r angylion yn llawen pan ddaw rhywun yn ffrindiau gyda Duw; 9. Yn ôl ei ffrwyth; 10. Yn ôl beth mae'n ei wneud a'i ddweud; 11. Defnyddio'i arian i ennill rhagor; 12. Ffordd gul.

Tudalen 334: Y Samariad Trugarog
1. Athro yn y Gyfraith; 2. Sut mae cael bwyd tragwyddol?; 3. Beth mae Cyfraith Duw yn ei ddweud?; 4. I garu Duw â'r holl galon ac â'r holl feddwl, a charu pobl eraill fel ti dy hun; 5. O Jerwsalem i Jericho; 6. Ymosododd lladron arno, ei guro a dwyn ei arian; 7. Offeiriad; 8. Mynd heibio ar ochr arall y ffordd; 9. Lefiad; 10. Aeth ato, rhoi cadachau am ei glwyfau a'i gario ar gefn ei asyn i lety; 11. Y Samariad/yr un a ofalodd amdano; 12. I wneud yr un peth.

Tudalen 336: Dameg yr Heuwr
1. Trwy godi dyrnaid o had o fasged o dan un fraich a'i wasgar ar hyd y cae; 2. Hadau da; 3. Gwelodd yr adar nhw a'u bwyta ar unwaith; 4. Dechreuodd dyfu ond doedd dim digon o bridd, felly roedd y gwraidd yn rhoi'r gorau i dyfu; 5. Doedden nhw ddim yn cael cyfle i dyfu am fod y drain yn cymryd y dŵr a'r bwyd; 6. Tyfodd yn dda; 7. I egluro ystyr y stori; 8. Geiriau Iesu; 9. Pobl sy'n clywed geiriau Iesu ond yn eu hanghofio; 10. Pobl sy'n gwrando'n ofalus ar eiriau Iesu ond ddim yn rhoi cyfle iddynt dyfu; 11. Pobl sy'n rhy brysur yn meddwl am bethau eraill; 12. Pobl sy'n clywed geiriau Iesu, yn eu deall, ac yn gadael iddynt dyfu nes bod ffrwyth i'w gweld yn eu bywydau.

Tudalen 338: Y Mab Colledig
1. Dau; 2. Am ei ran o'r ystad; 3. Ei werthu am arian a mynd i ffwrdd; 4. Aros gartref ar y fferm i weithio gyda'i dad; 5. Gwariodd y cyfan; 6. Aeth i weithio ar fferm i ofalu am foch; 7. Fod gweision ei dad yn cael mwy na digon o fwyd ac yntau ar lwgu; 8. Mynd adref, dweud bod yn ddrwg ganddo a gofyn i'w dad ei dderbyn fel gwas; 9. Rhedodd ato, taflu ei freichiau am ei wddf ac yna cynnal parti i ddathlu ei fod yn fyw; 10. Gwisg newydd, modrwy a sandalau; 11. Pwdodd am nad oedd ei dad erioed wedi cynnal parti iddo er iddo weithio'n galed iddo; 12. Bod popeth oedd ganddo yn eiddo i'r mab hynaf ond bod yn rhaid dathlu bod y mab ieuengaf yn fyw.

Tudalen 340: Dameg y Wledd Fawr
1. Gwledd fawr; 2. Dewch, mae'r wledd yn barod; 3. Am fod pob un o'r gwahoddedigion yn hel esgus; 4. Roedd e newydd brynu cae ac am gael golwg arno; 5. Roedd e newydd brynu pum pâr o ychen ac am weld sut oedden nhw'n gweithio; 6. Roedd e newydd briodi ac felly ni allai ddod; 7. Roedd yn flin iawn; 8. I fynd allan i strydoedd y dref a gwahodd y bobl dlawd, y rhai dall a'r rhai cloff; 9. Bod digon o le ar ôl; 10. I fynd i ffyrdd y wlad a'r cloddiau a gwahodd pawb a welai; 11. Naddo, roedd y lle'n llawn; 12. Pan fydd Duw yn rhoi gwahoddiad i berthyn i'w deyrnas rhaid ei dderbyn ar unwaith.

Tudalen 342: Y Ddafad Golledig
1. Am ei fod yn treulio amser gyda phobl ddrwg yn lle gyda phobl bwysig fel nhw; 2. Trwy adrodd stori wrthynt; 3. Cant; 4. Gofalu am ei ddefaid – gwneud yn siŵr eu bod yno'n ddiogel, eu harwain at fwyd a diod a'u cadw rhag niwed; 5. Bod un ddafad ar goll – dim ond naw deg naw oedd yno; 6. Gadael y naw deg naw dafad mewn lle diogel a mynd i chwilio am yr un oedd ar goll; 7. Ei gosod ar ei ysgwyddau a'i chario'n ôl; 8. Cant; 9. Yn llawen; 10. Aeth at ei ffrindiau a'i gymdogion a'u gwahodd i ddathlu gydag ef; 11. Pan fydd un person drwg yn dod yn ffrindiau gyda Iesu ac yn newid ei ffordd; 12. Am ei fod yn caru pob un ohonom ac am i ni berthyn i'w gorlan.

Tudalen 344: Hanes Sacheus
1. Jericho; 2. Casglu trethi; 3. Am ei fod yn codi mwy o dreth nag y dylai ac yn cadw'r arian iddo'i hun; 4. Am fod gormod o dyrfa a'i fod ef yn ddyn byr; 5. Dringo coeden; 6. Sycamorwydden; 7. Aros ac edrych ar Sacheus a dweud wrtho am ddod i lawr; 8. Treulio'r dydd yn nhŷ Sacheus; 9. Daeth i lawr ar unwaith a'i groesawu'n llawen; 10. Bod Iesu wedi mynd i fwyta gyda dyn drwg; 11. Rhoi hanner ei arian i'r bobl dlawd a thalu'r arian a gymerodd ar gam yn ôl bedair gwaith drosodd; 12. Ei fod wedi dod i deyrnas Dduw.

Tudalen 346: Mair, Martha a Lasarus
1. Lasarus; 2. Mair a Martha; 3. Bethania; 4. Bod ei ffrind Lasarus yn wael iawn; 5. Na, arhosodd am ddau diwrnod cyn mynd; 6. Roedd Lasarus wedi marw ac wedi ei gladdu ers pedwar diwrnod; 7. Martha; 8. Ni fyddai Lasarus wedi marw pe bai Iesu wedi bod yno; 9. Myfi yw'r atgyfodiad a'r bywyd; 10. Wylo; 11. I symud y maen; 12. Galwodd ar Lasarus i ddod allan a dyna a ddigwyddodd; daeth allan yn fyw ac yn iach.

Tudalen 348: Y Pasg – Iesu'r Brenin
1. Jerwsalem; 2. Taenu eu dillad a changhennau ar y ffordd o'i flaen; 3. Am fod y proffwydi wedi dweud y byddai brenin yn dod ar gefn asyn; 4. Roedd yna farchnad swnllyd ac roedd y rhai oedd yn cyfnewid arian yn twyllo eraill; 5. Roedd yn ddig iawn; 6. Lle i weddïo; 7. Gwledd y Pasg; 8. Helpu ei elynion i'w ddal; 9. Ei dorri a'i roi i'r disgyblion gan ddweud y byddai ei gorff yn cael ei dorri fel y bara; 10. Byddai ei waed yn cael ei dywallt drostynt pan fyddai'n marw; 11. Rhedeg i ffwrdd a'i adael; 12. Gweddïo ar Dduw.

Tudalen 350: Y Pasg – Iesu ar brawf
1. Gofynnodd i Dduw ei arbed rhag y boen, ond os oedd rhaid marw, roedd yn fodlon gwneud hynny; 2. Cysgu; 3. Milwyr; 4. Jwdas, un o ddisgyblion Iesu; 5. Mynd at Iesu a rhoi cusan iddo; 6. Rhedeg i ffwrdd; 7. Ei fod yn dweud mai ef oedd mab Duw; 8. Gwadu tair gwaith ei fod yn adnabod Iesu; 9. Croeshoelia ef; 10. Y groes roedd i farw arni; 11. I faddau iddynt am nad oedden nhw'n gwybod beth oeddent yn ei wneud; 12. Mai Mab Duw ydoedd.

Tudalen 352: Y Pasg – atgyfodiad
1. Mewn ogof mewn gardd; 2. Yn ofnus ac yn drist; 3. Y Saboth; 4. Bod y garreg fawr ar draws drws y bedd wedi ei symud; 5. Bod Iesu wedi dod yn ôl yn fyw; 6. Am farwolaeth Iesu a'r hanesion ei fod wedi atgyfodi; 7. Eglurodd pam roedd yn rhaid i Iesu farw; 8. Mai Iesu ei hun oedd e; 9. Iesu; 10. Thomas; 11. Pedr; 12. I ddweud wrth bawb amdano ef.

Tudalen 354: Newyddion da i bawb
1. Jerwsalem; 2. Daeth sŵn gwynt a gwelsant dafodau o dân yn cyffwrdd pob un ohonynt; 3. Siarad mewn ieithoedd nad oedden nhw'n eu gwybod; 4. Am eu bod yn cadw cymaint o sŵn; 5. Yr hanes am Iesu, y Meseia, a laddwyd ganddynt ac a ddaeth yn ôl yn fyw; 6. Newidiodd o fod yn drist ac yn ofnus i fod yn llawen ac yn llawn nerth Duw; 7. I addoli Duw; 8. Dyn nad oedd erioed wedi medru cerdded yn cardota; 9. Dweud wrtho am sefyll ar ei draed a cherdded; 10. Duw. 11. Dweud wrth Dduw ei bod yn ddrwg ganddynt am y pethau drwg a wnaethant; 12. Yr Ysbryd Glân.

Tudalen 356: Paul yn Namascus
1. Paul neu Saul; 2. Eu cymryd o'u tai a'u rhoi yn y carchar; 3. Damascus; 4. Daeth golau disglair a'i ddallu, a chlywodd lais yn galw arno; 5. Mai Iesu oedd ei enw a bod Paul wedi bod yn ymladd yn ei erbyn. Dywedodd wrtho am fynd i Ddamascus ac aros nes iddo gael gwybod beth i'w wneud; 6. Am ei fod y ddall; 7. Ananias; 8. Mynd i chwilio am Paul a rhoi ei olwg yn ôl iddo; 9. Roedd yn ofnus am fod Paul yn carcharu dilynwyr Iesu;

10. Byddai'n dweud wrth bobl mewn llawer o wledydd am Iesu; 11. Cafodd Paul ei olwg yn ôl; 12. Dechreuodd bregethu am Iesu yn union fel y rhai bu'n eu carcharu o'r blaen.

Tudalen 358: Paul a'i ffrindiau
1. Am ei fod yn pregethu am Iesu; 2. Trwy ei ollwng i lawr o fur y ddinas mewn basged; 3. Cristnogion; 4. Barnabas; 5. Paul; 6. I deithio i drefi a dinasoedd eraill i gyhoeddi'r newyddion da am Iesu; 7. Cafodd ei iacháu; 8. Duwiau; 9. Cyhoeddi'r newyddion da gan Dduw a greodd y byd; 10. Bod yr holl fyd i glywed am y newyddion da; 11. Bu daeargryn ac agorwyd y drysau; 12. Daethant i gredu yn Nuw a'i Fab Iesu.

Tudalen 360: Paul y carcharor
1. Cesarea; 2. Gan Ymerawdwr Rhufain; 3. Rhufain; 4. Ar long; 5. Bu storm fawr a drylliwyd y llong; 6. Neidiodd pawb i'r dŵr a nofio i'r lan gan ddefnyddio darnau o'r llong; 7. Roedden nhw'n disgwyl iddo farw ond ni chafodd unrhyw niwed; 8. Mewn tŷ a milwyr yn ei warchod; 9. Am eu bod am glywed am Iesu; 10. Ysgrifennu llythyrau at Gristnogion mewn mannau eraill; 11. Rhufain, Corinth, Thesalonica, Galatia, Effesus, Philipi a Colosae; 12. Timotheus, Titus a Philemon.